KB103955

안전제일 헬스

안전제일 헬스

발　행 | 2022년 06월 20일
저　자 | 채코치
펴낸이 | 한건희
펴낸곳 | 주식회사 부크크
출판사등록 | 2014.07.15.(제2014-16호)
주　소 | 서울특별시 금천구 가산디지털1로 119 SK트윈타워 A동 305호
전　화 | 1670-8316
이메일 | info@bookk.co.kr

ISBN | 979-11-372-8638-2

www.bookk.co.kr
ⓒ 채코치 2022

안전제일 헬스

채코치 지음

목차

3장 근력 운동

Tip

건강을 망치는 health(!)

건강을 위해서는 근력 운동(헬스)이 필수라는 건 모두가 다 아는 상식이죠. 그래서 헬스를 열심히 하면 멋진 근육만큼 몸도 건강해질 거라는 선입견이 있습니다. 하지만 주변에 운동을 열심히 해서 근육이 많은 사람들을 보면, 정작 몸에 멀쩡한 곳이 없어요. 어깨나 허리, 무릎 등의 부위에 통증을 달고 사는 건 기본이고, 심한 경우에는 부상으로 수술까지 받은 분들도 있습니다. 근육을 키우기 위해서는 이 정도 고통은 감수해야 한다면서요. 운동을 싫어하는 분들은 이를 보며, 역시 헬스는 위험하다면서 운동을 피하는 핑계거리로 삼기도 합니다.

근력 운동은 위험한가요?

사실 정답부터 말하면, 근력 운동 자체는 위험하지 않습니다. 운동을 하다 부상을 당하는 이유는 크게 두 가지입니다. ①위험한 자세로 운동을 했거나, ②운동량이 지나치게 많았기 때문이에요. 반대로 말하면, 안전한 자세로 운동을 하거나, 운동량이 적당하면 부상을 예방할 수 있습니다. 하지만 문제는, 유튜브나 인터넷에서는 부상 위험이 높은 자세를 알려주는 잘못된 콘텐츠가 많다는 겁니다. 초보자들은 위험한 자세를 가려낼 줄 모르기 때문에 무작정 따라하다가 다치는 경우가 많고요. 그리고 자세에는 문제가 없더라도 운동량이 너무 많아서 다치는 분들도 많습니다. 대부분의 경우는 짧은 기간에 빠른 성장을 바라는 조급한 마음에 무리해서 너무 많은 운동량을 소화하기 때문이죠.

건강하게 운동하기

이 책은 근력 운동을 건강하게 할 수 있는 두 가지 방법(안전한 동작, 적당한 운동량)을 알려드리는 데 초점을 맞췄습니다. 분량 상의 제한으로 인해 수많은 근력 운동 종목을 모두 소개할 수는 없어요. 하지만 기본 개념을 잘 이해한다면, 여기에 소개하지 못한 다른 운동 종목에도 충분히 응용 가능합니다. 이 책에서는 몸의 움직임 원칙부터 기본 근력 운동들까지, 안전한 동작을 위한 원리를 체계적으로 설명하기 때문이죠. 또한 적당한 운동량을 설정할 수 있도록, 훈련 전반을 안전하고 효율적으로 운영하는 노하우를 소개합니다. 이 책을 통해 많은 분들이 부상 없이 건강하게 운동할 수 있기를 바랍니다.

1장
기본 배경 지식

운동을 본격적으로 시작하기 전에, 우리 몸에 대한 이론적인 배경 지식을 어느 정도는 알아야 합니다. 자동차를 새로 샀을 때, 먼저 기본적인 스펙이나 주의사항을 알아둬야 하듯이 말이죠. 이번 장에서는 근력 운동을 시작하는 데 직접적으로 필요한 최소한의 기본 지식만을 간단하게 설명합니다. 운동을 꾸준히 오래 하실 분들은 운동 생리학, 해부학, 운동 역학 등을 따로 더 깊게 공부하는 것을 추천합니다.

몸이 강해지는 원리

우리는 새로운 환경에 직면하면, 처음에는 불편하고 힘들어도 곧장 적응을 합니다. 해본 적 없던 막노동을 시작했을 때, 처음 며칠은 근육통으로 고생 꽤나 하겠지만 한 달 뒤에는 멀쩡하게 출근할 수 있는 것처럼 말이죠. 이는 신체적 스트레스를 받았을 때, 우리 몸은 손상으로부터 다시 회복을 하기 때문입니다.

이때 특이한 점은, 우리 몸은 손상을 받기 전보다 조금 더 강한 상태로 회복을 한다는 겁니다. 이를 초과 회복이라고 부르는데, 이 초과 회복 덕분에 우리는 새로운 스트레스 상황에 적응할 수 있는 것이죠. 이러한 손상 및 회복 과정을 통해 몸이 강해지며 새로운 환경에 적응하는 것을 '일반적 적응 증후군'이라고 부릅니다.

우리가 운동을 하면 근육이 커지고 뼈가 단단해지는 것도 '일반적 적응 증후군' 때문이에요. 운동으로 인해 근육과 결합조직이 미세 손상을 받았다가, 회복되면서 기존의 상태보다 더 크고 강해집니다. 새로운 스트레스 상황(운동 강도)에 견딜 수 있도록 적응을 하는 것이죠.

피부가 햇볕에 타는 것도 똑같은 원리입니다. 만약 외출을 거의 하지 않아서 피부색이 하얀 사람이 5분 정도 강한 햇볕에 노출된다면 피부가 붉게 변하겠죠? 피부가 햇볕에 의해 손상을 받았기 때문이에요. 하지만 며칠 지나면 붉은 피부가 가라앉으면서 피부색이

어두워집니다. 피부가 햇볕이라는 스트레스에 적응을 하면서 색이 어두워지고, 햇볕에 더 잘 견딜 수 있게 된 거죠.

점진적 과부하

그렇다면 매일 5분씩 햇볕을 쬐면 흑인처럼 까만 피부를 만들 수 있을까요? 다들 예상 가능하듯이, 정답은 "No"입니다. 처음 며칠은 피부색이 약간 어두워지겠지만, 그 이후로는 피부색이 유지가 될 겁니다. 크게 2가지 이유가 있는데, 바로 '적은 부하'와 '유전적인 한계' 때문입니다.

우선 몸을 변화시키기 위해서는 과부하(일정 기준 이상의 스트레스)를 받아야 합니다. 우리 몸은 주어진 스트레스에 딱 버틸 수 있을 만큼만 몸을 적응시키기 때문이에요. 그래서 매일 5분씩만 햇볕은 쬔다면, 피부는 그 자극에 필요한 만큼만 피부를 강하게 만들어요. 그래서 어느 정도 피부색이 어두워진 후에는 현상 유지만 될 뿐이죠.

만약 피부색을 더 까맣게 태우고 싶다면 점점 더 강한 햇볕 자극을 받아야 합니다. 그래서 태닝 초보자는 5분 정도의 짧은 시간으로도 충분하지만, 경력이 오래될수록 10분, 20분, 이렇게 조금씩 시간을 늘려가는 게 정석이에요.

이렇게 몸의 변화에 따라 자극의 강도를 늘려가는 것을 '점진적 과부하'라고 합니다. 트레이닝에서도 가장 중요한 원리 중에 하나예요. 만약 운동 강도가 매번 똑같다면, 현상 유지만 될 뿐 몸이 더 강해지지는 않아요. 성장을 위해서는 다루는 중량이나 수행 횟수

등, 운동 강도를 점진적으로 늘려가야 합니다.

하지만 성장에는 유전적인 한계가 있습니다. 점진적 과부하를 체계적으로 잘 진행한다고 하더라도, 무한정 성장할 수는 없어요. 동양인이 아무리 태닝을 해도 흑인처럼 새카만 피부를 만들 수 없는 것도 결국 유전 때문입니다. 운동도 마찬가지예요. 유전적인 잠재력이 평범한 사람은 아무리 운동을 열심히 하더라도, 타고난 선수만큼 근육이 커지거나 강해질 수는 없습니다.

회복

성장을 위해 점진적 과부하를 진행한다면, 가장 중요한 건 '회복'입니다. 우리 몸은 운동 중에는 손상을 받기만 할 뿐, 운동을 하는 도중에는 성장하지 않거든요. 실제로 성장은 운동 후에 회복하는 동안 일어납니다. 따라서 운동을 할 때는 효율적인 회복에 집중해야하고, 이를 위해 '운동 강도'와 '휴식 기간'을 적절하게 조절해야 합니다.

우선 운동 강도가 적당해야 합니다. 회복이 불가능할 정도로 지나치게 운동 강도가 높으면 운동 수행능력 감소나 부상으로 이어질 수 있어요. 태닝을 너무 오래 하면 피부에 화상을 입는 것처럼 말이죠. 그래서 성장을 위해서는, 본인이 **"회복 가능한 한도"** 안에서만 손상을 받아야 합니다.

물론 회복 가능한 한도는 개개인마다 다릅니다. 만약 연속으로 스쿼트 100개를 한다면, 운동 경력자는 다리가 조금 뻐근할 뿐 금방 회복할 수 있을 겁니다. 하지만 초보자는 근육통이 심하게 생길 수 있고, 심하면 근육이 다칠 수도 있어요. 마치 똑같이 30분을 태닝해도 피부가 까무잡잡한 사람은 조금 화끈거릴 뿐이지만, 피부가 흰 사람은 화상을 입는 것처럼 말이죠.

회복 가능할 정도로 손상을 받았다면, 그 후에는 **"적절한 휴식"**을 취해야 합니다. 태닝을 한 후에 며칠은 쉬어야 피부가 진정되듯이 말이에요. 하지만 빨리 태우고 싶은 욕심에, 피부가 진정되기도 전에 너무 자주 태닝을 하면 피부가 상합니다. 운동할 때도 마찬가지입니다. 휴식일 없이 매일 강도 높게 운동을 하면 부상을 당할 수 있어요. 몸은 운동 후 '휴식하는 동안' 강해지기 때문에, 욕심을 버리고 휴식에 집중해야 합니다.

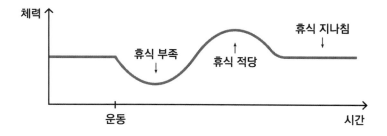

그럼 운동 후에는 얼마나 쉬는 게 좋을까요? 위 그림은 운동으로 인한 손상과 회복의 모습을 그린 그래프입니다. 그래프에서 초과회복으로 인해 체력이 정점을 찍을 때 다음 운동을 하는 게 좋습니다. 이때 운동을 하면 가장 빠르고 효율적으로 성장할 수 있거든요.

만약 너무 자주 운동하고 적게 쉬면 오히려 몸이 퇴보할 수도 있습니다. 위 그래프에서 보듯이, 운동 직후에는 손상으로 인해 몸의 기능이 일시적으로 약해지거든요. 이렇게 기능이 약해진 상태에서 바로 운동을 한다면, 성장은커녕 손상이 누적됩니다. 이런 패턴이 오랜 기간 반복된다면 기능이 약해지거나 부상으로 이어질 수도 있어요.

반대로 운동을 너무 오래 쉬면 운동 효과가 적습니다. 시간이 지나면서 초과회복의 효과가 사라지고, 몸 상태가 다시 운동 전으로 돌아오기 때문이죠. 그래서 운동을 한 달에 한 번씩만 한다면 성장을 기대하기는 어렵습니다.

하지만 문제는, 손상에서 회복되는 데 시간이 얼마나 걸릴 지는 정확히 알 수가 없다는 겁니다. 운동 강도나 개인의 회복 능력에 따라서 회복하는 데 걸리는 시간이 달라지기 때문에, 경우에 따라 하루만 쉬어도 충분할 수도 있고, 일주일이나 쉬어야 할 수도 있어요. 게다가 근육뿐만 아니라 건과 인대, 뇌와 신경도 운동할 때 스트레스를 받는데, 각각 회복하는 데에 걸리는 시간이 다릅니다.

결국 운동 후에는 몇 시간을 쉬어야 한다고 일률적으로 정할 수 없습니다. 적절한 휴식 시간은 각자 운동 루틴을 진행하면서 찾아가는 수밖에는 없어요. 몸에서 보내는 신호를 예민하게 느끼면서 휴식 시간을 조절해야 합니다.

또한 절대적인 휴식 시간 뿐 아니라 휴식의 질도 중요합니다. 휴식하는 기간 동안 적절한 영양과 수면이 필수고, 지나친 스트레스를 피해야 회복이 빨리 됩니다. 휴식에 관한 전반적인 내용은 5장에서 다시 자세하게 설명합니다.

일반적 적용 증후군을 요약하면, 신체는 외부의 스트레스에 적응을 하면서 변한다는 겁니다. 운동을 해서 몸이 강해지는 것도 일반적 적용 증후군 때문이에요. 이때 성장은 **"회복 가능한 한도"**에서의 **"점진적 과부하"**를 통해 이루어지고, **"적절한 휴식"**이 필수적이에요. 만약 운동 강도가 과도하거나 휴식이 부족하면 운동 수행능력 감퇴나 부상으로 이어질 수 있는데, 훈련에서는 이를 **"오버트레이닝"**이라고 부릅니다.

점진적 과부하

오버트레이닝

최소한의 해부학

효과적으로 운동을 하려면 기본적인 근골격계 해부학을 알면 좋습니다. 하지만 해부학이라는 단어는 듣기만 해도 어렵고 거부감이 들 수 있어요. 따라서 이 장에서는 개별 근육과 뼈의 이름이나 역할 등은 다루지 않고, 최소한으로 알아야 하는 배경 지식 정도만 소개합니다.

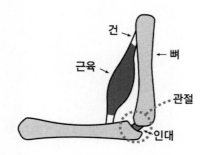

근육

근육은 몸의 움직임을 만들어내는 주인공입니다. 근육은 건으로 연결되어 뼈에 붙어 있고, 근육의 길이가 변하면서 뼈를 움직이기 때문입니다. 이때 근육은 짧아지면서 양 끝의 뼈를 잡아당기기만 할 뿐, 길어지면서 밀어내지는 못합니다. 마치 늘어난 고무줄이 양 쪽 끝을 잡아당길 수는 있지만, 밀어내지는 못하는 것처럼 말이죠.

이러한 근육의 특성 때문에, 근육이 붙어있는 위치와 방향만 알면 그 근육의 역할을 알 수 있습니다. 그리고 근육의 역할을 알면, 운동을 더 효율적으로 할 수 있고요. 운동을 할 때 목표 근육이 제 역할대로 힘을 쓸 수 있도록 자세를 조절하면 되거든요.

고관절 펌

[옆모습]

고관절 외회전

[윗모습]

엉덩이 근육(대둔근)을 예로 들어볼게요. 대둔근의 한쪽 끝은 골반 뒷면의 위쪽에, 반대쪽 끝은 허벅지 뼈 윗부분의 바깥쪽에 붙어 있습니다. 근육이 붙어있는 방향을 옆에서 보면, 대둔근은 앞에 있는 허벅지 뼈를 뒤로 잡아당기기 때문에 고관절을 펴는 역할을 해요. 위에서 보면 허벅지 뼈를 뒤쪽 대각선 방향으로 잡아당기기 때문에 고관절을 외회전 시키는 역할을 합니다. 따라서 엉덩이 근육을 운동하려면 고관절을 펴는 동작을 하면 됩니다. 게다가 고관절을 외회전 시킨 상태에서 고관절을 펴면 엉덩이 근육에 더 집중이 가능하죠.

근육은 그 기능에 따라 주동근과 안정근으로 구분하기도 합니다. 우선 관절을 접거나 펴는 등, 눈에 보이는 움직임을 만들어내는 근육을 주동근이라고 합니다. 주로 몸 겉쪽에 있는 큰 근육들이 주동근 역할을 하기 때문에, 흔히 겉 근육이라고도 불러요. 또한 관절이 움직일 때 뼈의 움직임 축이 어긋나지 않도록, 미세한 움직임을 조절하는 근육을 안정근이라고 합니다. 보통은 관절 근처의 몸 깊은 곳에 있는 작은 근육이라서 속 근육이라고도 불러요.

몸을 움직일 때는 동시에 다양한 근육을 쓰게 됩니다. 아무리 단순한 동작이라고 해도, 하나의 주동근만 쓰는 게 아니라 주변의 여러 안정근들이 함께 쓰이거든요. 특정 근육 단 하나만 자극하는 운동은 존재하지 않습니다. 따라서 운동을 할 때는 특정 근육 하나에만 집중을 하기보다는, 전체적으로 조화로운 움직임에 집중하는 편이 낫습니다.

우리 몸에는 6백 개 이상의 근육이 있습니다. 하지만 근력 운동을 할 때 주로 관심을 두는 주동근과 안정근들은 수십 개 정도입니다. 앞으로 오래 운동을 할 계획이라면, 중요한 근육들의 기능과 역할을 어느 정도는 공부해두는 게 좋습니다.

관절

운동하는 사람들의 주요 관심사는 근육이지만, 운동할 때에는 근육보다 오히려 관절에 신경을 더 써야 합니다. 대부분의 부상은 근육이 아니라 관절에서 생기거든요.

관절은 2개 이상의 뼈가 만나면서 움직임이 생기는 부위를 말합니다. (사실 움직임이 없는 관절도 있지만, 운동과는 별 관련이 없으니 논외로 할게요.) 관절을 움직일 수 있는 범위는 사람마다 다르고, 관절마다 달라요. 또한 모든 관절의 움직임에는 한계가 있습니다. 아무리 유연한 사람이라도 목이 180° 뒤로 돌아갈 수는 없듯이 말이죠.

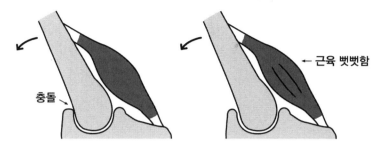

근육 뻣뻣함

충돌

관절의 움직임이 제한되는 원인은 크게 두 가지입니다. 첫 번째는 관절의 구조 때문이에요. 움직임의 끝 범위에서 인접한 뼈끼리 맞닿아서 충돌하기 때문에 더 이상 움직일 수 없게 되는 거죠. 두 번째는 근육 때문입니다. 뻣뻣한 근육이 충분히 늘어나지 못하면서, 뼈가 더 이상 움직이지 못하게 잡아당기는 거죠.

운동이나 일상생활을 할 때는 꼭 본인의 가동범위 안에서만 움직여야 합니다. 대부분의 부상은 관절을 본인의 가동범위 이상으로 움직이기 때문에 생기거든요. 일상에서 쉽게 경험하는 건 발을 헛디뎌 발목을 삐끗하거나, 상체 운동을 하다가 어깨를 다치는 경우 등이 있습니다. 이는 외부의 힘 때문에 관절이 가동범위 이상으로 꺾이거나 비틀렸기 때문이에요.

관절이 가동범위 이상으로 움직이면 왜 다칠까요? 그 원인으로는 뼈 사이에 붙어있는 인대가 늘어나기도 하고, 관절 면이 마찰로 인해 손상이 생기기도 하고, 근육이나 건이 뼈와 뼈 사이에 찝혀서 손상을 받기도 합니다. 어쨌든 종합격투기에서는 이걸 역이용해서 상대방의 관절을 가동범위 이상으로 꺾어서 제압하기도 합니다. 결국 운동할 때 본인의 가동범위 이상으로 과도하게 관절을 움직이는 건, 스스로의 몸에 관절기를 시전해서 망가뜨리는 것과 똑같습니다.

관절의 가동범위가 크면 운동할 때 잘 다치지 않습니다. 격투기를 할 때 유연한 선수는 관절기에 걸려도 웬만해서는 데미지를 입지 않는 것처럼 말이죠. 따라서 부상 예방을 위해서는 본격적으로 운동을 시작하기 전에, 운동에 필요한 만큼 가동범위를 늘리는 게 필수입니다.

하지만 관절의 상태에 따라 가동범위를 더 늘리는 게 가능할 수도, 불가능할 수도 있습니다. 만약 관절의 가동범위가 부족한 원인이 뻣뻣한 근육 때문이라면 스트레칭이나 마사지로 가동범위를 늘릴 수 있습니다. 하지만 가동범위가 부족한 원인이 관절의 구조 때문이라면 아무리 노력해도 가동범위를 더 늘릴 수는 없어요. 인접한 뼈끼리 이미 맞닿아있기 때문이죠. 선천적인 한계이기 때문에 무리해서 더 스트레칭을 하다가는 오히려 스트레칭 때문에 다칠 수도 있습니다.

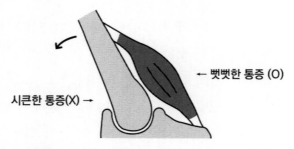

시큰한 통증(X) →

← 뻣뻣한 통증 (O)

관절의 가동범위 제한이 어떤 원인 때문인지는 스트레칭을 할 때의 통증 부위를 통해 알 수 있습니다. 위의 그림처럼 스트레칭을 할 때 관절의 각도가 줄어드는 쪽(왼쪽)에서 시큰거리는 통증이 생긴다면, 관절의 구조가 원인이기 때문에 더 이상 스트레칭을 하면 안 됩니다. 반대로 관절 각도가 커지는 쪽(오른쪽)에서 뻣뻣하고 당기는 느낌의 통증이 생긴다면, 뻣뻣한 근육이 원인이기 때문에 스트레칭을 계속 하면 가동범위를 더 늘릴 수 있습니다.

결국 운동이나 스트레칭을 할 때는 관절과 근육을 모두 고려하되, 관절의 안전에 우선순위를 둬야 합니다. 앞에서 근육을 설명할 때, 근육의 역할에 충실하게 동작을 해야 효과적으로 운동할 수 있다고 했죠? 하지만 근육의 입장에서만 보면 가장 효과적인 동작이라도, 관절의 입장에서는 위험한 동작들이 꽤 있어요. 예를 들어 손 간격을 넓게 해서 팔꿈치를 벌리고 푸쉬업을 하면, 가슴 근육에는 자극이 가장 잘 오는 동작이지만 어깨 부상의 위험이 있습니다. 팔꿈치를 벌리면 가슴 근육의 결 방향대로 움직일 수 있지만, 어깨 관절은 충돌이 잘 생기는 각도가 나오기 때문이죠.

그래서 운동을 안전하게 하려면 관절의 구조를 공부해야 합니다. 운동을 효과적으로 하려면 근육의 역할을 공부해야 하듯이 말이죠. 이 책은 부상 예방에 초점을 두고 있기 때문에, 운동 동작을 설명할 때 근육보다는 관절의 움직임을 위주로 설명합니다.

간단한 해부학

관절의 특성 : 가동성과 안정성

인체의 주요 관절들은 '가동성'과 '안정성'이라는 두 가지 성질을 함께 가지고 있습니다. 단어만 봐도 대강의 뜻은 유추할 수 있겠지만, 운동할 때 중요한 상식 중 하나이기 때문에 조금 더 자세히 설명해보겠습니다.

우선 '가동성'은 특정 관절에서 원하는 움직임을 만들어내는 능력을 말합니다. 예를 들어 앞차기를 높게 찰 수 있는 사람은 높게 못 차는 사람에 비해서 고관절을 굽히는 가동성이 좋다고 할 수 있어요.

이와 달리 '안정성'은 원치 않는 움직임에 대항해서 자세를 유지하는 능력입니다. 예를 들어 무거운 물건을 들어 올리는 동안 허리뼈(요추)가 구부러지지 않고 견고하게 고정되어 있다면, 요추의 안정성이 좋다고 할 수 있어요.

가동성과 안정성은 오해가 많은 용어입니다. 우선 가동성은 유연성과 혼동해서 잘못 쓰는 경우가 많아요. 유연성은 관절을 수동적으로 움직이는 능력, 가동성은 관절을 능동적으로 움직이는 능력을 말합니다. 가동성과 유연성은 다른 뜻이에요. 이건 뒷부분에서 더 자세히 설명합니다.

또한 안정성은 정적인 개념이 아닙니다. 무조건 관절이 가만히 한 자리에 고정되어 있어야 한다는 뜻은 아니에요. 관절이 잘 움직이기는 하되, 움직임의 축을 잘 고정한 채 움직이는 것도 안정성이라고 표현합니다. 예를 들어 팔을 움직일 때 위팔뼈의 머리 부분은 어깨 관절 안에서 흔들리면 안 됩니다. 이를 위해서는 앞서 언급했던 안정근(이 예시에서는 회전근개)들의 역할이 중요하고요.

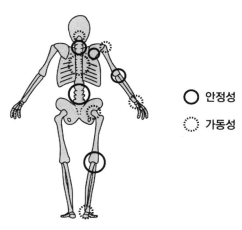

○ 안정성

⠐⠂ 가동성

  몸의 각 관절은 가동성이 더 중요한 관절(이하 가동성 관절), 안정성이 더 중요한 관절(이하 안정성 관절)로 구분하기도 합니다. 위치상으로는 가동성 관절과 안정성 관절은 몸에서 위치가 서로 번갈아 나타나요. 예를 들어 발목은 가동성 관절, 무릎은 안정성 관절, 고관절은 가동성 관절, 요추는 안정성 관절입니다. 가동성 관절이 연속으로 배치되면 몸의 움직임이 너무 흐느적거릴 것이고, 안정성 관절이 연속으로 배치되면 몸이 뻣뻣해서 제대로 움직일 수가 없기 때문이죠.
  대부분의 운동을 할 때는 안정성 관절은 상대적으로 잘 고정된 채로, 가동성 관절을 주로 움직여야 합니다. 예를 들면 데드리프트를 할 때, 가동성 관절인 고관절을 주로 움직여야 합니다. 안정성 관절인 요추는 운동 내내 중립 상태를 잘 유지해야 하고요. 스쿼을 할 때는 발목과 고관절이 잘 움직여야 합니다. 무릎 관절은 굽히고 펴는 동작만 할 뿐, 좌우로 비틀리거나 회전하지 않도록 주의해야 하고요.

만약 가동성 관절의 움직임이 충분하지 못하면, 우리 몸은 그 주변의 안정성 관절을 대신 움직여서 동작을 수행합니다. 이를 '보상작용'이라고 불러요. 이런 보상작용이 자주 반복되면 안정성 관절에 무리가 와서 다칠 수 있습니다.

예를 들어 고관절을 굽히는 가동성이 부족하면, 상체를 숙일 때 고관절 대신 허리를 구부리다가 허리를 다칠 수 있어요. 발목 관절의 가동성이 부족하면, 스쿼을 할 때 무릎이나 허리를 다칠 수 있고요. 따라서 부상 예방을 위해서는 가동성 관절들의 가동성 훈련을 평소에 꾸준히 해주는 게 좋습니다.

하지만 특정 관절이 안정성과 가동성 중에 딱 하나의 역할만 하는 건 아닙니다. 모든 관절은 가동성과 안정성의 능력을 함께 가지고 있어요. 모든 사람이 내향적인 성향과 외향적인 성향을 함께 가지고 있는 것처럼 말이죠. 다만 가동성 관절과 안정성 관절의 구분은, 각 관절에서 어느 특성이 더 중요한지를 뜻할 뿐입니다. 가동성 관절이 정적으로 자세를 유지해야 할 때도 있고, 안정성 관절이 잘 움직여야 할 때도 있어요.

위의 내용들을 요약하면, 모든 관절은 안정성과 가동성이라는 특성을 가지고 있으며, 주된 역할에 따라 가동성 관절과 안정성 관절로 구분합니다. 또한 특정 관절의 가동성이나 안정성 문제는 주변의 다른 관절에 악영향을 끼칠 수 있어요. 따라서 부상 예방을 위해서는 평소에 관절의 가동성과 안정성을 잘 관리해야 합니다.

가동성과 안정성

유연성 vs 가동성

유연성은 관절이 외부의 힘에 의해서 수동적으로 움직일 수 있는 능력을 말합니다. 이에 반해 가동성은 관절을 스스로의 힘으로 움직일 수 있는 능력을 말해요.

유연성과 가동성을 쉽게 이해하기 위해 손목을 예로 들어볼게요. 손목을 한번 손등 쪽으로 꺾어보세요. 만약 스스로의 힘으로 움직이면 80°밖에 움직이지 못하더라도, 반대 손으로 누르면 각도가 더 커져서 100°나 움직일 수도 있어요. 이때 손목 관절의 가동성은 80°, 유연성은 100°라고 할 수 있습니다.

유연성의 범위는 가동성의 범위보다 더 큽니다. 하지만 유연성과 가동성 사이의 격차는 사람마다 달라서, 두 사람의 유연성은 똑같다고 하더라도 가동범위는 다를 수 있어요. 유연성과 가동성 모두 중요하기는 하지만, 몸을 스스로 움직여야 하는 대부분의 운동에서는 가동성이 더 중요합니다. 그리고 유연성과 가동성의 차이가 크면 스스로 제어할 수 없는 범위가 크다는 뜻이기 때문에 그만큼 부상의 위험이 높아요. 따라서 유연성과의 격차가 크지 않도록 가동성 개선에 신경을 써야 합니다.

　유연성을 개선하는 데에는 일반적인 스트레칭이나 마사지가 도움이 됩니다. 스트레칭이나 마사지로 근육들을 이완시키면 관절을 수동적으로 움직일 수 있는 각도가 더 커지거든요.

　하지만 가동성은 단순히 수동적인 스트레칭만 해서는 좋아지지 않습니다. 스스로 관절을 움직여야 하기 때문에, 가동성은 근력을 포함하는 개념이거든요. 그래서 스스로 힘을 쓰는 연습을 해야 합니다. 가동성을 개선하는 방법은 다양하지만, 가장 간단한 방법은 일반적인 스트레칭 자세에서 근육에 힘을 쓰는 겁니다. 예를 들어 허벅지 뒤쪽 근육(햄스트링)을 스트레칭 한다면, 스트레칭 자세를 유지한 채 허벅지 뒤쪽이나 앞쪽에 힘을 주세요.

유연성 vs 가동성

유산소와 무산소 운동의 차이

운동 종류를 나누는 데에는 여러 가지 기준이 있습니다. 그 중에 에너지 대사를 기준으로 한다면 유산소 운동과 무산소 운동으로 구분할 수 있어요. 이 책에서는 근력 강화를 위한 무산소 운동을 주로 다루기는 하지만, 둘 사이의 구분을 위해 유산소/무산소의 특징을 설명합니다.

오해

일반인에게 익숙한 단어이기는 하지만, 막상 유산소/무산소의 정확한 의미를 제대로 아는 분들은 별로 없어요. 많은 사람들이 유산소 운동은 달리기나 자전거 같이 숨을 많이 쉬는 운동, 무산소 운동은 산소를 별로 쓰지 않는(?) 웨이트 트레이닝으로 오해합니다.

하지만 용어에서 등장하는 유산소/무산소는, 근육 내에서 에너지 대사의 종류를 뜻하는 겁니다. 근육이 에너지 대사를 할 때 산소의 활용 여부에 따라 구분하는 것이지, 운동할 때 코로 산소를 얼마나 마시는 지로 구분하는 게 아니에요.

또한 유산소/무산소는 종목으로 구분되는 것도 아닙니다. 똑같은 종목이라도 상황에 따라서 유산소가 될 수도, 무산소가 될 수도 있어요. 달리기가 무산소 운동이 될 수도 있고, 바벨을 드는 운동이 유산소 운동이 될 수도 있습니다.

에너지 대사

자동차가 움직일 때 휘발유나 전기를 쓰듯이, 몸을 움직일 때 근육
은 ATP라는 것을 연료로 사용합니다. 하지만 근육 내부에는 많은
양의 ATP를 저장할 수 없어서, 필요할 때마다 바로 합성해서 만들
어냅니다. 이때 ATP를 합성하는 방법에 따라서 무산소 대사, 유산
소 대사라는 용어를 사용합니다.

유산소 대사는 말 그대로 산소를 활용해서 ATP를 만들어내는 과
정입니다. 노폐물이 거의 발생하지 않고 에너지 효율이 좋다는 장
점이 있어요. 대신에 ATP를 만들어내는 속도가 느려서 출력이 약
하다는 단점이 있습니다. 따라서 유산소 대사는 큰 힘을 쓸 필요가
없는 저강도 운동에서 주로 일어납니다.

무산소 대사는 ATP를 만들어낼 때 산소를 활용하지 않습니다.
빠르게 많은 양의 ATP를 만들 수 있어서 출력이 강하다는 장점이
있어요. 하지만 자동차에 무거운 짐을 싣고 액셀을 세게 밟으면 매
연이 많이 생기듯이, 강한 출력의 무산소 대사에서는 노폐물이 많
이 발생합니다. 결국 무산소 대사는 에너지 효율이 낮고, 짧은 시간
밖에 유지를 하지 못한다는 단점이 있습니다. 그래서 무산소 대사
는 짧은 시간에 큰 힘을 쓰는 고강도 운동에서 주로 일어납니다.

유산소/무산소 정의

정리하면, 강도가 약한 운동은 유산소 대사가 주로 일어나기 때문
에 유산소 운동이라고 부르고, 강도가 강한 운동은 무산소 대사가

주로 일어나기 때문에 무산소 운동이라고 부릅니다.

중요한 건, 유산소와 무산소를 구분하는 기준은 운동 종목이 아니라 '운동 강도'라는 겁니다. 똑같은 달리기를 하더라도, 약한 강도로 천천히 뛴다면 유산소 운동, 전력으로 빠르게 뛴다면 무산소 운동이 되는 것이죠. 하지만 기준이 되는 운동 강도는 사람에 따라 상대적이에요. 똑같은 15km/h의 속도로 뛴다고 해도 마라톤 선수에게는 유산소 운동이 되고, 100m를 25초에 뛰는 사람은 전력 질주를 해야 되니 무산소 운동이 됩니다.

그리고 유산소와 무산소의 경계는 무 자르듯이 나눠지지 않습니다. 어떤 운동을 하든지 유산소 대사와 무산소 대사는 함께 일어나거든요. 다만 고강도로 운동할수록 무산소 대사의 비중이 높아지고, 저강도로 운동할수록 유산소 대사의 비중이 높아집니다. 따라서 유산소/무산소 운동보다는, 무산소성/유산소성 운동이라고 부르는 게 더 정확한 표현입니다.

유산소성 운동 vs 무산소성 운동

앞에서는 유산소성 운동과 무산소성 운동의 정의에 대해 설명했습니다. 그렇다면 두 가지 운동의 효과와 특징은 구체적으로 어떻게 다를까요?

우선 유산소성 운동은 심폐기능을 강화하고 심혈관계 질환을 예방하는 데 도움이 됩니다. 또한 유산소성 운동을 하면 스트레스를 완화하는 호르몬들이 많이 분비됩니다. 따라서 불면증이나 우울증 완화 등의 정신적인 측면에서도 긍정적인 효과를 볼 수 있어요.

또한 유산소성 운동은 말 그대로 유산소성 대사 능력을 향상시킵니다. 유산소성 운동을 꾸준히 하면 안정적으로 오래 에너지 대사를 할 수 있게 돼요. 쉽게 말하면 체력이 좋아져서 운동할 때 쉽게 지치지 않고 오래 지속할 수 있게 됩니다.

유산소성 운동의 목표 근육은 심장 근육과 호흡 근육입니다. 저강도로 오래 운동하기 때문에 전신에 혈액과 산소를 보내야 하는 심장 근육과 호흡 근육이 가장 부하를 많이 받거든요. 그래서 유산소성 운동을 할 때는 심장의 상태인 심박수가 운동 강도의 기준이 됩니다.

앞에서는 종목을 기준으로 유산소/무산소를 구분하지 않는다고는 했지만, 유산소/무산소에 유리한 종목이 따로 있기는 합니다. 유산소성 운동을 할 때는 목표로 하는 심장 근육과 호흡 근육보다 특정 골격근이 먼저 지쳐버리면 안 되겠죠? 따라서 전신의 많은 근육을 조금씩 골고루 쓰는 종목이 유리합니다. 그래서 유산소성 운동으로는 달리기나 자전거처럼, 많은 근육을 함께 쓰는 종목들이 일반적입니다. 운동 강도는 연속해서 30분 이상 할 수 있을 정도로 낮은 강도로 하는 게 좋고요.

무산소성 운동은 근육과 뼈, 인대 등의 구조물들을 튼튼하게 만들어줍니다. 따라서 골다공증, 근감소증 등의 근골격계 질환 예방에 효과적이에요. 물론 근육의 크기도 커지기 때문에 멋진 몸매를 만드는 데에도 도움이 되고요.

또한 무산소성 운동은 말 그대로 무산소성 대사 능력을 향상시킵니다. 그래서 무산소성 운동을 꾸준히 하면 힘을 강하게 내는 능력,

즉 근육의 최대 출력이 좋아져요. 이 때문에 무산소성 운동은 흔히 근력 운동이라고 부르기도 합니다.

무산소성 운동의 목표 근육은 골격근입니다. 강하게 힘을 쓰려면 심장 근육보다는 골격근이 주로 쓰이거든요. 무산소성 운동의 강도를 정할 때는 목표 근육에 가해지는 부하를 조절합니다. 일반적으로는 다루는 중량이나 동작의 난이도가 운동 강도의 기준이 됩니다.

무산소성 운동에 효율적인 종목으로는, 체중이나 외부 중량을 이용한 근력 운동들이 적합합니다. 짧은 시간에 강한 힘을 쓰기 위해서는 고강도의 저항이 필요하거든요. 그리고 한 번에 오랜 시간 운동할 수 없기 때문에 '세트' 방식으로 운동을 진행합니다. 수십 초 동안 동작을 연속으로 반복해서 한 세트를 마친 뒤, 조금 쉬었다가 다음 세트를 수행하는 식으로 말이죠.

건강을 위해서는 유산소성/무산소성 운동을 빠짐없이 골고루 해야 합니다. 심혈관계 질환 예방을 위해서는 유산소성 운동을 해야 하고, 근골격계 질환 예방을 위해서는 무산소성 운동을 해야 해요. 어느 한쪽으로만 치우쳐서 운동을 편식하지 않도록 주의하세요.

유산소 vs 무산소

2장
움직임 기본 원칙

운전면허를 취득할 때, 기능 시험에서는 가장 기본적인 운전 장치 조작 능력을 봅니다. 시동 걸기, 방향지시등 조작, 간단한 주차 등을 테스트하죠. 기능 시험을 잘 봤다고 해서 운전을 잘한다고 할 수는 없지만, 안전하게 운전을 하려면 기본으로 익혀야 하는 부분입니다. 운동도 마찬가지예요. 안전하게 운동을 하려면 몸의 기본적인 조작법부터 익혀야 합니다. 이번 장에서는 모든 운동에 적용되는 움직임 기본 원칙 6가지를 설명합니다.

척추 정렬

사람의 몸을 단순화하면, 몸통을 중심으로 머리와 팔, 다리가 붙어 있는 구조입니다. 척추는 몸통을 지탱하는 기둥이기 때문에, 움직임에서 중심축 역할을 하고요.

강하게 힘을 쓸 때에는 척추에서 불필요한 움직임이 일어나면 안 됩니다. 움직임의 축이 불안정하면 힘을 강하게 낼 수 없고, 움직임을 정교하게 컨트롤하기 어렵거든요. 마치 흔들리는 배 위에서 대포를 쏘는 것과 비슷합니다. 움직임 축이 불안정하기 때문에 대포를 강하게 발사할 수도 없고, 명중률도 떨어질 수밖에 없어요. 단단한 땅 위에서 대포를 쏴야 정확하고 강하게 발사할 수 있는 것처럼, 운동 중에 척추는 단단히 고정돼야 합니다.

게다가 운동할 때 허리나 목이 굽거나 펴지는 게 반복되면 관절에 손상이 누적되면서 다칠 수도 있습니다. 심하면 허리디스크(요추 추간판 탈출증)나 목디스크(경추 추간판 탈출증)로 이어지기도 합니다. 운동을 할 때는 항상 척추는 견고하게 고정한 채 팔과 다리만을 움직여야 해요.

물론 스포츠에 따라서는 몸통에서의 회전이나 굽히고 펴는 움직임이 필요하기도 합니다. 그래야 전신의 힘을 파워풀하게 쓸 수 있거든요. 골프의 스윙이나 배구의 스파이크처럼 말이죠. 이럴 때는 상황에 맞게 척추를 잘 움직여야 합니다. 하지만 척추를 움직이면 부상의 위험이 있는 건 여전해요. 딱 필요한 만큼만 최소한으로 움직이고, 최대한 척추 정렬을 지키려고 노력해야 합니다.

이 책에서 소개하는 모든 근력운동 종목에서는 척추를 움직일 필요가 없습니다. 따라서 팔과 다리가 움직이는 동안 척추는 항상 견고하게 유지해야 합니다.

척추 중립을 유지하기

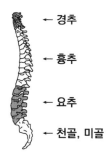

← 경추

← 흉추

← 요추

← 천골, 미골

척추는 구조상 경추(목뼈), 흉추(등뼈), 요추(허리뼈), 천골(엉치뼈), 미골(꼬리뼈)로 구분됩니다. 경추는 앞으로 굽고, 흉추는 뒤로 굽고, 요추는 앞으로 약간씩 굽어있어요. 전체적으로 보면 완만한 S자 형태를 이루고 있고, 이를 척추 중립 상태라고 합니다. 운동할 때는 척추 중립을 유지해야 부상을 예방하고 강한 힘을 낼 수 있어요.

통증 예방을 위해서는 운동할 때뿐만 아니라 평소에도 척추 중립을 유지하는 바른 자세를 취해야 합니다. 바르지 않은 자세로는 요추의 과신전(과하게 펴진 상태), 흉추의 과굴곡(과하게 굽은 상태), 거북목 등이 있습니다. 만약 평소에 이런 체형이고 그 정도가 심하다면, 운동을 시작하기 전에 자세 교정을 하는 게 우선이에요.

중립   과굴곡   과신전

만약 운동 중에 경추의 중립을 유지하지 못하면 목이나 어깨를 다칠 수 있습니다. 예를 들면 푸쉬업, 플랭크, 바벨로우 등의 운동을 할 때 턱을 과도하게 숙이는 경우가 많아요. 반대로 정면의 거울을 보기 위해 턱을 치켜들기도 하고요. 그런 경우에는 운동 부위보다 오히려 목이 더 아플 수가 있습니다.

모든 운동을 할 때는 경추의 중립 상태를 유지해야 합니다. 고개를 들고 턱을 살짝 당겨서 얼굴 면이 가슴과 같은 방향을 바라보게 해주세요. 그리고 동작 내내 목에 깁스를 한 것처럼 유지해야 합니다.

흉추도 중립 상태가 중요합니다. 흉추는 뒤로 약간만 둥근 게 중립이에요. 일반적으로는 과도하게 뒤로 굽어서 문제가 되는 경우가 많습니다. 굽은 등은 다양한 문제의 원인이 되는데, 특히 팔을 위로 드는 동작을 불편하게 합니다. 흉추와 함께 견갑골이 앞으로 기울면서 팔을 위로 180도 들기 어려워지거든요.

보통은 흉추가 굽었다고 해서 등을 다치지는 않습니다. 대신에 어깨나 목, 허리 등의 주변 관절을 다치게 만들어요. 팔을 위로 번쩍 들기 위해서는 보상 작용으로 허리나 목을 과도하게 움직여야 하거든요. 따라서 등이 너무 굽어있다면, 평소에 스트레칭을 통해 흉추를 펴려고 노력해야 합니다.

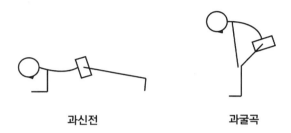

과신전   과굴곡

요추에서의 중립을 유지하지 못하면 허리를 다칠 수 있습니다. 예를 들어 플랭크나 푸쉬업 같은 운동을 할 때는 허리가 과신전 되어서 통증이 생기는 경우가 많아요. 반대로 백스쾃이나 데드리프트 같은 운동을 할 때는 허리가 굽어서 허리를 다치기도 합니다. 무슨 운동을 하든지 요추는 중립을 유지해야 합니다.

요추의 중립을 잘 유지하기 위해서는 골반 주변 근육과 몸통 근육들을 활용해야 합니다. 골반 주변 근육을 잘 쓰는 방법은 바로 뒤에 나오는 **골반 움직임**(41p)과 **고관절 외회전**(47p)에서 자세히 설명합니다. 이어지는 **호흡**(52p)에서는 복압을 이용해서 몸통을 단단히 고정하는 방법을 자세히 설명합니다.

척추 정렬

척추를 잘 움직이기

근력 운동을 할 때는 척추 중립이 필수입니다. 특히 척추에 큰 부하가 가해지거나 강한 힘을 내야 하는 순간에는 척추 중립을 유지해야 부상을 예방하고 효율적으로 힘을 쓸 수 있기 때문이죠.

하지만 평소에 부하가 없는 상태에서는, 척추를 다양한 방향으로 자주 움직여주는 게 척추 관절 건강을 위해서 좋습니다. 관절에는 혈관이 제대로 발달되어 있지 않기 때문에, 자주 움직여야 수동적으로 영양 공급이 되거든요. 그리고 관절을 별로 움직이지 않으면, 시간이 지나면서 관절의 가동범위가 점점 줄어들기도 하고요.

평소에 허리와 가슴, 목 돌리기 등을 통해 척추를 최대한 자주 움직여주세요. 물론 이때 무리를 하면 안 되고, 통증이나 불편함이 생기지 않는 범위에서 최대한 크게 움직여야 합니다.

골반 움직임

요추의 중립을 만들기 위해서는 골반을 적절히 움직여야 합니다. 척추의 아래쪽 끝은 골반에 연결되어 있기 때문에, 골반의 움직임에 따라 요추가 앞이나 뒤로 굽거든요. 그래서 운동을 할 때 요추의 중립 상태를 만들기 위해서는, 골반을 움직이는 방법을 먼저 배워야 합니다.

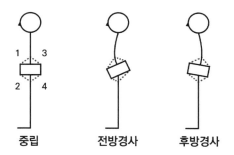

중립   전방경사   후방경사

위의 그림은 골반과 척추의 정렬 상태를 단순하게 표현한 그림입니다. 왼쪽 그림에서는 골반에 붙어있는 근육들이 힘의 균형을 이루고 있어요. 이를 요추 중립 상태라고 부릅니다. 두 번째 그림처럼 2, 3번 근육이 수축하면 골반이 앞으로 기울어지는데, 이를 골반의 '전방경사'라고 표현을 합니다. 세 번째 그림처럼 1, 4번 근육이 수축하면 골반이 뒤로 기울어지는데, 이를 골반의 '후방경사'라고 표현을 합니다. 골반이 전방경사 되면 요추는 과하게 펴지고, 반대로

골반이 후방경사 되면 요추는 굽어요.

골반 움직임 연습

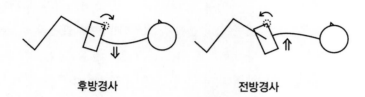

후방경사　　　　　　　　전방경사

골반 움직임을 연습하려면 누워서 하는 게 쉽습니다. 다리를 굽힌 채로 편하게 누우세요. 그러면 허리와 바닥 사이에 손바닥 두께 정도의 공간이 생기는데, 이게 척추 중립 상태입니다. 여기에서 골반 앞쪽의 뼈(전상장골극)가 머리 쪽으로 움직이도록 골반을 굴려보세요. 이러면 허리가 바닥에 완전히 닿는데, 이게 골반의 후방경사 상태입니다. 반대로 골반 앞쪽 뼈가 발쪽으로 움직이도록 골반을 굴려보세요. 이러면 허리가 바닥에서 높게 뜨는데, 이게 골반의 전방경사 상태입니다.

　누운 채로 골반을 굴리는 동작을 여러 번 반복합니다. 골반의 전방경사와 후방경사의 움직임이 익숙해지도록 말이죠. 누워서 하는 게 익숙해졌다면, 일어서서 똑같이 연습하면 좋습니다. 누워서 하는 것보다는 조금 더 어렵지만, 마치 밸리 댄스에서 골반을 앞뒤로 흔들 듯이 움직여주면 됩니다.

　하지만 평소에 허리 통증이 있다면 골반을 움직이는 연습을 하지 않는 게 좋습니다. 골반을 후방경사시키면 요추가 구부러지면서 척추 사이의 디스크가 뒤로 밀리기 때문에 허리디스크 증상을 더 악화시킬 수 있거든요. 골반 움직임 연습은 허리가 건강한 분들만 따라하시고, 허리 통증이 있는 분들은 하지 않는 편이 좋습니다.

골반 움직임의 실전 적용

골반의 움직임 연습이 익숙해졌다면, 운동을 할 때도 골반 움직임을 잘 적용해야 합니다. 우선 데드리프트처럼 고관절을 굽히는 동작에서는 골반을 전방경사시켜야 합니다. 고관절을 굽힐 때 허리도 같이 굽어서 다치는 경우가 많거든요. 허리가 굽는 걸 방지하려면, 상체를 숙일 때는 골반을 전방경사시켜야 합니다.

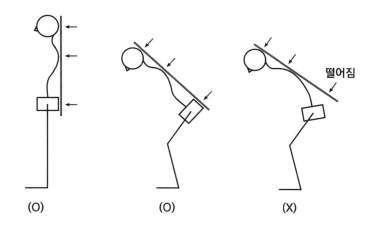

(O)   (O)   (X)

고관절 굽히는 연습을 위해서는 길고 가벼운 막대기를 이용하면 좋습니다. 척추의 중립 상태에서 막대기를 몸통 뒤에 대면 뒤통수와 등, 꼬리뼈가 닿는 게 정상이에요. 이 세 부분이 닿아있는 상태를 유지한 채 고관절을 굽히는 연습을 해보세요. 만약 고관절을 굽힐 때 골반을 전방경사시키지 않으면, 허리가 구부러지면서 막대기가 꼬리뼈에서 떨어집니다. 잘못된 자세로 움직이면 곧바로 느낄 수 있기 때문에, 고관절을 굽히는 연습으로써 자주 쓰이는 방법이에요.

이와 반대로, 플랭크처럼 고관절을 편 동작에서는 골반을 후방경사시켜야 합니다. 고관절을 펼 때는 허리도 같이 과신전 되면서 다치는 경우가 많거든요. 허리가 과하게 펴지는 걸 방지하려면, 몸을 곧게 편 자세에서는 골반을 후방경사시켜야 합니다.

골반의 후방경사 연습을 위해서는, 풀업 밴드나 수건처럼 가늘고 긴 물체를 허리 뒤에 대고 누우세요. 앞의 골반 움직임 연습에서 했듯이 누운 채로 골반을 후방경사시키면 허리가 밴드를 누르게 됩니다. 만약 도와주는 파트너가 있다면 옆에서 밴드를 살짝 당기고, 누운 사람은 밴드가 빠지지 않도록 밴드를 눌러주세요. 이때 복부 쪽에 힘이 들어갑니다. 골반을 후방경사시키는 근육인 복직근이 수축하기 때문이죠. 이 동작을 할 때 힘을 너무 과하게 쓰지는 말고, 적당한 강도로 10초 정도씩 유지하세요. 이때 호흡은 참지 말고 조금씩 숨을 쉬어야 합니다.

골반 움직임 요약

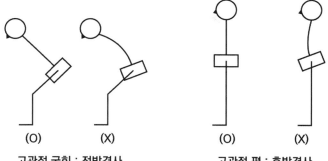

(O)   (X)   (O)   (X)

고관절 굽힘 : 전방경사   **고관절 폄 : 후방경사**

운동할 때 사람들이 허리를 다치는 이유를 정리하면, 고관절을 움직일 때 허리도 세트로 함께 움직이기 때문입니다. 고관절을 굽힐 때 허리도 함께 굽고, 고관절을 펼 때 허리도 함께 펴는 식으로 말이죠.

부상 예방을 위해서는 허리는 움직이지 않고 중립 상태를 견고하게 고정한 채 고관절만 따로 움직여야 합니다. 이를 '고관절 분리'라고 표현하기도 해요. 결국 골반 움직임을 배우는 목적은, 골반과 허리를 반대로 움직이는 연습을 해서 고관절 분리를 익히기 위함입니다.

하지만 골반을 움직일 때 필요 이상으로 지나치게 기울이지는 말아야 합니다. 골반을 움직이는 목적은 척추 중립이기 때문이에요. 예를 들어 플랭크를 할 때는 골반의 후방경사를 적당히만 해야 합니다. 허리가 둥글게 굽을 정도로 과도하게 골반을 기울이면 안 돼요. 데드리프트 준비 자세에서도 골반의 전방경사를 적당히만 해야 합니다. 허리에 중립 상태 이상의 아치가 생길 정도로 허리를 과하게 펴면 안 돼요.

고관절	골반	운동
굽힘	전방경사	앉은 자세 (ex. 시티드로우, 케이블로우) 상체 숙이는 자세 (ex. 벤트오버 바벨로우) 하체 운동의 하단 자세 (ex. 스쾃, 런지, 데드리프트)
폄	후방경사	엎드린 자세 (ex. 플랭크, 푸쉬업) 누운 자세 (ex. 벤치프레스, 덤벨프레스) 일어선 자세 (ex. 아놀드프레스, 오버헤드프레스) 매달린 자세 (ex. 턱걸이) 하체 운동의 상단 자세 (ex. 스쾃, 런지, 데드리프트)

골반 움직이기

운동 중 골반 세팅

고관절 외회전

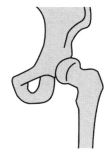

볼과 소켓 구조

고관절의 가장 큰 특징은 볼과 소켓 구조라는 겁니다. 이 때문에 어깨 관절에 이어서 몸에서 두 번째로 움직임이 자유로운 관절이에요. 하지만 움직임이 자유로운 만큼, 고관절을 잘못 움직이다가 다치는 경우가 많아요. 부상 예방을 위해서는 고관절을 제대로 움직이는 법을 배워야 합니다.

대부분의 경우에는 고관절을 바깥쪽으로 회전(외회전) 시켜야 합니다. 하체를 움직일 때 고관절이 내회전되면, 무릎이 모이면서 무릎을 다칠 수 있거든요. 게다가 고관절 외회전은 척추 중립에도 도움이 됩니다. 뒤에서 다시 설명하겠지만, 고관절 외회전은 허리가 과신전 되는 것을 방지하는 역할도 하기 때문이죠.

대둔근의 중요성

고관절을 외회전 시키는 근육은 많지만, 가장 크고 강한 근육은 대둔근입니다. 대둔근은 흔히 엉덩이 근육이라고 부르는 근육으로 골반과 허벅지 뼈에 붙어있어요. 대둔근은 고관절을 펴고, 허벅지 뼈를 외회전 시키는 두 가지 기능이 있습니다. 강한 힘을 낼 수 있고 척추 정렬에 영향을 주기 때문에 몸에서 가장 중요한 근육 중에 하나입니다.

하지만 현대인들 중에는 대둔근을 잘 쓸 줄 모르는 사람들이 많습니다. 운동을 거의 하지 않고 의자에만 오래 앉아있다 보니 대둔근이 약해지고 조절 능력이 떨어지는 것이죠. 오죽하면 엉덩이 기억 상실증이라는 표현도 있을 정도니까요. 이런 분들께 엉덩이에 힘을 한번 줘보라고 하면 어쩔 줄을 모르기도 합니다. 이런 경우에는 대둔근에 힘주는 법을 따로 연습할 필요가 있어요.

대둔근에 힘 주기

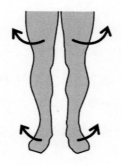

대둔근에 힘을 주는 방법은 간단합니다. 대둔근의 기능 그대로, 고관절을 편 상태에서 허벅지 뼈를 외회전 시키면 되거든요. 연습을 위해서는 발을 11자로 만들고 선 채로, 양 발바닥으로 땅을 벌린다는 느낌으로 힘을 주세요. 발은 지면에 붙어있기 때문에 움직이지 않고, 대신에 허벅지 뼈와 무릎이 바깥쪽으로 회전하면서 대둔근에 힘이 들어갑니다.

대둔근에 힘을 주는 느낌이 어느 정도 익숙해졌다면, 이제는 굳이 발바닥을 의식하지 않아도 됩니다. 고관절만 외회전 시키면서 대둔근에 바로 힘을 줄 수 있거든요. 게다가 오랜 기간 하체 운동을 해서 대둔근이 발달한다면, 나중에는 더 쉽게 대둔근에 힘을 줄 수 있을 겁니다.

무릎 부상 예방

무릎 모임은 하체 운동을 할 때 무릎 부상의 주요 원인 중에 하나입니다. 무릎 같은 경첩 구조의 관절은 굽혔다 펴기만 해야 안전한데, 무릎이 안쪽으로 모이면 움직임 축이 비틀리기 때문이죠. 경첩의 축이 어긋난 채 움직이면 망가지듯이, 무릎도 축이 어긋난 채 움직이다보면 손상이 누적되어 부상으로 이어집니다.

무릎은 보통 바깥쪽보다는 안쪽으로 모이려는 경향이 있습니다. 따라서 하체를 움직일 때는 무릎을 바깥쪽으로 벌리려고 해야 합니다. 무릎과 발끝이 같은 방향을 향하도록 말이죠.

이때 고관절의 외회전을 이용하면 무릎 모임을 막는 데 도움이 됩니다. 고관절을 외회전 하면 허벅지 뼈와 함께 무릎도 바깥쪽으로 회전하거든요. 하체 운동을 하는 동안에는 대둔근의 긴장을 계속 유지해서 고관절을 외회전 시켜야, 무릎 모임을 방지하고 안전하게 운동할 수 있어요.

물론 앉는 동작에서는 대둔근에 힘을 주기가 어렵습니다. 대둔근의 가장 큰 역할은 고관절을 펴는 거라서, 고관절을 굽힐 때는 대둔근에 힘이 빠질 수밖에 없기 때문이죠. 그래서 트레이닝을 할 때는 발로 땅을 벌리듯이 힘을 주라거나 무릎을 밖으로 내밀라는 표현을 대신 씁니다. 이는 결국 쪼그려 앉는 동안에도 고관절을 외회전 시켜서 대둔근에 힘을 주라는 뜻이고요.

허리 부상 예방

고관절의 외회전은 허리의 과신전을 막아주기도 합니다. 대둔근은 복근과 함께 골반을 후방경사시키는 역할을 하거든요. 그래서 대둔근은 척추 중립을 위해서도 중요한 근육입니다.

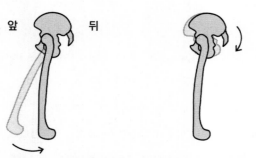

앞   뒤

골반 고정 : 다리를 뒤로   다리 고정 : 골반 후방경사

대둔근의 기능은 고관절을 펴는(신전) 겁니다. 골반이 고정되어 있을 때에는 다리를 뒤로 보내는 역할을 해요. 그래서 전력 달리기처럼 다리를 뒤로 차는 동작에서는 대둔근을 많이 사용합니다. 반대로 다리가 고정되어 있을 때는 골반을 아래로 잡아당겨서 골반을

뒤로 기울이는 역할을 합니다. 그래서 차렷 자세에서는 대둔근에 힘을 주면 골반을 후방경사시킬 수 있습니다.

복직근과 대둔근 둘 다 골반을 후방경사시킨다는 공통점이 있지만, 차이점들도 있습니다. 우선 복직근은 앞에서 골반을 위로 잡아당기고, 대둔근은 뒤에서 골반을 밑으로 잡아당겨요. 그리고 대둔근의 크기가 더 크고 고관절에 바로 붙어있기 때문에, 골반을 후방경사시키는 힘이 복근보다 더 강합니다.

따라서 골반을 후방경사시킬 때는 대둔근의 역할이 더 중요합니다. 실제 운동을 할 때는 복근과 대둔근에 같이 힘을 주되, 대둔근에 더 집중을 해야 해요. 플랭크나 턱걸이 등의 운동을 할 때는 세트 내내 대둔근에 힘을 줘야 합니다.

고관절 외회전

호흡

운동할 때 호흡을 하는 목적은 크게 두 가지입니다. 첫 번째는 신체에 지속적으로 산소를 공급해서 오랜 시간 움직이기 위해서예요. 두 번째는 고중량으로 운동을 할 때 복압을 만들어서 척추 중립을 견고하게 유지하기 위해서입니다. 따라서 본격적으로 운동을 시작하기 전에 호흡부터 제대로 배워야 합니다.

호흡

호흡 패턴

호흡의 종류는 흉식 호흡과 복식 호흡, 이렇게 크게 두 가지로 구분합니다. 숨을 마실 때 가슴을 주로 부풀리는 호흡을 흉식 호흡, 복부를 주로 부풀리는 호흡을 복식 호흡이라고 합니다.

이상적인 호흡 패턴에서는 두 호흡을 함께 하면서도, 복식 호흡의 비중이 높아야 합니다. 복식 호흡은 큰 근육들을 쓰고 호흡량이 많기 때문에 효율적이거든요. 이에 비해 흉식 호흡은 작은 근육들을 쓰고 호흡량이 적기 때문에 비효율적입니다.

하지만 현대인들 중에는 흉식 호흡 위주로 호흡을 하는 사람들이 많다는 게 문제입니다. 흉식 호흡은 비효율적일 뿐만 아니라 목이나 어깨 통증으로 이어질 수 있거든요. 보조 역할만 해야 하는 흉식 호흡이 메인 역할을 떠맡게 되면, 흉식 호흡에 쓰이는 목과 어깨 주변의 근육이 과로하기 때문입니다. 실제로 평소에 목이나 어깨 통증이 있는 사람들 중에는 호흡 패턴에 문제가 있는 경우가 많아요.

흉식 호흡의 원인으로는 과도한 스트레스나 구부정한 자세 등을 꼽을 수 있습니다. 우리 몸은 스트레스 상황에서는 호흡이 급해지면서 흉식 호흡을 하려는 경향이 있거든요. 그리고 자세가 구부정하면 횡격막을 충분히 움직일 수 없어서, 복식 호흡을 하지 못 하고 흉식 호흡을 하게 됩니다.

흉식 호흡을 오랜 기간 지속하면 목과 어깨 근육이 과하게 긴장하면서 자세가 나빠집니다. 자세가 나빠지면 흉식 호흡에 더 의존하게 되고, 흉식 호흡 때문에 자세가 더 나빠지는 악순환에 빠지는 거죠. 그래서 자세 교정이나 재활을 할 때도 호흡 패턴을 교정하는 게 가장 우선시 됩니다.

본인의 호흡을 평가하는 방법은 간단합니다. 가슴과 복부에 손을 하나씩 올려놓고 호흡을 해보세요. 호흡을 할 때 가슴이 더 움직인다면 흉식 호흡, 복부가 더 움직인다면 복식 호흡 위주의 호흡을 하는 겁니다. 만약 본인이 흉식 호흡 위주로 호흡을 한다면, 숨을 마실 때 복부를 부풀리도록 평소에 연습을 자주 해야 합니다. 일상생활에서도 복식 호흡이 습관화 되도록 노력하세요.

호흡의 템포는 느린 게 좋습니다. 호흡의 속도가 빨라지면 흉식 호흡을 하게 되거든요. 게다가 빠른 호흡은 교감 신경을 활성화시키는데, 이는 신체 전반의 긴장도를 높여서 근육이 경직되게 만듭니다. 따라서 평소 호흡은 천천히 깊게 쉬는 게 좋고, 한 번의 호흡을 하는 시간이 10초 정도 걸리도록 하세요.

횡격막 호흡

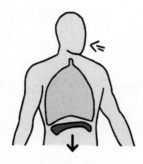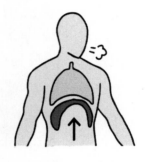

횡격막 수축 (마시기)   횡격막 이완 (내쉬기)

횡격막은 호흡을 할 때 제일 중요한 근육입니다. 폐의 크기를 조절하는 데에 가장 큰 역할을 하거든요. 횡격막은 폐와 심장이 있는 흉강과, 기타 내장이 있는 복강을 나누는 경계 역할을 합니다. 횡격막이 수축하면 밑으로 내려오면서 흉강이 넓어지고, 몸 밖에서 폐로 공기가 들어와요. 반대로 횡격막이 이완하면 위로 올라가면서 흉강이 좁아지고, 폐에서 몸 밖으로 공기가 나갑니다.

　횡격막의 수축과 이완을 적극적으로 사용하는 호흡을 횡격막 호흡이라고 합니다. 횡격막 근육을 강화하고, 뒤에 나올 복강 내압을 만들기 위해서는 횡격막 호흡을 배워야 합니다. 횡격막 호흡은 일반적인 복식 호흡과 비슷하면서도 조금 달라요. 횡격막 호흡은 하복부를 주로 부풀리고, 몸통을 전후좌우로 360도 팽창시켜야 합니다. 복식 호흡이 상복부 위주로 부풀리고, 앞쪽으로만 부풀리는 것과는 차이가 있죠.

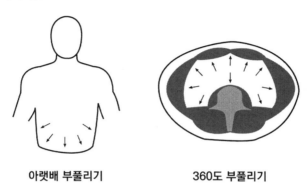

아랫배 부풀리기　　　　　　　360도 부풀리기

　횡격막 호흡은 많은 연습이 필요합니다. 연습을 위해서는 누워서 무릎을 굽히고 발바닥을 땅에 두세요. 양 손으로 옆구리를 잡되, 골반 앞쪽에 있는 뼈보다 약간 안쪽에 가운데 손가락을 짚고, 옆구리의 뒤쪽에 엄지손가락을 짚습니다. 호흡을 마실 때 네 손가락을 모두 밀어내면서 하복부를 360° 크게 부풀리고, 내쉴 때 다시 아랫배를 홀쭉하게 만들어주세요. 골반 쪽까지 밑으로 공기를 밀어 넣는다는 느낌으로 호흡을 마시면 됩니다. 호흡을 마실 때는 복부에 힘이 자연스럽게 들어가는 게 정상이에요.

　누운 자세에서의 횡격막 호흡이 익숙해졌다면 일어선 자세에서도 똑같이 연습을 하세요. 아마 일어선 자세에서의 횡격막 호흡이 더 어려울 겁니다. 일어선 자세에서는 누워있을 때에 비해 하복부가 잘 부풀지 않거든요. 하지만 대부분의 실전 운동은 일어선 자세에서 하기 때문에, 운동에 잘 적용하기 위해서는 횡격막 호흡도 일어선 자세에서 연습을 많이 해야 합니다.

스쾃이나 푸쉬업과 마찬가지로 호흡도 근력 운동입니다. 횡격막 호흡을 통해 평소에 잘 쓰지 않았던 호흡 근육인 횡격막을 단련하는 것이죠. 따라서 호흡도 꾸준하고 오랜 훈련이 필요합니다. 하지만 무리하면 두통이나 현기증이 생길 수도 있으니, 초반에는 적당히 연습하는 게 좋습니다.

복강 내압

호흡을 이용해 복부의 압력을 높이는 것을 복강 내압(복압)을 만든다고 표현합니다. 이는 척추를 보호하고 강한 힘을 내기 위해 본능적으로 하게 되는 행동이에요. 무거운 물건을 들기 직전에 숨을 크게 들이마신 뒤, 호흡을 참은 채 물건을 드는 것처럼 말이죠.

복압의 원리는 간단합니다. 호흡을 크게 마셔서 배를 부풀린 채 옆구리에 힘을 주면, 복강 내부의 압력이 높아집니다. 강한 복압은 몸통을 단단하게 세우고, 허리가 앞이나 뒤로 꺾이지 않도록 잡아주는 역할을 합니다. 마치 에어 간판에 공기가 빵빵하면 곧게 서있을 수 있는 것처럼 말이죠. 반대로 복압이 약하면 몸통과 척추는 불안정해집니다. 에어 간판 내부의 공기 압력이 약하면 간판이 꺾이고 축 처지듯이 말이에요.

근력 운동을 할 때는 복압 유지가 매우 중요합니다. 무거운 중량을 들 때는 척추가 흔들려서 허리를 다치는 경우가 많은데, 복압을 잘 만들면 허리 부상을 예방할 수 있기 때문이죠. 게다가 호흡을 멈추면 힘을 더 강하게 쓸 수 있다는 장점도 있습니다. 뇌가 호흡과 운동 동작을 동시에 수행하면 효율이 떨어질 수밖에 없는데, 호흡을 멈추면 그만큼 뇌는 운동 동작에만 더 집중할 수 있거든요.

앞서 설명한 횡격막 호흡이 익숙해졌다면, 복압을 만드는 법은 간단합니다. 횡격막 호흡으로 숨을 마셔서 하복부를 최대한 부풀린 뒤, 숨을 참고 옆구리에 힘을 살짝 주면 돼요. 복압을 3~5초 정도 유지한 뒤, 다시 호흡을 해주세요.

이때 흔히 하는 실수는, 옆구리에 힘을 주면서 복부도 함께 홀쭉해지는 겁니다. 그러면 횡격막이 위쪽으로 올라가면서 복부의 압력이 줄어들어요. 하복부는 빵빵하게 부풀린 상태를 유지해야 합니다. 옆구리에 힘은 살짝만 줘도 괜찮으니까, 하복부를 부풀리는 데에 더 집중을 하세요.

또한 옆구리에 힘을 주기 전에는 골반기저근을 먼저 활성화시켜야 합니다. 골반기저근은 이완된 채 옆구리에 힘을 주면 높아진 복부의 압력으로 인해 방귀나 소변이 나올 수도 있거든요. 무거운 물건을 들 때 자기도 모르게 방귀를 뀌거나, 파워리프팅 선수가 데드리프트를 하다가 소변을 지리기도 하는 게 바로 이런 이유 때문입니다. 운동 중에 그런 불상사를 막기 위해서는 옆구리에 힘을 주기 전에 먼저 골반기저근을 의식해야 하고, 평소에 케겔 운동으로 골반기저근을 강화하는 게 좋습니다.

복압을 만들 때에는 주의사항이 몇 가지 있습니다. 우선 복압을 너무 오래 유지하면 현기증이 날 수 있어요. 짧게 3~5초 정도로만 유지해야 합니다. 또한 복압을 너무 강하게 만들면, 복강에 과도한 압력으로 인해 탈장이 생길 수도 있어요. 너무 무리해서 복압을 강하게 만들면 안 됩니다. 그리고 복압을 만들면 순간적으로 혈압이 높아지기 때문에, 고혈압 환자는 복압 만드는 것을 자제하는 게 좋습니다.

가만히 서 있는 자세에서 복압을 만드는 게 익숙해졌다면, 고중량 운동을 할 때에도 복압을 만들면 됩니다. 백스쾃을 예로 들면, 처음 일어선 자세에서 호흡을 마시고 복압을 만들어요. 호흡을 참은 채 앉았다가, 일어났을 때 짧게 내쉽니다. 다시 호흡을 마시고 복압을 만든 뒤 다음 횟수를 반복하면 됩니다.

호흡을 내쉴 때는 짧고 강하게 쉬어야 합니다. 길고 약하게 내쉬면, 내쉬는 동안 복압이 풀리거든요. 혀와 입천장 사이의 좁은 틈으로 "츠!"하고 짧고 강하게 뱉어야 합니다. 마치 압력 밥솥에서 김이 빠져나가듯이 말이죠.

복압 만들기

리프팅 벨트

리프팅 벨트는 헬스장에서 자주 쓰이는 보조 장비 중의 하나입니다. 복압을 더 간편하게, 강력하게 유지하기 위해서 사용해요. 벨트를 착용한 뒤 호흡을 마시면, 부풀어진 복부가 벨트에 의해 압박되면서 복압이 높아지거든요. 스스로 복압을 만들 때는 횡격막 호흡을 한 뒤 옆구리에 힘을 줘야 하는데, 벨트를 사용하면 복압에 신경을 별로 쓰지 않아도 복압이 알아서 만들어집니다.

고중량 리프팅을 할 때 벨트를 이용하면 도움이 됩니다. 허리 부상 예방에 효과적이고, 더 무거운 무게를 들 수 있어요. 버거운 중량으로 운동할 때에는 벨트를 쓰면 훨씬 수월하게 리프팅을 할 수 있습니다.

하지만 벨트의 사용에도 단점이 있습니다. 몸통 근육이 해야 할 일을 벨트가 대신하기 때문이에요. 벨트를 사용하면 지금 당장은 높은 중량을 다룰 수 있겠지만, 장기적으로는 몸통 근육의 발달에 부정적입니다. 마치 아이의 학교 숙제를 엄마가 대신 해주는 것과 똑같습니다. 지금 당장은 선생님께 칭찬 받겠지만, 장기적으로는 학습 발달에 좋지 않겠지요.

리프팅 벨트의 장단점에 대해서는 아직 논란이 있는 부분입니다. 벨트를 사용하면 더 무거운 중량을 들 수 있기 때문에 몸통 근육이 더 강해진다는 견해도 있어요. 하지만 리프팅 벨트의 역할은 어디까지나 복압을 만드는 것을 보조할 뿐입니다. 가끔 특별한 날에는 적절히 이용할 수 있지만, 평소에는 벨트에 의존하지 않고 스스로 복압을 만드는 연습을 많이 하세요.

리프팅 벨트

고반복 운동

앞에서는 복압의 역할과 장점만 설명했지만, 사실 큰 단점이 있습니다. 복압을 만들면 호흡을 참는 시간이 길기 때문에 운동할 때 숨이 많이 가쁘다는 것이죠. 그래서 보통은 한 세트가 짧고 굵게 끝나는 고중량 운동에서만 복압을 강하게 만듭니다.

저중량 근력 운동을 할 때는 복압을 강하게 만들지 않습니다. 한 세트를 수행하는 데 오랜 시간이 걸리는데, 호흡을 참으면 금방 숨이 차거든요. 하지만 복압을 만들지 않더라도 옆구리에 힘은 줘야 하고, 호흡의 템포는 동작에 맞춰야 합니다. 힘을 쓰는 동작에서 호흡을 내쉬고, 다시 원래 자세로 돌아오면서 마셔요. 예를 들어 스쾃에서는 일어날 때 내쉬고, 앉을 때 마십니다. 턱걸이에서는 철봉을 당겨서 올라갈 때 내쉬고, 아래로 내려올 때 마셔요.

하지만 고반복 운동을 할 때도 호흡을 약간씩은 참습니다. 숨을 길게 내쉬는 동안에는 힘을 잘 쓰기가 어렵기 때문이에요. 힘을 주는 구간에서는 호흡을 살짝 참고, 동작이 거의 끝났을 때 짧게 내쉬어야 합니다. 스쾃을 예로 들면, 일어나는 동안에는 호흡을 참고, 다 일어났을 때 짧게 뱉어주세요.

달리기나 자전거 등의 유산소성 운동을 할 때는 호흡 템포를 동작에 맞출 필요 없이 편하게 하면 됩니다. 다만 복식 호흡을 해야 공기를 더 많이 마실 수가 있어요. 그래서 달리기를 가르칠 때는 호흡을 두 번 마시고 두 번 뱉으라고 하기도 하는데, 이건 호흡을 최대한 깊게 해서 복식 호흡을 유도하기 위한 하나의 방법입니다.

상완골 움직임 (GH관절)

어깨 관절은 운동할 때 쉽게 다치는 부위입니다. 어깨 관절은 몸에서 가동범위가 가장 크고, 가동범위가 큰 만큼 불안정하거든요. 게다가 팔을 쓰는 모든 동작에 쓰이기 때문에, 부상 케이스도 다양합니다. 따라서 부상 예방을 위해서는 어깨 관절의 구조와 안전한 사용법을 필수적으로 공부해야 해요.

어깨 관절은 흉골, 쇄골, 견갑골(날개뼈), 상완골(위팔뼈)로 이루어져 있습니다. 총 4개의 뼈와 4개의 관절 면으로 이루어진 복잡한 관절 복합체에요.

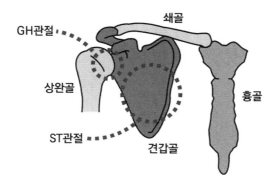

이 중 운동할 때 특히 신경을 써야 할 부분은 상완골의 움직임(GH관절)과 견갑골의 움직임(ST관절)입니다. 대부분은 이 두 관절에서의 잘못된 움직임 때문에 어깨를 다치거든요. 이번 파트에서는 GH관절을 주로 다루고, ST관절은 다음 파트에서 설명합니다.

어깨 충돌 증후군

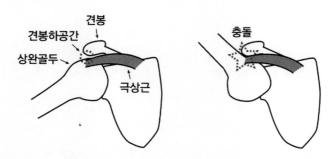

어깨 부상의 원인은 다양하지만, 운동으로 인한 어깨 부상은 대부분 어깨 충돌 증후군 때문입니다. 따라서 운동을 할 때는 어깨 충돌 증후군의 원인과 예방하는 법을 알아둬야 합니다.

팔을 위로 들 때 어깨 관절에서 위팔뼈의 머리 부분(상완골두)과 견갑골의 견봉이 부딪혀서 통증이 생기는 것을 어깨 충돌 증후군이라고 부릅니다. 이렇게 뼈끼리의 충돌이 반복되면, 상완골두와 견봉 사이의 틈(견봉하공간)을 지나가는 근육(극상근)이 뼈 사이에 끼어서 손상을 입어요. 문틈 사이에 전선이 낀 채로 문을 자주 여닫으면 전선이 상하듯이 말이죠.

어깨 충돌 증후군이 생기는 원인은 크게 세 가지가 있습니다. 첫 번째로는 관절의 구조적인 문제 때문입니다. 견봉하공간이 좁으면 팔을 들 때 쉽게 충돌이 생길 수 있어요. 견봉하공간이 선천적으로 좁을 수도 있고, 후천적으로 견봉에서 뼈가 자라나서 좁아질 수도 있습니다. 이럴 경우에는 운동으로 근본 원인을 해결하기는 어렵고, 정도에 따라 병원에서 치료를 받아야 할 수도 있습니다.

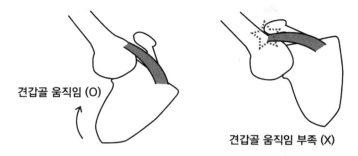

견갑골 움직임 (O)

견갑골 움직임 부족 (X)

두 번째로는 견갑골의 움직임 문제 때문입니다. 팔을 위로 들 때 견갑골이 고정되어 있으면, 견봉하공간이 좁아지면서 어깨 충돌이 생기거든요. 팔을 들 때는 견갑골도 함께 위쪽으로 움직여야 견봉하공간의 크기를 유지하면서 팔을 부드럽게 들 수 있어요. 견갑골을 제대로 움직이는 법은 뒤에 이어지는 **견갑골 움직임**(70p)에서 더 자세히 설명합니다.

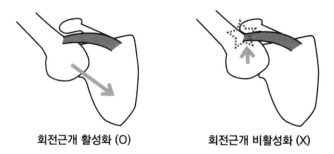

회전근개 활성화 (O)

회전근개 비활성화 (X)

세 번째로는 상완골두의 움직임 문제가 어깨 충돌을 일으킬 수 있습니다. 팔이 위로 회전할 때 상완골두의 움직임 축은 고정되어야 하는데, 만약 상완골두 전체가 위로 함께 굴러간다면 금방 견봉하공간이 좁아져서 충돌이 생기거든요. 이를 막기 위해서는 움직임 축이 고정되도록, 상완골두를 밑으로 잡아당기는 회전근개가 제대로 일을 해야 합니다. 회전근개 운동을 통해서 회전근개를 활성화시키는 게 도움이 될 수 있어요.

어깨 충돌이 생기는 원인은 위와 같이 다양하지만, 공통점은 견봉하공간이 좁아져서 충돌이 생긴다는 겁니다. 따라서 어깨 부상을 막기 위해서는 견봉하공간을 충분히 확보해서 너무 좁아지지 않도록 하는 게 중요합니다.

상완골 외회전

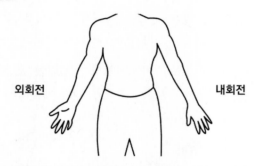

팔을 움직이는 동안 견봉하공간을 확보하는 쉬운 방법은 상완골을 외회전하는 겁니다. 뼈의 구조상 상완골을 외회전하면 견봉하공간이 넓어지고, 내회전하면 견봉하공간이 좁아지거든요.

상완골 외회전의 효과는 간단히 테스트를 통해 느낄 수 있습니다. 팔을 내회전해서 엄지손가락이 몸 쪽을 향한 채로 옆으로 팔을 들어보세요. 아마 팔을 높게 들지 못할 겁니다. 견봉하공간이 좁아져서 어깨 관절에서의 충돌이 금방 일어나기 때문이죠. 하지만 팔을 외회전 해서 엄지손가락이 몸 바깥쪽을 향한 채로 옆으로 팔을 들어보세요. 내회전했을 때보다 훨씬 높게 들 수 있을 겁니다. 견봉하공간이 넓어져서 어깨 충돌이 더 늦게 일어나거든요.

대부분의 근력 운동을 할 때도 상완골을 외회전해야 어깨 부상을 예방하고 안전하게 운동할 수 있습니다. 상완골을 외회전해야 견봉하공간이 넓어지고, 그만큼 팔을 움직일 때 어깨 충돌의 위험성이 줄어듭니다.

게다가 상완골을 외회전하면 어깨 관절에서의 안정성이 더 커집니다. 상완골두를 감싸고 있는 회전근개가 활성화되면서 관절을 견고하게 잡아주기 때문이죠. 그래서 어깨 충돌의 위험이 적은 동작이라도, 상완골을 외회전하면 더 안전하게 운동할 수 있어요.

상완골을 외회전 하는 방법은 고관절의 외회전과 비슷합니다. 예를 들어 푸쉬업을 할 때는 손바닥으로 땅을 벌리듯이 힘을 주세요. 손바닥은 고정되어 있기 때문에 대신 상완골이 외회전하고, 팔꿈치의 접히는 부분이 약간 정면을 바라보게 됩니다. 이 상태를 유지하면서 푸쉬업을 하면 됩니다.

바벨이나 철봉, 머신 등, 운동 기구를 손으로 잡고 하는 운동도 마찬가지입니다. 손잡이를 휘듯이 살짝 힘을 주면 상완골이 외회전 되는데, 이를 유지하면서 운동을 해야 합니다. 특히 트레이너들이 벤치프레스를 가르칠 때 바벨을 휘듯이 힘을 주라고 하는데, 이 역시 상완골을 외회전하라는 의미입니다.

상완골 외회전의 개념이 어렵다면, 그냥 운동할 때 팔꿈치가 몸 바깥쪽으로 벌어지지 않도록 주의하면 됩니다. 그립 간격이 고정되어 있을 때 팔꿈치가 벌어지면 상완골은 내회전 되기 때문이에요. 팔을 앞뒤로 밀거나 당기는 운동을 할 때는 팔꿈치를 옆구리 쪽에 가깝게 움직여야 합니다. 턱걸이나 오버헤드프레스처럼 팔이 위아래로 움직이는 운동을 할 때는 몸 앞쪽으로 팔꿈치를 모아줘야 하고요.

운동뿐 아니라 평소 일상생활에서 힘을 쓸 때도 상완골은 외회전을 하는 게 좋습니다. 손잡이를 잡고 물건을 위로 들 때는 손등이 천장 쪽을 향하기보다는 손바닥이 천장 쪽을 향하게 잡는 것이 안전합니다. 주전자로 물을 따르는 것처럼, 상완골을 내회전 한 채 팔을 높게 드는 동작은 어깨 관절에 위험할 수 있어요.

지금까지 상완골 외회전의 중요성을 강조하기는 했지만, 세상 모든 일이 그렇듯이 외회전도 적당히 해야 합니다. 외회전을 너무 과도하게 하면 어깨나 팔꿈치에 무리가 될 수도 있고, 효율적으로 힘을 쓸 수 없거든요. 상완골이 내회전 되려는 걸 막아준다는 느낌 정도로만 외회전을 하세요. 운동 동작을 할 때 양손 사이의 간격과 양쪽 팔꿈치 사이의 간격이 같도록 유지하면 됩니다.

상완골 외회전

상완골 내회전

대부분의 동작에서는 상완골의 외회전을 유지해야 합니다. 내회전을 해서 견봉하공간이 좁아진 채 동작을 하면, 그 사이에 끼인 극상근이 짓이겨지면서 손상을 받거든요. 마치 전선이 문틈 사이에 끼인 상태에서 전선을 잡고 위아래로 움직이는 것과 똑같습니다.

하지만 팔을 앞으로 들어 올리는 만세 동작에서는 예외적으로 상완골을 살짝 내회전을 해야 합니다. 외회전을 한 채 팔을 들면 등근육(광배근)이 팽팽해지면서 저항을 하기 때문에 팔을 제대로 들수 없거든요. 이는 광배근의 역할이 팔을 밑으로 잡아당기는 것도 있지만, 상완골을 내회전하는 역할도 있기 때문입니다. 상완골을 외회전하면 광배근이 더 팽팽해져서 편하게 팔을 들 수가 없어요.

간단히 테스트를 해보면 그 차이를 느낄 수 있습니다. 상완골을 외회전해서 손바닥이 천장을 보게 한 채 앞으로 팔을 들어보세요. 겨드랑이 아랫부분이 당기면서 팔을 높게 들 수가 없습니다. 반대로 상완골을 내회전해서 손등이 천장을 보게 하면, 팔을 편하게 더높게 들 수 있어요.

하지만 팔을 위로 들더라도 내회전을 과도하게 하면 안 됩니다. 내회전은 자연스럽게 적당히만 해야 합니다. 팔이 밑에 있을 때 외회전 되어 있던 것을, 팔을 위로 들면서 풀어준다는 느낌으로만 내회전을 하세요.

숄더패킹

어깨 관절에서 상완골두를 소켓 안에 안정적으로 잘 고정하는 것을 숄더패킹이라고 합니다. 이를 위해서는 회전근개를 비롯한 견갑골 주변의 안정근들이 상완골두를 잘 붙잡고 있어야 해요. 팔을 움직일 때 상완골두가 소켓 바깥으로 빠져나오지 않고, 움직임 축이 잘고정되도록 말이죠. 숄더패킹을 제대로 하지 못해서 상완골두가 소켓에서 빠지면, 상완골두를 둘러싸고 있는 인대나 근육 등을 다칠 수가 있거든요.

숄더패킹 O   숄더패킹 X

하지만 볼과 소켓 구조의 관절에서는 상황에 따라 볼 부분이 소켓에서 조금씩 뽑힐 수도 있다는 게 문제입니다. 심한 경우에는 탈구로 이어질 수 있어요. 소켓의 깊이가 깊어서 안정적인 고관절과는 달리, 어깨 관절은 소켓의 깊이가 얕아서 상완골두가 뽑혀 나오는 경우가 많습니다.

특히 손을 멀리 뻗거나 힘을 빼고 철봉에 매달릴 때에 조심해야 합니다. 소켓 주변의 근육들이 느슨해지면서 상완골두가 소켓에서 살짝 뽑혀 나올 수 있거든요. 이런 동작이 반복되면 어깨 탈구로 이어질 수 있습니다.

상완골두가 소켓에서 빠지는 느낌은 쉽게 느껴볼 수 있습니다. 철봉에서 힘을 완전히 빼고 매달리면, 어깨 관절이 느슨해지면서 팔이 더 길어지는 느낌을 받을 수 있을 거예요. 턱걸이의 내려오는 동작에서 힘을 풀고 추락하듯이 빠르게 내려와도 관절이 탁 빠지는 충격을 느낄 수 있고요. 앞에서 당기는 로우 운동을 할 때도 힘을 완전히 빼서 팔이 앞으로 쭉 끌려가면, 저항에 의해 관절이 느슨해집니다.

　안전을 위해서는 모든 운동에서 숄더패킹을 해야 합니다. 소켓에서 빠지는 느낌이 들지 않도록, 어깨 주변 근육에는 항상 긴장을 유지해야 합니다. 특히 당기는 운동을 할 때 주의하세요. 철봉에 매달릴 때 힘을 완전히 빼거나, 로우 운동을 할 때 힘을 풀고 팔을 앞으로 길게 뻗으면 안 됩니다. 저항의 반대 방향으로 힘을 살짝 주세요. 만약 세트 후반에 지쳐서 숄더패킹의 유지가 잘 안 된다면 세트를 중단해야 합니다.

숄더패킹

견갑골 움직임 (ST관절)

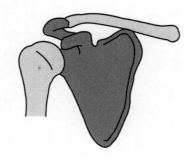

어깨 관절의 가장 큰 특징은 몸에서 움직임이 가장 크다는 겁니다. 고관절과 마찬가지로 볼과 소켓 구조이기 때문이죠. 하지만 고관절에서는 허벅지 뼈가 골반에 바로 연결되는 것과는 달리, 어깨 관절에서는 팔뼈가 몸통에 바로 연결되지 않아요. 팔뼈는 견갑골에 붙어있고, 견갑골은 쇄골을 거쳐 몸통에 연결되어 있습니다.

견갑골의 중요성

견갑골은 고정된 뼈가 아니라서, 등 뒤에서 다양한 움직임이 가능합니다. 그래서 팔뼈의 움직임 축인 견갑골이 움직이는 만큼, 팔이 움직일 수 있는 가동범위가 더 커져요. 우리가 팔을 다리보다 더 다양한 각도로 자유롭게 움직일 수 있는 이유 중에 하나는 견갑골이 움직이기 때문입니다.

반대로, 견갑골이 고정되어 있으면 팔을 자유롭게 움직일 수 없습니다. 견갑골은 제대로 움직이지 않은 채 팔만 크게 움직이려다가는 부상을 당할 수가 있어요. 실제로 어깨 부상 환자 중에는 견갑골의 움직임 기능 부전이 부상의 원인인 경우가 꽤 많습니다.

팔의 시작점은 어깨의 각진 모서리 부분이 아니라 견갑골입니다. 따라서 어깨 부상을 예방하기 위해서는 팔을 움직일 때 팔의 시작점인 견갑골을 적절히 잘 움직여야 합니다.

견갑골의 다양한 움직임

[뒤에서 본 모습]

견갑골의 움직임은 크게 6가지로 구분합니다. 견갑골이 앞쪽으로 벌어지는 것을 '전인', 반대로 견갑골이 등 뒤로 모이는 것을 '후인'이라고 합니다. 어깨가 귀와 멀어지도록 견갑골을 낮추는 것을 '하강', 반대로 어깨를 으쓱해서 견갑골이 위로 올라가는 것을 '거상'이라고 합니다. 견갑골의 바깥쪽 부분이 아래쪽으로 내려오면서 회전하는 것을 '하방회전', 반대로 위쪽으로 올라가면서 회전하는 것을 '상방회전'이라고 합니다.

어깨를 다치지 않으려면 견갑골은 팔의 움직임에 맞게 잘 움직여야 합니다. 보통은 팔이 움직이는 방향으로 견갑골도 따라 움직이는 게 정상이에요. 그래야 견봉하공간의 간격을 유지할 수 있고, 어깨 충돌 없이 더 크게 관절을 움직일 수 있기 때문입니다.

팔을 몸 앞으로 뻗을 때는 견갑골이 앞쪽으로 벌어져야(전인) 합니다. 반대로 팔을 뒤로 당길 때는 견갑골은 뒤쪽으로 모여야(후인) 해요. 또한 이렇게 팔을 앞뒤로만 움직일 때는 견갑골은 하강 된 상태를 유지해야 합니다. 이를 위해 운동 동작을 할 때 어깨가 귀와 멀어지도록 낮추라는 표현을 쓰기도 하죠.

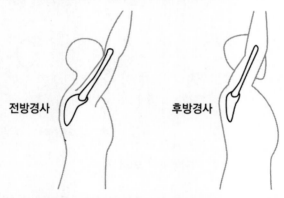

전방경사   후방경사

앞에서 설명한 대표적인 6가지 움직임 외에, 견갑골은 앞뒤로의 기울임도 가능합니다. 골반이 전방경사나 후방경사 되듯이 말이죠. 이는 아직 대중적으로 널리 알려진 움직임은 아니지만, 부상 예방을 위해서는 견갑골의 기울임도 매우 중요합니다. 특히 팔을 위로 들 때는 견갑골의 후방경사가 잘 일어나야 어깨를 다치지 않아요.

팔을 위로 들 때는 견갑골은 거상 되면서 상방회전 되어야 합니다. 또한 견갑골은 후방경사 되어야 하고요. 견갑골의 이런 움직임들은 어깨 충돌을 막기 위해서 필수적입니다. 반대로 팔을 아래로 내릴 때는 견갑골은 하강, 하방회전, 전방경사 되어야 합니다.

운동할 때 견갑골의 움직임을 앞에서 설명한 것과 반대로 하면 어깨를 다칠 수 있습니다. 예를 들면 팔을 위로 들 때 견갑골을 낮춘 채(하강, 하방 회전) 팔만 들면 안 됩니다. 반대로 팔을 위에서 아래로 당길 때는 견갑골을 높인 채(거상, 상방 회전) 팔만 아래로 당기면 안 됩니다. 또한 앞에서 당기는 운동을 할 때 견갑골이 전인 된 채 팔만 뒤로 당기면 안 됩니다. 반대로 앞으로 미는 운동을 할 때는 견갑골이 후인 된 채 팔만 앞으로 밀면 안 되고요.

팔의 방향	앞	뒤	위	아래
견갑골 움직임	전인 하강	후인 하강	거상 상방회전 후방경사	하강 하방회전 전방경사

견갑골 움직임 연습

견갑골을 움직이는 연습은 자주 해주는 게 좋습니다. 다른 모든 관절들과 마찬가지로, 견갑골도 평소에 잘 안 움직이다보면 움직임이 점점 굳거든요. 견갑골의 움직임이 굳으면 운동할 때 어깨 부상의 위험이 커집니다.

견갑골을 움직이는 연습은 맨몸으로 쉽게 할 수 있습니다. 차렷 자세에서 어깨를 으쓱 올렸다가 내리기를 반복하세요. 견갑골의 거상과 하강 움직임을 연습하는 겁니다. 몇 차례 반복한 뒤, 이번에는 견갑골을 등 뒤로 모았다가 밖으로 벌리기를 반복해보세요. 견갑골의 전인과 후인 움직임을 연습하는 겁니다. 몇 차례 반복하세요.

견갑골의 직선 움직임이 익숙해졌다면 그 동작들을 이어서 견갑골을 크게 움직여보세요. 견갑골의 전인-거상-후인-하강 동작을 이어서 하면서, 옆에서 봤을 때 어깨로 원을 크게 그리는 겁니다. 어깨를 최대한 크고 부드럽게 몇 바퀴 돌려주고, 반대로도 돌려주세요.

차렷 자세에서 견갑골의 움직임이 익숙해졌다면, 팔을 다양한 각도로 들고 연습해보세요. 이 동작을 많이 하면 실전 운동에 도움이 됩니다. 팔을 앞으로 나란히 한 채로도 견갑골을 움직여보고, 팔을 위로 들어서 만세를 한 채로도 견갑골을 움직이세요. 팔을 앞으로 들고 견갑골을 움직이면 앞으로 밀거나 당기는 운동을 할 때 도움이 됩니다. 팔을 위로 들고 견갑골을 움직이면 위로 밀거나 당기는 운동을 할 때 도움이 되고요.

견갑골 움직이는 연습을 할 때는 견갑골만 움직여야 합니다. 흉추가 굽거나 펴지지 않은 채 고정하고 견갑골만 움직이세요. 또한 견갑골을 움직일 때 목이 앞으로 숙여지지 않게 주의해야 합니다. 팔꿈치는 구부러지지 않도록 편 채 유지해야 하고요.

견갑골의 후인 하강 논란

턱걸이를 할 때는 견갑골을 후인 하강해서 고정한 채 동작을 해야 한다고 주장하는 사람들도 있습니다. 이렇게 견갑골의 후인 하강을 유지하는 것을 '숄더패킹'이라고 부르기도 하고요. 하지만 앞에서 설명했듯이 숄더패킹은 견갑골의 움직임을 뜻하는 단어가 아니에요. 숄더패킹은 어깨 소켓 관절에서의 움직임을 뜻하는 단어입니다. 널리 잘못 쓰이고 있는 용어 중에 하나예요.

어쨌든 턱걸이에서의 견갑골의 후인 하강은 과거에 운동인들 사이에서 의견이 분분했던 주제 중 하나입니다. 운동할 때 후인 하강을 유지해야 안전하고 운동 효과도 좋다는 의견도 있고, 오히려 후인 하강이 어깨 부상을 일으킨다는 의견도 있거든요.

우선 후인 하강을 찬성하는 측에서는 턱걸이처럼 위에서 당기는 운동을 할 때 견갑골의 하강을 유지해야 어깨에 안전하다고 주장합니다. 철봉에 매달릴 때 견갑골 주변에 힘을 완전히 빼고 축 늘어져 있으면, 체중 부하 때문에 상완골두가 어깨 관절의 소켓으로부터 살짝 뽑히려고 하거든요. 이렇게 숄더패킹이 풀리면 어깨 탈구로 이어질 수 있기 때문에, 이를 막으려면 견갑골을 낮춰야 한다고 주장합니다. 견갑골을 하강해서 주변의 근육들을 활성화 시키면 소켓에서의 안정성도 높아지거든요.

게다가 후인 하강을 찬성하는 측에서는 후인 하강을 해야 근육의 자극에 더 집중할 수 있다고 주장합니다. 위에서 당기는 운동은 등근육(광배근)의 발달을 목적으로 하는데, 팔을 펴서 매달릴 때 어깨를 으쓱하면(견갑골 거상, 상방회전) 광배근에 긴장이 풀리거든요. 견갑골을 후인 하강해서 어깨를 낮춘 채 동작을 해야, 세트 내내 광배근에 긴장을 유지할 수 있다고 합니다.

하지만 결론부터 말하면, 팔을 위로 드는 운동에서 견갑골을 후인 하강하는 건 자연스러운 움직임이 아니에요. 앞서 견갑골 움직임에서 설명했듯이 팔을 위로 들 때는 견갑골도 거상 및 상방회전 되는 게 정상입니다. 물론 신체 구조상 견갑골을 후인 하강하면 어깨 관절 소켓의 주변 근육들이 활성화 되면서 숄더패킹을 유지하는 게 더 쉽기는 해요. 하지만 견갑골을 거상 및 상방회전 한 상태에서도 숄더패킹을 잘 유지하는 게 정석입니다.

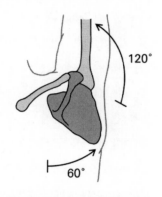

팔을 들 때 견갑골 후인 하강이 위험한 이유를 제대로 이해하려면, 견갑골과 상완골의 움직임을 알아야 합니다. 팔을 머리 위로 들 때는 일반적으로 견갑골이 60°, 상완골이 120° 정도 움직여요. 두 뼈의 움직임이 합쳐져서 180°가 완성되는 것이죠. 팔을 위로 들 때는 이렇게 견갑골과 상완골의 각도가 2:1 정도의 비율로 움직이는 게 자연스럽고, 이를 '견갑상완리듬'이라고 합니다.

만약 견갑골을 후인 하강시켜 고정한다면, 팔을 180° 위로 드는 것은 불가능합니다. 사람에 따라 조금씩 다르기는 하지만 상완골이 움직일 수 있는 각도는 고작 120° 정도가 전부이기 때문이죠. 그래서 견갑골을 낮춰서 고정한 채 억지로 팔을 머리 위로 높게 들려고 하다가는 어깨 충돌이 생길 수밖에 없어요.

결국 턱걸이처럼 팔을 위로 드는 운동을 할 때는 견갑골이 반드시 거상 및 상방회전 되어야 합니다. 어깨가 자연스럽게 살짝 올라가는 거죠. 물론 이렇게 하면 광배근에 긴장이 풀려서 근육에 자극이 덜 되기는 합니다. 하지만 항상 근육의 자극보다는 관절의 자연스러운 움직임과 안전이 우선입니다.

견갑골 움직임

움직임 기본 원칙 요약

2장에서는 안전한 운동을 위한 움직임 기본 원칙 6가지를 설명했습니다. 이 원칙들은 뒤에 나오는 실전 근력 운동을 위한 기본이 되기 때문에 빠짐없이 잘 이해해야 합니다. 덧셈, 뺄셈 같은 사칙연산이 수학의 기본이 되는 것처럼 말이죠.

움직임 기본 원칙을 간단히 요약하면, 몸을 움직일 때에는 팔과 다리가 움직이는 동안 척추 정렬을 잘 유지해야 합니다. 이때 척추 중립 상태를 만들기 위해 골반 움직임과 고관절 외회전, 복압을 이용합니다. 다리를 움직일 때는 무릎 부상을 막기 위해 고관절 외회전을 한 채 움직여야 합니다. 팔을 움직일 때는 팔의 움직임에 맞게 견갑골과 상완골을 적절히 움직여야 어깨 부상을 막을 수 있습니다.

근력 운동을 할 때나 일상생활을 할 때는 늘 움직임 기본 원칙을 신경 쓰면서 동작을 해야 합니다. 만약 잘 되지 않는 부분이 있다면 평소에 꾸준히 연습해야 해요.

척추 정렬

부상을 방지하고 강한 힘을 내기 위해서 척추 중립을 유지
움직임은 고관절과 어깨 관절에서만 일어나야 함

골반 움직임

척추 중립을 만들기 위해 골반을 앞뒤로 기울임
전방경사 : 고관절을 굽히는 동작
후방경사 : 고관절을 펴는 동작

고관절 외회전

아래 목적으로 대둔근에 힘을 줘서 고관절을 외회전
- 골반을 후방경사시켜서 척추 중립을 유지
- 하체 운동에서 무릎이 모여서 생기는 부상 예방

호흡

일상생활 : 느린 템포의 복식 호흡
고중량 운동 : 횡격막 호흡을 이용해 복강내압을 만들기
고반복 운동 : 힘을 쓸 때 짧게 내쉬기

상완골 움직임

어깨 충돌을 막기 위해서 대부분의 동작에서 상완골 외회전
팔을 위로 들 때는 상완골을 약간 내회전
당기는 운동을 할 때는 숄더패킹을 유지

견갑골 움직임

견갑골은 팔의 움직임에 맞게 적절히 움직여야 함
전인/후인, 거상/하강, 상방/하방 회전, 전방/후방 경사

3장
근력 운동

앞 장에서 설명한 움직임 기본 원칙을 익혔다면, 그 원칙을 바탕으로 몸을 움직이면서 힘을 쓰는 게 근력 운동의 전부입니다. 이번 장에서는 필수적인 근력 운동들을 소개합니다. 운동 종목으로는 척추 중립 연습을 위한 운동들과, 이를 기초로 해서 밀고 당기는 다양한 운동 종목들 중에 중요한 것들만 선별했어요. 소개한 운동들을 골고루 한다면 건강하고 균형 잡힌 몸을 만드는 데 도움이 될 겁니다. 각각의 운동 종목을 따로따로 이해하는 게 아니라, "올바른 움직임"이라는 큰 틀 안에서 연결지어 익혀보세요. 운동 동작을 글로만 이해하기는 어려울 수도 있으니 QR코드의 영상을 참고하는 게 좋습니다.

〈척추 중립 운동〉

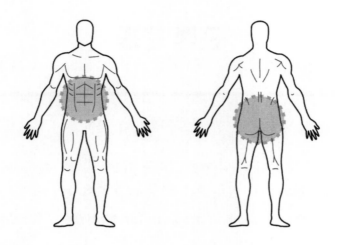

앞서 **척추 정렬**(36p)에서 설명했듯이, 이 책에서 소개하는 모든 운동은 척추 중립을 유지해야 합니다. 허리 부상을 예방하고 강한 힘을 내기 위해서죠.

이 책에서는 척추 중립을 연습하는 운동으로써 플랭크, 데드벅, 버드독을 소개합니다. 플랭크는 중력에 저항해서 척추 중립을 만들고 가만히 유지하는 운동이에요. 데드벅과 버드독은 팔다리를 움직이는 동안 척추 중립을 유지하는 운동입니다.

척추 중립 운동에서 주로 쓰이는 근육은 몸통 근육입니다. 그 중에서도 특히 복부와 엉덩이 근육이 많이 쓰여요. 골반이 전방경사 되려는 걸 막으려면 복부와 엉덩이 근육의 역할이 중요하기 때문이죠. 하지만 이 외에도 전신의 다양한 근육들이 함께 사용됩니다.

척추 중립 운동들은 근육의 크기나 힘을 키우는 데에는 큰 효과가 없습니다. 강한 부하를 사용해서 큰 힘을 쓰며 움직이는 운동이 아니기 때문이에요. 하지만 척추 중립 운동은 다른 운동들을 위한 기초로써 중요합니다. 미적분을 배우기 위해서는 기본적인 함수 개념을 먼저 알아야 하는 것처럼 말이죠.

척추 중립 운동은 본격적인 근력 운동을 배우기 전에 가장 먼저 익혀야 하는 운동입니다. 척추 중립을 충분히 연습한 뒤에 다른 근력 운동으로 진도를 나가야해요. 또한 척추 중립에 숙달되더라도, 훈련하는 날에 준비운동으로 척추 중립 운동을 해주면 좋습니다. 몸통 근육들을 활성화시키기 때문에 본 운동을 위한 워밍업으로 효과적이거든요.

플랭크

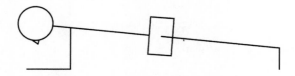

플랭크는 이 책에서 설명하는 운동 중에 유일하게 움직임 없이 가만히 버티는 운동입니다. 플랭크(plank : 널빤지) 단어의 뜻처럼, 몸을 널빤지처럼 평평하게 만들어서 유지하는 운동이에요. 주로 복부와 엉덩이 근육이 운동이 되지만, 전신의 많은 근육이 함께 사용됩니다.

플랭크는 가장 대중적인 척추 중립 운동입니다. 하지만 막상 제대로 된 자세로 하는 사람이 많지 않아요. 게다가 오해도 많은 운동입니다. 이 책에서는 플랭크의 제대로 된 자세를 설명하고, 잘못된 오해들을 바로 잡도록 하겠습니다.

움직임 기본 원칙

척추 중립 : 바닥에 엎드린 상태에서 팔꿈치를 어깨 바로 밑에 두고, 머리부터 발뒤꿈치까지 몸을 1자로 만들어줍니다. 특히 엉덩이

를 높게 치켜들지 않도록 주의하고, 너무 지면 쪽으로 내리지도 않아야 합니다. 턱도 치켜들거나 숙이면 안 되고 경추의 중립을 만들어야 합니다. 턱을 살짝 당겨서 얼굴이 지면을 바라보게 해주세요.

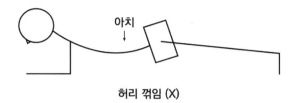

허리 꺾임 (X)

골반 움직임 : 플랭크에서 가장 큰 실수는 허리에 아치가 크게 생기는 겁니다. 중력에 의해 복부가 지면 쪽으로 내려가면서 허리가 꺾이는 거죠. 이를 막기 위해서는 골반을 후방경사시켜야 합니다. 보통은 허리를 약간 둥글게 한다는 느낌으로 자세를 하면, 옆에서 봤을 때 척추가 중립 상태가 돼요. 만약 세트 후반으로 갈수록 지쳐서, 점점 골반이 전방경사 되고 허리에 아치가 생긴다면 세트를 중단해야 합니다.

고관절 외회전 : 골반이 전방경사 되는 것을 막기 위해서 고관절도 외회전 시켜야 합니다. 두 발을 모으고 뒤꿈치끼리 서로 밀면 고관절이 외회전 되기 때문에 대둔근에 힘을 주기가 수월해요. 물론 발을 모으면 기저면이 좁아지기 때문에 발 간격을 벌리는 것보다는 중심 잡기가 어렵습니다. 하지만 엉덩이에 힘을 잘 주기 위해서는 발을 모으는 자세를 추천합니다.

호흡 : 플랭크처럼 동작이 없이 가만히 버티는 운동에서는 호흡을 편하게 하면 됩니다. 다만 척추 중립 연습을 위해 복압을 살짝 만

들어주면 더 좋아요. 물론 복압을 100% 강하게 만들면 숨을 쉬는 게 불가능하니, 10~20% 정도로만 복압을 약하게 만들어야 합니다. 복압을 약하게 유지한 상태에서 호흡은 편하게 하세요.

상완골 움직임 : 플랭크를 할 때도 상완골을 외회전하면 좋습니다. 플랭크는 팔을 높이 드는 운동이 아니기 때문에 어깨 충돌의 위험은 없지만, 상완골 외회전을 하면 어깨 관절이 더 견고해지거든요. 외회전을 위해서는 플랭크 자세에서 팔꿈치는 어깨 밑에 그대로 두고, 손 간격만 어깨 너비 정도로 벌려주면 됩니다.

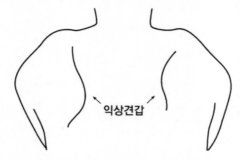

익상견갑

견갑골 움직임 : 팔을 몸 앞쪽으로 내민 상태이기 때문에 견갑골은 약간 벌어져야(전인) 합니다. 흔히 하는 실수는 견갑골이 뒤로 모이면서(후인) 등 뒤로 툭 튀어나오는 거예요. 이를 익상견갑이라고 부릅니다. 견갑골이 몸 뒤쪽으로 밀리면서 날개처럼 등 뒤로 튀어나오는 거죠. 플랭크를 할 때는 팔꿈치로 지면을 밀어내듯이 힘을 줘서 가슴이 땅에서 멀어지도록 해야 합니다. 그래도 견갑골이 뒤로 튀어나온다면 견갑골을 앞으로 내밀어주는 근육(전거근 등)들의 강화 운동을 따로 하거나, 난이도를 낮춰서 플랭크를 해야 합니다.

전거근 강화

척추 중립 연습

플랭크는 다른 모든 운동의 기본이 되는 운동입니다. 플랭크 자체만으로도 몸통 근육을 단련시키는 운동 효과가 크지만, 플랭크는 척추 중립의 연습이라는 데에 의미가 더 큽니다. 그래서 다른 운동을 배우기 전에 플랭크를 먼저 마스터해야 하고요.

몸을 1자로 만들고 동작을 하는 모든 운동은 플랭크 자세를 유지해야 합니다. 푸쉬업, 턱걸이, 오버헤드프레스 등의 운동이 해당돼요. 이런 운동들을 할 때는 골반이 전방경사 되면서 허리를 다치는 경우가 많습니다. 따라서 플랭크를 통해 골반을 후방경사시키는 연습을 충분히 해야 합니다. 이를 위해 엉덩이와 복부에 힘을 잘 줘야 하고요.

플랭크를 할 때는 골반을 너무 과도하게 후방경사시키면 안 됩니다. 플랭크의 목적은 척추 중립을 만드는 것이기 때문이죠. 골반의 과도한 전방경사만큼이나 후방경사도 허리에 안 좋습니다. 따라서 중력이 골반을 전방경사시키려는 힘에 대항해서 척추 중립을 유지할 정도로만 골반을 후방경사시키는 게 정석이에요.

한 세트는 얼마나 해야 할까요?

플랭크 한 세트에 적당한 시간은 트레이너마다 의견이 분분합니다. 최대한 오래 버티면서 시간을 점차 늘려가야 한다는 사람도 있고, 10초 이상의 플랭크는 무의미하다는 사람도 있어요.

개인적으로는 플랭크 한 세트에 1분 내외로 하는 것을 추천합니다. 왜냐하면 척추 중립을 유지하는 다른 근력 운동들이 대부분 한 세트에 30초에서 1분 정도 걸리거든요. 플랭크를 1분 정도는 유지할 수 있는 능력이 있어야, 푸쉬업이나 턱걸이 등의 다른 운동을 할 때도 세트 내내 척추 중립을 유지할 수가 있습니다.

물론 1분 이상을 여유 있게 할 수 있을 정도로 플랭크를 단련하는 게 이상적입니다. 플랭크처럼 정적인 상태에서 척추 중립을 유지하는 것보다, 팔을 움직이는 상태에서 척추 중립을 유지하는 게 더 어렵기 때문이죠. 만약 플랭크는 정자세로 1분이 가능한 사람이라도, 푸쉬업을 할 때는 집중이 분산돼서 30초 만에 척추 중립이 풀릴 수가 있거든요.

적당한 플랭크 시간

난이도 올리기

플랭크가 쉬울 때 난이도를 올리는 방법은 몇 가지가 있습니다. 지면에서 플랭크 1분 버티기가 쉬우면, 시간을 늘리기보다는 난이도를 높이는 편이 나아요.

난이도를 올리는 첫 번째 방법은 중량을 추가하는 겁니다. 골반 위에 아주 가벼운 원판을 두고 플랭크를 하면 훨씬 난이도가 올라갑니다. 물론 이때도 척추 중립은 잘 유지해야 하고요.

두 번째로는 좌우 비대칭으로 플랭크를 하는 겁니다. 기본 플랭크 자세에서 손이나 발을 들면 좌우 대칭이 깨지면서 난이도가 더 올라가요. 균형을 잡고 몸이 틀어지려는 힘에 저항하기 위해 몸의 근육들이 더 쓰이거든요. 플랭크 자세를 유지한 채 한쪽 발이나 손을 살짝 들고 버티면 됩니다. 손을 드는 동작은 난이도가 매우 높기 때문에, 발을 약간 넓게 벌려야 기저면이 넓어져서 쉬울 거예요.

세 번째로는 팔꿈치나 발을 불안정하게 만드는 겁니다. 예를 들면 팔꿈치를 짐볼 위에 두고 하는 거예요. 흔들리는 균형을 맞춰야 해서 지면에서 할 때와 비교해서 난이도가 훨씬 높아지고, 복부에 힘이 많이 들어갑니다. 게다가 발을 벤치 위에 두는 식으로 발의 높이를 높이면 더 힘들게 할 수 있고요.

짐볼 플랭크

난이도 낮추기

팔꿈치를 지면에 대고 하는 정석 플랭크가 너무 힘들면 난이도를 쉽게 해야 합니다. 난이도를 낮추려면 몸의 각도를 세우면 돼요. 몸이 지면과 수직에 가까워질수록 체중이 팔 쪽에 덜 실려서 플랭크가 쉬워지거든요.

상체 각도를 세우는 간단한 방법은 손으로 지면을 짚는 겁니다. 푸쉬업 준비 자세처럼 말이죠. 플랭크는 팔꿈치를 지면에 대고 하는 엘보 플랭크가 대중적이지만, 손으로 지면을 짚는 핸드 플랭크도 운동 효과는 똑같습니다. 다만 몸의 각도가 조금 세워지기 때문에 난이도가 약간 쉬워져요.

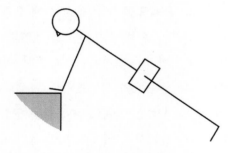

근력이 너무 약하다면, 손의 높이를 높여서 난이도를 훨씬 쉽게 하면 됩니다. 책상 모서리에 손을 짚거나 의자 옆 부분을 잡고 핸드 플랭크를 하면 돼요. 손의 높이가 높아질수록 난이도가 쉬워집니다. 의자나 책상이 넘어지면 크게 다칠 수 있으니, 벽에 붙어있는 책상이나 튼튼한 의자를 사용하세요.

플랭크에 대한 오해

뱃살 빼는 운동? 뱃살만 빼는 운동은 없습니다. 특정 부위만 키울 수 있는 근육과는 달리, 체지방은 특정 부위만 뺄 수 없기 때문이에요. 전신의 체지방은 다 같이 빠지고 다 같이 찝니다. 플랭크는 복부 근육을 쓰기는 하지만, 복부 지방만을 뺄 수는 없습니다. 얼굴 근육 운동을 한다고 얼굴 살이 빠지지 않는 것처럼 말이죠.

복근 만드는 운동? 플랭크는 복근의 크기를 키우는 데에는 별로 효과가 없습니다. 플랭크에는 흔히 식스팩이라 불리는 복직근이 쓰이기는 하지만, 플랭크는 근육의 길이 변화 없이 가만히 버티기만 하는 운동이에요. 근육의 크기를 효율적으로 키우기 위해서는 근육의 길이가 변하면서 수축 및 이완을 하는 운동을 해야 합니다. 게다가 복근은 체지방이 빠져야 눈에 드러나는 근육입니다. 복근이 보이려면 복근 운동보다는 다이어트가 더 중요해요.

허리 통증에 좋은 운동? 허리 통증은 대부분 근육 문제가 아니에요. 허리 디스크 탈출로 인한 염증이 원인인 경우가 많습니다. 따라서 허리 주변 근육 운동을 한다고 해서 이미 생긴 염증과 통증 완화에 직접적인 효과는 없습니다. 하지만 척추 중립을 연습한다는 점에서, 플랭크는 허리 부상을 "예방"하는 데에는 도움이 됩니다.

데드벅

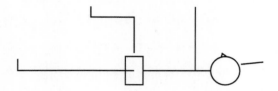

데드벅(Dead Bug)은 누워서 척추 중립을 유지한 채 팔다리를 움직이는 운동입니다. 유튜브나 인터넷에서 허리 통증에 좋은 운동으로 자주 소개가 되는 운동이에요. 겉으로 보기에는 동작이 쉬워 보이지만, 막상 제대로 한다면 꽤나 힘든 운동입니다. 자세 유지를 위해 복부 근육이 주로 쓰이고, 팔다리를 앞으로 모으기 위해 가슴 근육과 고관절 앞쪽 근육이 약간 쓰입니다.

데드벅으로 몸통 근육을 단련할 수도 있지만, 그보다는 움직임 패턴의 연습으로써 좋은 운동입니다. 팔과 다리를 움직이는 동안 척추 중립을 유지하는 연습이기 때문에 다른 근력 운동을 위한 기본이 되거든요. 평소 운동을 할 때 허리가 잘 꺾이는 분들은 데드벅으로 척추 중립을 연습해두면 도움이 됩니다.

자세

처음부터 정자세로 하는 게 쉽지 않을 수 있으니, 단계별로 난이도를 나눠서 동작을 연습하는 게 좋습니다.

(준비 자세) 누운 채로 팔과 다리를 앞으로 들어서 어깨 관절, 고관절, 무릎이 90°가 되도록 자세를 만들어주세요. 이때 골반은 후방경사시켜서 허리로 땅을 눌러줘야 합니다. 허리가 땅에서 떨어지지 않도록 주의하면서 5~10초 정도 자세를 유지하세요. 호흡은 참지 말고 자연스럽게 쉬어야 합니다.

(1단계) 준비 자세를 만든 뒤 팔만 움직입니다. 한쪽 팔로 만세를 하듯이 바닥 쪽으로 내렸다가 다시 앞으로 나란히 한 자세로 돌아옵니다. 반대쪽 팔도 마찬가지로 바닥 쪽으로 내렸다가 다시 앞으로 들어주세요. 이때 호흡은 팔을 바닥 쪽으로 내릴 때 마시고, 다시 앞으로 들 때 내쉬면 됩니다. 움직이지 않는 팔은 복부 쪽으로 내려오지 않도록 앞으로 내민 채 고정하고, 허리는 땅을 계속 눌러줘야 합니다. 양쪽을 번갈아가면서 3~5회 정도 반복해주세요.

(2단계) 준비 자세를 만든 뒤 다리만 움직입니다. 한쪽 다리를 뻗어서 바닥으로 내렸다가 다시 들고, 반대쪽 다리를 바닥 쪽으로 내렸다가 들어주세요. 이때 호흡은 다리를 바닥 쪽으로 내릴 때 마시고, 다시 위로 들 때 내쉬면 됩니다. 움직이지 않는 다리는 무릎이 가슴 쪽으로 올라오지 않도록 고정하고, 허리는 땅을 계속 눌러줘야 합니다. 2단계는 난이도가 높아서 복근의 힘이 약하면 허리가 바닥에서 뜰 수도 있습니다. 만약 허리가 바닥에서 뜬다면, 발을 너무 지면에 가깝게 내리지 말고 약간 45° 위쪽 방향으로 뻗으면 더 쉽게 할 수 있습니다. 양쪽을 번갈아가며 3~5회 정도 반복해주세요.

(**3단계**) 데드벅의 정자세입니다. 이번에는 1, 2단계를 합쳐서 팔다리를 동시에 움직입니다. 오른팔과 왼다리를 바닥 쪽으로 뻗었다가 다시 들어올리고, 왼팔과 오른다리를 바닥 쪽으로 뻗었다가 다시 들어주세요. 이때 움직이지 않는 팔과 다리는 고정해서 몸 안쪽으로 모이지 않게 하고, 허리는 땅을 계속 눌러주세요. 호흡은 팔다리를 뻗을 때 마시고, 다시 앞으로 들 때 내쉬면 됩니다. 양쪽을 번갈아가며 3~5회 정도 반복해주세요.

척추 중립

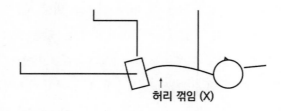

허리 꺾임 (X)

데드벅을 할 때는 척추 중립 상태를 유지하는 게 정석입니다. 가장 흔한 실수는 골반이 전방경사 되면서 허리가 과신전 되는 겁니다. 따라서 플랭크를 할 때처럼 골반을 후방경사시켜야 해요. 물론 척추 중립을 만들고 하는 게 정석이지만, 이 운동에서는 후방경사를 한다고 허리를 다치지는 않습니다. 허리가 건강한 사람이라면 처음에는 골반을 후방경사시켜서 연습하세요.

운동을 도와주는 파트너가 있다면 좋습니다. 앞서 **골반 움직임** (41p)에서 연습했듯이, 허리 밑에 풀업 밴드나 수건을 둔 뒤 골반을 후방경사시켜서 허리로 눌러줍니다. 파트너는 밴드를 살짝 잡아당기고, 운동 하는 사람은 밴드가 빠지지 않도록 누른 상태에서 팔다리를 움직이세요. 만약 혼자 운동한다면 허리 밑에 공간이 생기지 않도록 의식해서 눌러주면 됩니다.

골반을 후방경사로 유지하는 게 익숙해졌다면, 척추 중립을 유지하면서 연습을 하면 더 좋습니다. 척추 중립을 유지한 채 누우면 허리 뒤에는 2~3cm 정도의 공간이 생겨요. 데드벅을 할 때는 그 공간이 더 넓어지거나 좁아지지 않게 유지하면서 동작을 해야 합니다. 허리의 상태를 쉽게 인지하기 위해서는 2~3cm 정도 두께의 작은 물건을 허리 뒤에 두고, 살짝만 닿아있는 상태에서 동작을 하세요. 물건에서 허리가 떨어지거나, 물건을 더 세게 누르지 않도록 신경 써야 합니다.

데드벅은 복압을 만들고 유지하는 연습으로도 유용합니다. 정적인 자세에서 복압을 만드는 건 쉽지만, 팔다리가 움직이는 와중에도 복압을 유지하는 건 어렵거든요. 그래서 고중량 운동을 할 때 준비 자세에서 복압을 잘 만들었다고 해도, 몸을 움직이는 순간 복압이 풀리는 경우가 많습니다. 이를 방지하기 위해서는 데드벅을 할 때 복압을 유지한 채로 팔다리를 움직이는 연습을 해주면 좋아요. 데드벅 자세에서 호흡을 마시고 복압을 만든 뒤, 팔다리를 뻗었다가 돌아와서 내쉽니다. 다시 호흡을 마시고 복압을 만든 뒤 반대쪽도 똑같이 반복합니다. 양쪽을 번갈아가며 3~5회 정도 반복하세요.

버드독

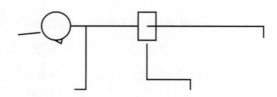

버드독(Bird Dog)은 데드벅과 거의 똑같은 동작의 운동입니다. 척추 정렬을 유지한 채 팔다리만을 움직여야 합니다. 데드벅과 가장 큰 차이점은, 버드독은 네발기기 자세에서 운동을 한다는 거예요. 이 때문에 중심 잡기가 어려워서 난이도가 더 올라갑니다. 데드벅이 충분히 익숙해졌다면 버드독으로 진도를 나가보세요.

자세

데드벅과 마찬가지로 처음부터 정자세로 하는 게 쉽지 않을 수 있습니다. 단계별로 난이도를 나눠서 동작을 연습하세요.

(준비 자세) 어깨 밑에 손목을, 골반 밑에 무릎을 두고 네발기기 자세를 취합니다. 어깨, 고관절, 무릎의 각도가 90°가 되게 한 후 척추 중립을 만들어주세요. 데드벅 준비 자세를 그대로 거꾸로 뒤집어놓았다고 생각하면 됩니다. 팔은 몸 앞쪽으로 내민 상태이기 때문에 견갑골은 앞으로 벌어져야(전인) 합니다. 가슴이 땅에서 멀

어지도록 손으로 땅을 밀어내세요.

(1단계) 준비 자세를 유지한 채 오른발을 천천히 뒤로 뻗어서 잠깐 멈춥니다. 이때 골반은 좌우로 기울지 않게 고정해야 하고, 전방 경사 되지 않게 해야 합니다. 오른쪽 무릎을 땅에 내려놓은 뒤, 이번에는 왼발을 뒤로 쭉 뻗어주세요. 호흡은 다리를 들 때 내쉬고, 다리를 내릴 때 마십니다. 양쪽을 번갈아가며 3~5회 정도 반복해주세요.

(2단계) 준비 자세를 유지한 채 오른손을 천천히 앞으로 뻗어서 잠깐 멈춥니다. 왼손으로는 땅을 밀어줘서, 왼쪽 견갑골이 등 뒤로 튀어나오지(후인) 않도록 주의하세요. 이때 몸통이 좌우로 기울지 않게 고정하고, 허리는 꺾이지 않게 중립을 유지해야 합니다. 오른손을 내려서 땅을 짚고, 반대로 왼손을 앞으로 뻗어서 잠깐 멈춥니다. 호흡은 팔을 들 때 내쉬고, 팔을 내릴 때 마십니다. 양쪽을 번갈아가며 3~5회 정도 반복해주세요.

(3단계) 버드독의 정자세입니다. 이번에는 팔다리를 동시에 움직입니다. 오른손과 왼발을 쭉 뻗어주세요. 몸통은 팔다리를 들기 전과 변함없이 중립 상태를 유지해야 합니다. 왼쪽 견갑골이 뒤로 튀어나오지 않도록 왼손으로 땅을 밀고, 허리가 꺾이거나 골반이 기울지 않도록 하세요. 들었던 팔다리를 내린 뒤, 반대로 왼손과 오른발을 뻗어줍니다. 호흡은 팔다리를 들 때 내쉬고, 내릴 때 마십니다. 양쪽을 번갈아가며 3~5회 정도 반복해주세요.

데드벅과의 비교

데드벅과 버드독은 공통점이 많습니다. 둘 다 척추 중립을 유지한 채 팔다리를 움직이는 운동이에요. 데드벅은 누운 자세에서, 버드독은 네발기기 자세에서 한다는 점만 빼면 움직이는 동작도 똑같습니다. 팔다리를 뻗을 때 골반이 전방경사 되면서 허리가 꺾이려고 하는데, 이에 대항해서 척추 중립을 유지해야 한다는 것도 공통점이에요.

하지만 버드독은 척추 중립을 잘 유지하기가 데드벅보다 더 어렵습니다. 데드벅은 동작이 잘못되면 허리가 바닥에서 떨어지는 느낌을 통해 피드백이 바로 오지만, 버드독을 할 때는 허리가 꺾였는지 인지하기가 어렵거든요. 게다가 누워서 할 때에 비해서, 목도 굽거나 꺾일 수 있어서 신경을 쓸 부분이 더 많습니다. 따라서 먼저 데드벅을 통해 척추 중립을 만드는 느낌을 어느 정도 찾은 뒤에 버드독을 시작하는 게 좋아요.

그리고 버드독은 운동 중에 균형을 잘 잡아야 합니다. 등 전체에 체중이 분산되는 데드벅과는 달리, 버드독은 손과 무릎으로 체중을 지탱해야 하거든요. 여기서 팔이나 다리를 들면 좌우대칭이 깨지고 기저면이 좁아져서 균형 잡기가 더 어렵습니다. 그만큼 균형을 유지하기 위해서 신경계와 몸통의 근육들이 더 많이 쓰여요.

데드벅과 달리 버드독은 견갑골을 앞으로 내미는(전인) 연습으로도 좋습니다. 네발기기 자세에서 힘을 빼면 체중 부하 때문에 견갑골이 몸 뒤쪽으로 밀리거든요. 하지만 앞서 **견갑골 움직임**(70) 파트에서 설명했듯이, 팔이 몸 앞쪽에 있을 때는 견갑골도 앞으로 내밀어야 합니다. 버드독을 할 때는 손으로 지면을 밀어낸다는 느낌으로 힘을 줘야 견갑골이 벌어지면서 가슴이 지면에서 멀어집니다. 특히 한쪽 팔을 지면에서 들 때는 다른 한 팔로만 체중을 지지해야 해서 운동 강도가 더 올라갑니다. 이때는 지면에 있는 한 팔로 땅을 더 세게 밀어야 해요.

또한 데드벅과 버드독은 움직일 때 힘을 쓰는 방향이 반대입니다. 우리는 중력에 대항해서 신체를 들어 올릴 때 힘을 쓰는데, 데드벅과 버드독은 몸통을 기준으로 중력의 방향이 반대가 되기 때문이에요. 따라서 누워서 하는 데드벅은 팔이나 다리를 몸 앞으로 모을 때 중력에 저항해서 힘을 쓰지만, 엎드려서 하는 버드독은 팔이나 다리를 멀리 뻗을 때 힘을 쓰게 됩니다. 결국 버드독을 할 때는 팔을 들기 위해 등 상부와 후면 어깨 근육을 사용하고, 다리를 들기 위해 엉덩이와 허벅지 뒤쪽 근육을 사용합니다.

〈앞으로 밀기〉

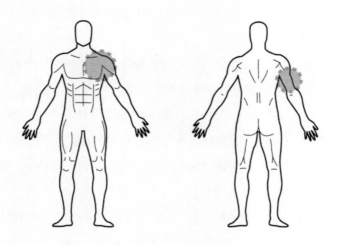

앞으로 미는 운동은 주로 가슴 근육(대흉근)과 어깨 앞쪽 근육(전면 삼각근), 팔 뒤쪽 근육(삼두근)이 쓰입니다. 앞으로 미는 운동은 초보자들에게 특히 인기가 많아요. 가슴과 팔 뒤쪽 근육은 성장이 빠른 편이고, 근육이 발달했을 때 운동한 티가 겉으로 많이 나기 때문이죠. 앞으로 미는 운동에는 수많은 종목들이 있지만, 운동 방식에 따라 크게 두 가지로 구분할 수 있습니다.

우선 푸쉬업처럼 체중을 이용하는 운동이 있습니다. 이런 운동은 견갑골을 자유롭게 움직일 수 있어요. 앞서 **견갑골 움직임**(70p)에서 설명한 것처럼, 팔의 움직임에 알맞게 견갑골을 적절히 움직이는 거죠. 몸의 자연스러운 움직임이라는 게 장점이고, 견갑골을 앞으로 내미는(전인) 근육들의 발달에도 도움이 됩니다.

또한 벤치프레스나 덤벨 벤치프레스처럼 외부의 중량을 이용하는 운동이 있습니다. 이런 운동들은 대부분 견갑골을 등받이에 고정한 채 동작을 해요. 견갑골이 고정되어 있기 때문에 부자연스러운 움직임이라는 게 단점입니다. 반면 견갑골을 앞으로 내미는(전인) 근육들을 덜 쓰는 만큼 가슴 근육에는 집중이 더 잘 된다는 장점이 있어요. 중량을 바꿔서 운동 강도를 손쉽게 조절할 수 있다는 것도 큰 장점입니다.

푸쉬업

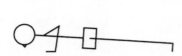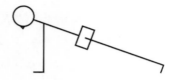

푸쉬업은 맨몸으로 하는 대표적인 앞으로 밀기 운동입니다. 플랭크 자세를 유지한 채 손으로 땅을 밀어내는 동작이에요. 움직임을 만들어내는 주동근은 대흉근과 전면 삼각근, 삼두근이고, 동작 내내 플랭크 자세를 유지하기 때문에 몸통 근육도 함께 사용됩니다. 초보자에게는 강도가 높은 운동에요. 맨몸 운동이라고 만만하게 보다가 다치는 경우도 많기 때문에, 본인의 근력에 맞게 난이도를 적절히 조절해야 합니다.

자세

가운데 손가락이 정면을 향하게 하고, 손을 어깨 너비보다 약간 넓게 벌립니다. 이때 팔은 지면과 수직이 되도록 하세요. 몸을 1자로 만들고, 손으로 지면을 짚는 핸드 플랭크 자세를 만듭니다. 플랭크 자세를 유지한 채 팔꿈치를 굽혀서 내려갔다가, 땅을 밀면서 팔꿈치를 폅니다. 호흡은 내려갈 때 마시고, 올라와서 짧게 내쉽니다.

움직임 기본 원칙

척추 정렬 : 동작 내내 척추 중립을 유지해야 합니다. 플랭크 자세에서 팔만 굽혔다 펴기를 반복하세요. 허리나 목을 꺾거나, 엉덩이를 높게 치켜들면 안 돼요. 플랭크처럼 골반을 후방경사시키고 고관절을 외회전 해서, 복부와 엉덩이에 힘을 줘야 합니다. 푸쉬업이 너무 힘들면 팔꿈치를 펼 때 몸통이 고정되지 않고 웨이브를 할 수도 있어요. 이럴 때는 척추 중립을 유지할 수 있도록 난이도를 낮춰서 진행해야 합니다.

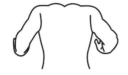　　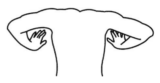

팔꿈치 적당히 벌어짐 (O)　　　**팔꿈치 과하게 벌어짐 (X)**

상완골 움직임 : 푸쉬업을 할 때 어깨를 다치는 가장 큰 이유 중 하나는 팔꿈치가 과하게 벌어져서 어깨 충돌이 생기는 겁니다. 이를 막기 위해서는 상완골을 외회전 시켜야 해요. 푸쉬업 준비 자세에서 상완골을 살짝 외회전 시켜서 팔꿈치의 접히는 부분이 45° 정도 정면 안쪽을 향하도록 하세요. 이 상태를 유지하면서 푸쉬업을 하면 팔꿈치가 벌어지지 않고 옆구리 쪽으로 모입니다.

　이때 상완골을 너무 과도하게 외회전 시키면 안 됩니다. 손 너비보다 팔꿈치 간격이 더 좁을 정도로 팔꿈치를 모으면 팔꿈치에 통증이 생길 수 있거든요. 팔꿈치를 너무 벌리면 어깨를 다칠 수 있고, 너무 모으면 팔꿈치가 다칠 수 있습니다. 팔을 굽혔을 때 팔꿈치는 딱 손 간격 정도로만 벌려야 합니다.

손 간격과 손끝의 방향도 중요합니다. 손 간격이 넓을수록 가슴 근육이 더 자극되기는 하지만, 팔꿈치가 그만큼 더 벌어지기 때문에 어깨를 다치기가 쉬워요. 손 간격은 어깨보다 약간만 넓게 하는 것을 추천합니다. 또한 손끝의 방향이 몸 안쪽을 향하면 팔꿈치가 자연스럽게 벌어질 수밖에 없어요. 손끝의 방향이 정면을 바라보게 해야 상완골이 외회전이 되고 팔꿈치가 안 벌어집니다.

견갑골 움직임 : 견갑골은 팔의 움직임에 맞게 잘 움직여야 합니다. 견갑골은 팔이 몸 뒤로 갈 때 뒤로 모이고(후인), 팔이 몸 앞으로 갈 때 벌어지는 게(전인) 정상입니다. 하지만 플랭크에서 설명했던 것처럼, 팔을 앞으로 폈을 때 견갑골이 등 뒤로 튀어나오는(후인) 실수가 흔하게 나와요. 이런 경우에는 팔을 펼 때 앞으로 길게 밀어내려고 노력해야 합니다. 그래도 잘 안된다면 난이도를 낮춰서 푸쉬업을 하거나 견갑골 움직임을 먼저 연습해야 하고요.

가슴 근육의 자극에 집중하겠다고 견갑골을 뒤로 모아서(후인) 고정한 채 푸쉬업을 하면 안 됩니다. 견갑골을 모은 채 푸쉬업을 하면 견갑골을 움직이는 근육들을 쓰지 않기 때문에 가슴 근육에는 집중이 더 잘 되기는 하지만, 자연스럽지 못한 움직임이거든요. 견갑골을 모은 채로만 푸쉬업을 한다면, 장기적으로는 견갑골을 앞으로 내미는 움직임이 발달하지 않습니다. 견갑골을 앞으로 내미는 능력이 떨어지면 푸쉬업 외에도 다양한 상체 운동을 할 때 어깨 부상으로 이어질 수 있고요. 따라서 가슴 근육에 자극은 덜하더라도 팔을 앞으로 펼 때는 견갑골도 앞으로 내밀어주세요.

손목, 팔꿈치 부상 예방

푸쉬업을 할 때 손목 때문에 불편을 느끼는 사람들이 많습니다. 손으로 땅을 짚기 위해서는 손목이 손등 쪽으로 90° 꺾여야 하는데, 이때 손목 쪽에서 통증이 생기는 경우가 많거든요. 이때 손목 통증을 참고 운동을 하면 더 증상이 심해질 수 있기 때문에, 자세를 변형해서 손목 부담을 줄여야 합니다.

가장 간단한 방법은 손목을 1자로 유지하는 겁니다. 손목이 꺾이지 않으면 통증이 생기지 않거든요. 푸쉬업 바를 이용한다면 손목이 꺾이지 않게 유지한 채 푸쉬업이 가능합니다. 지면이 딱딱하지 않다면 주먹을 쥐고 푸쉬업을 하는 것도 방법입니다.

팔뚝 각도 수직 (O)   비스듬한 팔뚝 각도 (X)

또한 자세에 따라서 팔꿈치에 부담이 갈 수도 있어요. 특히 푸쉬업에서 팔꿈치를 굽혀서 내려갔을 때 팔뚝(전완)의 각도가 비스듬할수록 팔꿈치에 부담이 커집니다. 전완의 각도가 수직에 가까울수록 부담이 줄어들어요. 보통은 손의 위치를 조금 뒤쪽으로 두면 팔꿈치에 부담이 줄어듭니다. 이때 손을 너무 뒤로 두면 손목이 많이 꺾여서 손목이 아플 수 있어요. 푸쉬업 준비 자세에서 어깨 바로 밑에 손목이 오게 하는 게 적당합니다.

손목이 아프다면?

난이도 조절

난이도를 쉽게 하기 위해서는 플랭크와 마찬가지로 손의 높이를 높게 하면 됩니다. 손의 높이가 높아질수록 손에 체중이 덜 실려서 운동 강도가 약해집니다. 보통은 튼튼한 책상의 모서리를 손으로 짚고 하면 적당합니다. 헬스장에서는 스미스머신이나 파워랙을 이용할 수 있어요. 기구를 이용하면 바벨의 높낮이를 한 칸씩 조절해서 강도를 조금씩 조절할 수 있다는 장점이 있습니다. 정자세로 10개에서 20개 정도 할 수 있는 높이로 설정하는 게 적당해요.

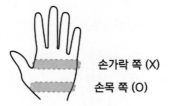

손가락 쪽 (X)
손목 쪽 (O)

이때 손을 짚는 위치가 중요합니다. 책상 모서리나 바벨 위에 손바닥을 짚을 때는 손목에 가까운 쪽으로 짚어야 합니다. 손가락에 가까운 쪽으로 짚으면 손목이 꺾여서 통증이 생길 수 있거든요. 손가락으로 바벨을 잡을 필요는 없고, 손가락에는 편하게 힘을 빼면 됩니다.

발의 위치도 적당해야 합니다. 팔을 굽혀서 내려갔을 때 명치보다 살짝 위쪽에 바벨이 닿도록 발의 위치를 두는 게 적당해요. 특히 발을 너무 뒤쪽에 두면 안 됩니다. 내려갈 때 바벨이 쇄골이나 얼굴 쪽에 닿을 정도로 발을 너무 뒤쪽에 두면, 푸쉬업을 할 때 팔꿈치가 몸 밖으로 크게 벌어지면서 어깨를 다칠 수 있거든요. 그렇다고 그 자세에서 팔꿈치만 억지로 모으면, 자세 상 팔꿈치에 부하가 많이 실려서 팔꿈치를 다칠 수도 있습니다. 내려갔을 때 명치 살짝 위쪽이 바벨에 닿도록, 발을 적당한 위치에 두세요.

만약 어깨가 뻣뻣하면 바벨이 가슴에 닿을 정도로 내려가지 않아도 괜찮습니다. 본인의 가동범위 이상으로 억지로 내려가다 어깨를 다칠 수 있거든요. 어깨 가동범위를 파악하기 위해서는 일어선 채로 팔꿈치를 최대한 뒤로 보내보세요. 그 어깨 각도를 기억하고, 푸쉬업을 할 때도 팔은 그 각도까지만 내려가야 합니다. 물론 유연해서 충분히 가슴이 바벨에 닿을 수 있는데도 요령 피우느라 조금만 내려가면 안 되고요.

난이도를 낮추는 또 하나의 방법은 무릎을 굽혀서 땅에 대고 푸쉬업을 하는 겁니다. 이렇게 하면 팔에 체중이 덜 실리기 때문에 난이도가 더 쉬워지거든요. 하지만 개인적으로 이 방법은 추천하지 않습니다. 무릎을 굽히면 골반이 전방경사 되려고 하기 때문에 척추 중립을 유지하기가 어렵거든요. 게다가 난이도를 조금씩 조절할 수 없다는 것도 단점입니다.

Tip : 맨몸 운동 vs 프리웨이트 운동 vs 머신 운동

근력 운동을 하기 위해서는 외부의 저항을 이용합니다. 이때 저항의 종류에 따라 근력 운동을 3가지 종류(맨몸 운동, 프리웨이트 운동, 머신 운동)로 구분할 수 있습니다.

우선 맨몸 운동은 푸쉬업이나 턱걸이처럼 체중 부하를 저항으로 이용합니다. 보통은 도구가 필요 없지만, 푸쉬업 바나 철봉 등을 이용할 수도 있어요. 스스로 균형을 잡아야 하고, 움직임을 섬세하게 조절해야 한다는 특징이 있습니다. 따라서 자극을 목표로 하는 근육 뿐 아니라, 몸통 근육과 안정근(속 근육)들도 많이 쓰여요. 여러 근육의 협응력을 기를 수 있다는 게 장점입니다. 하지만 맨몸 운동은 운동 강도를 조절하기가 어렵다는 게 단점이에요. 그래서 점진적 과부하를 진행하기가 까다롭고, 종목에 따라서는 본인에게 강도가 너무 약하거나 강할 수 있습니다.

프리웨이트 운동은 바벨이나 덤벨, 케틀벨처럼 자유롭게 움직일 수 있는 도구를 저항으로 이용합니다. 무게를 바꿔서 운동 강도를 쉽게 조절할 수 있다는 게 맨몸 운동과 비교해서 가장 큰 장점이에요. 게다가 균형을 잡고 움직임을 조절해야 하기 때문에, 프리웨이트 운동도 맨몸 운동처럼 몸통 근육과 안정근들을 많이 씁니다. 따라서 근력 운동에서는 프리웨이트 운동이 가장 중요하면서도 기본이 됩니다. 물론 단점도 있습니다. 프리웨이트 운동을 하다 중심을 잃으면 크게 다칠 위험도 높아요.

　머신 운동은 시티드로우, 레그프레스처럼 궤적이 고정된 기구를 이용합니다. 궤적이 정해져있기 때문에 초보자가 배우기 쉽고, 중심을 잃거나 기구에 깔리는 등의 큰 부상이 예방됩니다. 또한 움직임 조절을 위한 속 근육이 덜 쓰이는 만큼, 목표로 하는 근육의 자극에 집중이 더 잘 된다는 특징이 있어요. 하지만 몸의 자연스러운 움직임을 스스로 연습하지 못한다는 단점이 있어요. 게다가 사람마다 체형이 다르기 때문에 머신의 궤적이 본인에게 안 맞을 수가 있습니다. 본인에게 안 맞는 동작을 장기간 하다가는 손상이 누적되어 관절을 다칠 수도 있고요.

　이 책에서는 맨몸 운동과 프리웨이트 운동만을 소개합니다. 근육의 자극보다는 움직임의 조절 연습에 초점을 두고 있기 때문이죠. 훈련을 할 때도 맨몸 운동과 프리웨이트 운동을 메인 종목으로 선택하는 게 좋습니다. 머신 운동을 한다면 발달이 부족한 부위를 자극하기 위한 보조 운동으로써 활용하는 것을 추천합니다.

머신 vs 프리웨이트

벤치프레스

벤치프레스는 프리웨이트로 하는 대표적인 앞으로 밀기 운동입니다. 푸쉬업과 똑같이 대흉근과 전면삼각근, 삼두근이 주로 쓰여요. 푸쉬업과 비교하면, 중량을 추가해서 손쉽게 운동 강도를 높일 수 있다는 게 가장 큰 장점입니다.

하지만 인간의 자연스러운 움직임은 아니라는 게 단점이에요. 팔이 앞뒤로 움직이는 동안 견갑골을 움직이지 않고 가만히 고정시켜야 하거든요. 게다가 어깨 부상이 잦은 종목 중에 하나이기 때문에 바른 자세에 주의를 많이 기울여야 합니다.

자세

바벨이 코 바로 위에 오도록 벤치 위에 누우세요. 만약 누울 때 머리를 벤치의 너무 위쪽에 두면, 동작을 할 때 바벨이 거치대(J컵)에 부딪힐 수가 있어요. 반대로 머리를 벤치의 너무 아래쪽에 두면, 세트를 시작할 때 바벨을 랙에서 꺼내서 어깨 위로 이동해야 하는 수

평 거리가 길어집니다. 이 거리가 길어지면 불필요하게 힘이 낭비되고, 어깨 관절에 부담이 크기 때문에 어깨를 다칠 수도 있어요.

손목 부상을 막기 위해서 바벨은 손바닥 위에서 대각선으로 잡아야 합니다. 뒤에서 그립을 잡는 위치에 대해 다시 설명하겠지만, 바벨을 대각선으로 잡아야 손목에 부담이 적거든요. 또한 주먹은 최대한 세게 쥐어서 바벨을 부러뜨릴 듯이 힘을 줘야 합니다. 전완근에 힘을 주면 손목이 잘 안 꺾이기 때문이죠.

손 간격은 어깨 너비보다 살짝 넓게 잡는 게 일반적입니다. 푸쉬업과 마찬가지로 손 간격이 넓을수록 가슴 근육에는 자극이 잘 가지만, 팔꿈치가 벌어지기 때문에 어깨 부상의 위험이 있어요. 또한 동작 중에 팔꿈치가 벌어지지 않기 위해서는 상완골을 외회전 시켜야 합니다. 바벨을 휘어준다는 느낌으로 힘을 주세요. 어깨는 낮추고 가슴을 앞으로 내밀어서, 견갑골을 후인 하강 시키고 고정해야 합니다.

허리에 약간의 아치를 만들고, 다리는 90도 정도 벌려서 땅을 견고하게 딛습니다. 발로 땅을 밀어낸다는 느낌으로 힘을 주면서 엉덩이 근육을 수축해야 합니다. 엉덩이 근육에 힘이 들어가면 골반의 높이가 약간 높아지기는 하지만, 그렇다고 엉덩이가 벤치에서 떨어지면 안 됩니다.

준비를 다 마쳤으면 벤치프레스를 시작합니다. 우선 바벨을 들어서, 옆에서 봤을 때 어깨 수직 위에 바벨이 오도록 합니다. 호흡을 마셔서 복압을 만든 뒤, 팔을 굽혀서 바벨로 명치 약간 윗부분을 살짝 터치합니다. 바벨을 다시 원래 위치(어깨 수직 위)로 밀면서,

팔꿈치를 다 펼 때 호흡을 짧게 내쉽니다. 다시 호흡을 마시고 복압을 만든 뒤 다음 횟수를 반복하세요.

한 세트가 다 끝나면 팔을 다 편 채로 위로 밀어서, 바벨을 랙 기둥에 부딪친 뒤 내려놓습니다. 바벨을 랙 기둥에 부딪치지 않고 바로 거치대 위에 내려놓으려다가는 사고가 날 수도 있어요. 바벨 한 쪽이 거치대에 안 걸리면서 바벨 한 쪽에 깔리기도 하거든요. 항상 양 팔을 편 채로 바벨을 기둥에 부딪친 뒤 내려놓아야 합니다.

Tip : 손바닥에서 그립 잡는 위치

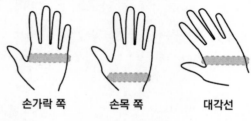

운동을 할 때는 손바닥 위에서 바벨을 잡는 위치도 중요합니다. 잡는 위치에 따라서 손목에 부담이 달라지거든요. 운동 종류에 따라 그립의 위치가 조금씩 달라집니다.

첫 번째 방법은 손가락에 가깝게 바벨을 잡는 겁니다. 악력을 잘 쓸 수 있기 때문에 당기는 운동을 할 때 주로 사용하는 그립입니다. 하지만 미는 운동을 할 때는 이렇게 잡으면 안 됩니다. 손목에서 먼 쪽에 무게가 실리면 손목이 뒤로 꺾여서 다칠 수 있기 때문이죠.

두 번째로는 손목 쪽에 가깝게 바벨을 잡는 방법이 있습니다. 손목이 덜 꺾여서 손목에 부담은 적지만, 바벨을 엄지손가락으로 말아 쥐지 못한다는 단점이 있어요. '썸리스 그립'이라고도 부릅니다. 운동 중에 바벨을 놓치면 굉장히 위험하기 때문에 프리웨이트 운동에서는 잘 사용하지 않는 방법이에요. 손잡이를 놓칠 염려가 없는 머신을 이용해서 밀기 운동을 할 때 주로 사용합니다.

세 번째로는 손바닥 위에서 대각선으로 바벨을 잡습니다. 벤치프레스나 오버헤드프레스 등, 프리웨이트로 밀기 운동을 할 때는 이렇게 잡는 게 좋아요. 대각선으로 잡으면 손목 가까운 쪽에 무게가 실리기 때문에 손목에 부담이 적으면서도, 바벨을 엄지손가락으로 안정적으로 말아 쥘 수 있거든요.

프레스 그립

견갑골 고정하기

벤치프레스 동작 내내 견갑골은 뒤로 모아서(후인 하강) 고정해야 합니다. 원래 몸의 정상적인 움직임이라면 푸쉬업처럼 팔의 움직임에 따라 견갑골도 함께 움직여야 해요. 하지만 벤치프레스에서는 운동 사슬의 시작점이 견갑골입니다. 따라서 견갑골은 들썩거리며 움직이면 안 되고, 벤치 위에 나무뿌리처럼 견고하게 고정해야 합니다.

견갑골을 벌려서 고정하는 게 아니라 뒤로 모아서 고정하는 이유는 바벨을 몸 쪽으로 잘 내리기 위해서입니다. 한번 견갑골을 앞쪽으로 벌려서 고정한 채(전인) 팔꿈치를 뒤로 보내보세요. 어깨 후면에서 충돌이 생겨서 팔꿈치를 몸 뒤로 보낼 수가 없을 겁니다. 이런 동작을 실제로 바벨을 들고 있는 상태에서 한다면, 바벨의 무게 때문에 팔이 가동범위 이상으로 뒤쪽으로 눌리면서 부상으로 이어질 수 있습니다.

벤치프레스를 하다보면 견갑골의 고정이 조금씩 풀리면서 앞으로 나오는(전인) 경우가 많습니다. 이를 방지하기 위해서는 견갑골을 뒤로 모아서 견고하게 고정해야 합니다. 벤치에 누워서 가슴을 천장 쪽으로 최대한 내밀면 견갑골이 자연스럽게 모여요. 여기에서 등 근육에 조금 더 힘을 주면 견갑골을 의식적으로 고정할 수 있습니다. 만약 세트 중간에 견갑골이 풀렸다면, 팔을 편 채로 다시 견갑골을 모아서 자세를 재정비 한 뒤에 다음 횟수를 진행해야 합니다.

앞으로 밀기 운동 중에서 벤치프레스만 주구장창 하면 안 됩니다. 견갑골이 고정되어 있다는 점에서 벤치프레스는 부자연스러운 운동이고, 견갑골을 앞으로 내미는 움직임이 제대로 발달하지 못하기 때문이죠. 견갑골의 움직임이 부족하면 나중에 다른 종목에서 부상으로 이어질 수 있고요. 많은 남자 분들이 앞으로 미는 운동 중에 벤치프레스만을 편애하기도 하지만, 건강하게 오래 운동하려면 푸쉬업처럼 견갑골을 움직이는 종목도 함께 골고루 해줘야 합니다.

바벨 궤적

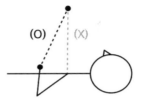

바벨이 움직이는 궤적은 옆에서 봤을 때 대각선으로 움직여야 합니다. 시작 자세에서는 바벨이 어깨의 수직 위에 있지만, 바벨을 내릴 때는 명치 위쪽으로 내리기 때문이에요. 물론 역학적인 관점에서만 보면 바벨이 어깨 위에서 수직으로 움직이는 게 힘의 낭비가 없고 가장 효율적입니다. 하지만 해부학적인 관점에서는 바벨이 어깨 위에서 수직으로 움직이면 어깨를 다칠 수 있어요. 팔꿈치가 너무 벌어지면서 어깨 충돌이 생기거든요. 그래서 역학적으로는 비효율적이더라도, 안전을 위해서 바벨은 대각선의 궤적으로 움직여야 합니다. 물론 궤적은 세트 내내 일정하게 유지해야 하고요.

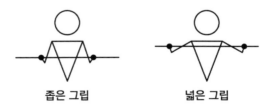

좁은 그립   넓은 그립

바벨이 가슴에 터치하는 위치는 그립 간격에 따라 달라집니다. 그립 간격은 운동 목적에 따라서 조절하게 되고요. 우선 그립 간격과 어깨 각도를 정할 때의 원칙은, 바벨을 내렸을 때 전완이 지면과 수직이 되도록 해야 한다는 겁니다. 그래야 팔꿈치에 부담이 적거든요. 좁은 그립에서는 바벨이 가슴의 아랫부분을 터치하고, 넓은 그립은 바벨이 가슴의 윗부분을 터치하게 됩니다.

웬만하면 어깨 너비보다 약간만 넓은 그립을 추천합니다. 그립을 좁게 잡고 동작을 하면 팔꿈치가 옆구리 쪽으로 모이기 때문에 어깨 관절에 안전하거든요. 반대로 그립을 넓게 잡으면 가슴 근육에 자극은 더 잘 오지만, 팔꿈치가 벌어져서 어깨 관절에는 위험해요. 운동을 할 때는 안전이 가장 우선입니다. 어깨 너비보다 약간만 넓게 잡는 그립을 정석으로 삼고, 개인의 체형이나 목적에 따라 그립 너비는 조금씩만 조절해주세요.

바벨을 내릴 때는 최대한 깊게 내려야 합니다. 모든 운동은 완전 가동범위로 움직이는 게 원칙이거든요. 벤치프레스에서는 바벨이 가슴을 터치할 정도로 내리는 게 일반적이에요. 파워리프팅 시합에서는 가슴에 바벨이 닿지 않으면 실격 처리가 되기도 합니다.

하지만 가슴 터치에 너무 집착할 필요는 없습니다. 어깨의 가동범위가 부족한 사람은 억지로 바벨을 가슴에 터치하다가 어깨를 다치기도 하거든요. 이런 분들은 본인의 가동범위가 허락하는 만큼만 바벨을 내려야 해요. 뻣뻣한 사람도 바벨 무게에 수동적으로 눌리면 가슴을 터치할 수 있기도 하지만, 부상 예방을 위해서는 항상 능동적으로 움직일 수 있는 범위에서만 동작을 해야 합니다.

가동범위 테스트를 위해서는 가벼운 막대기를 들고 누워서 벤치 프레스를 해보세요. 이때 막대기는 나무 막대기나 PVC 파이프 등,

거의 무게가 없는 것이어야 합니다. 빈 바벨은 그 자체로도 무겁기 때문에 안 돼요. 가슴에 막대기가 닿는다면, 벤치프레스를 할 때도 가슴에 바벨을 터치하면 됩니다. 만약에 막대기가 가슴에 닿지 않는다면, 가슴과 막대기 사이의 간격을 기억해두세요. 바벨로 벤치프레스를 할 때도 그 간격을 유지해야 합니다.

바벨이 가슴에 닿을 때는 아주 가볍게 터치해야 합니다. 바벨을 가슴에 강하게 쿵 찍으면서 동작을 하면 안 돼요. 가슴에 튕겨서 바벨을 멈추면 운동 효과가 줄어들기 때문이에요. 바벨을 내릴 때는 스스로의 힘으로 브레이크를 걸어서 바벨을 부드럽게 멈춰야 합니다. 또한 운동을 할 때 동작의 방향이 순간적으로 빠르게 바뀌면 다치기 쉽습니다. 바벨은 천천히 내려와서 살며시 멈춘 뒤에 다시 위로 올라가야 합니다. 바벨로 가슴을 터치하기 보다는, 바벨과 가슴의 거리를 1mm 정도 남겨두고 멈췄다가 다시 밀어주세요.

일반적으로 바벨을 밀 때는 팔꿈치를 1자로 펴는 게 정석입니다. 운동 횟수를 쉽게 채우기 위해 팔꿈치를 덜 펴는 것도 안 좋지만, 반대로 팔꿈치를 너무 과도하게 펴도 안 됩니다. 팔꿈치 관절이 꺾이면서 무리가 될 수 있거든요. 특히 여성분들은 신체 구조상 팔꿈치를 다 펴면 180° 이상 펴지는 분들이 많은데, 이런 분들은 팔꿈치를 약간 덜 펴서 1자 모양으로만 만들어야 합니다.

가동범위 정하기

손목, 팔꿈치 통증

벤치프레스를 할 때는 손목 통증이 생길 수도 있습니다. 이를 예방하기 위해서는 앞서 설명했듯이 바벨을 손바닥 위에서 대각선으로 잡아야 손목에 부담이 줄어들어요. 또한 주먹을 꽉 쥐어서 전완근에 힘을 주면 손목이 잘 꺾이지 않고요.

하지만 이를 잘 지킨다고 해도 손목이 아플 수 있습니다. 이는 손목에서 비틀림이 발생하기 때문이에요. 바벨을 대각선으로 잡기 위해 손바닥은 안쪽으로 회전하고, 어깨 부상을 막기 위해 상완골은 외회전을 시키거든요. 손과 어깨가 반대로 회전하기 때문에 그 중간의 관절인 손목과 팔꿈치에서는 비틀림이 생기고, 이로 인해 손목이나 팔꿈치에서 통증이나 불편한 느낌을 받을 수 있습니다.

이럴 경우에는 손목 통증을 줄이는 방법이 몇 가지가 있습니다. 우선 어깨 관절에서 외회전을 덜 시키면 돼요. 어깨 관절은 약간 불안정해질 수 있지만, 손목과 팔꿈치는 비틀림이 덜 생기기 때문에 조금 편해집니다. 손 간격을 좁게 잡는 것도 팔꿈치와 손목 비틀림을 줄이는 데에 도움이 됩니다. 또한 스트레칭으로 팔꿈치의 내회전 가동범위를 개선하면 팔꿈치가 편해질 수 있어요. 스트레칭 방법은 뒤에 나오는 QR코드 영상을 참고하세요.

위의 방법들을 써도 손목이나 팔꿈치가 불편하다면, 바벨 대신 덤벨로 벤치프레스를 하는 것을 추천합니다. 바벨과 달리 덤벨은 양손이 고정되어 있지 않기 때문에 자기 몸에 편한 각도로 덤벨을 잡을 수 있거든요. 벤치프레스가 가슴 운동의 대표 종목으로 꼽히기는 하지만, 꼭 해야만 하는 종목은 세상에 없습니다. 본인에게 특정 종목이 맞지 않는다면 억지로 하지 말고, 대체 운동을 찾으세요.

손목 통증 해결

팔꿈치 내회전

허리 통증 예방하기

벤치프레스를 할 때 허리 통증이 생기기도 합니다. 동작 중에 골반이 전방경사 되면서 허리가 과도하게 꺾이기 때문이에요. 견갑골을 후인 하강하다보면 허리에 약간의 아치가 생기는 건 정상이지만, 그렇다고 아치가 과도하게 생겨서는 안 됩니다.

허리 통증을 막기 위해서는 척추 중립을 견고하게 해야 합니다. 골반을 후방경사시켜서 허리가 꺾이는 것을 막아야 해요. 이를 위해서는 플랭크처럼 엉덩이와 복부에 힘을 줘야 합니다. 발로 땅을 세게 민다고 생각하면 엉덩이에 힘을 주기가 더 수월해요. 또한 복압을 강하게 만들면 고중량으로 운동할 때도 허리 통증 없이 운동할 수 있습니다.

가끔 허리가 약한 분들이 다리를 허공에 들고 벤치프레스를 하기도 합니다. 다리를 들면 골반이 저절로 후방경사 되고, 허리가 꺾이는 것을 막아주기 때문이에요. 이 자세는 허리 통증에 도움이 되기는 하지만 추천하지는 않습니다. 자칫 중심을 잃고 다칠 수 있거든요. 발은 항상 땅에 단단히 고정해서 몸이 좌우로 흔들리지 않도록 막아줘야 합니다.

허리 통증 예방

바벨에 깔렸을 때 탈출하기

벤치프레스를 무리해서 하다보면 바벨에 깔리기도 합니다. 이때 파트너가 도와준다면 쉽게 빠져나올 수 있지만, 만약 혼자라면 당황할 수 있어요. 원칙적으로는 깔릴 정도로 무리해서 운동하지 않는 게 우선이겠지만, 만일의 경우를 대비해서 탈출하는 방법을 몇 가지 소개합니다.

제일 좋은 방법은 안전바(safety bar)를 세팅하는 겁니다. 벤치프레스를 할 때 안전바를 가슴 높이보다 약간 낮게, 목 높이보다는 높게 세팅을 하는 거예요. 안전바의 높이가 적당한지는 빈 바벨로 미리 깔리는 연습을 해서 확인을 해봐야 합니다. 만약 운동을 하다가 바벨에 깔렸다면, 바벨을 목 쪽으로 굴려서 안전바 위에 내려놓은 뒤, 옆으로 빠져나오면 됩니다.

두 번째 방법은 바벨을 몸 위에서 굴리는 겁니다. 안전바가 없을 때 주로 쓰는 방법이에요. 바벨에 깔렸을 때 바벨을 골반 쪽으로 굴린 뒤, 몸을 벌떡 일으켜 앉습니다. 바벨을 들어서 땅이나 벤치 위로 내려놓으면 됩니다. 바벨이 무거울 때는 복부 위에서 굴리는 게 아프다는 단점이 있지만, 안전바가 없을 때 제일 무난한 방법이에요.

세 번째 방법은 바벨을 옆으로 기울여서 원판을 한쪽씩 땅으로 떨어뜨리는 겁니다. 무게를 가볍게 만든 뒤 밀어서 랙에 다시 거치하면 돼요. 이를 위해서는 바벨에 원판을 꽂고 나서 마구리로 고정하지 않아야 합니다. 이 방법은 원판을 땅에 떨어뜨릴 때 바닥이 손상될 수 있고, 소음과 진동이 심하다는 단점이 있어요. 게다가 원판을 떨어뜨리는 순간에 어깨가 충격을 받을 수도 있고요. 따라서 이 방법은 바벨을 골반 쪽으로 굴릴 수 없는 경우(ex. 리프팅벨트 착용)에만 사용합니다.

벤치프레스에서 탈출하는 방법은 이렇게 여러 가지가 있지만, 가장 좋은 건 애초에 깔리지 않는 겁니다. 평소 훈련 때는 실패지점까지 운동하지 마세요. 만약 한계치를 테스트 한다면 꼭 보조자를 두거나 안전바를 세팅해야 합니다.

벤치프레스 탈출

Tip : 열린 사슬 운동 vs 닫힌 사슬 운동

운동 종목을 구분하는 기준으로 열린 사슬 운동, 닫힌 사슬 운동이라는 용어를 쓰기도 합니다. 단어가 복잡해 보이지만 균형 잡힌 훈련을 하려면 꼭 알아야하는 개념이에요.

우선 몸통이 제자리에 고정되어 있고, 손이나 발이 움직이는 운동을 열린 사슬 운동이라 합니다. 몸통이 고정되어 있기 때문에 동작이 쉽고, 초보자가 처음에 배우기 좋아요. 또한 몸통의 움직임에 신경을 쓸 필요가 별로 없기 때문에, 목표 근육에 집중이 잘 된다는 장점이 있습니다.

이와 반대로 손이나 발의 위치가 고정되어 있고, 몸통이 움직이는 운동을 닫힌 사슬 운동이라 합니다. 몸통 전체가 움직이기 때문에 균형 감각도 필요하고, 자세 유지를 위해 몸통 근육도 많이 쓰입니다. 전신이 함께 쓰이는 통합적인 운동이라는 특징이 있어요.

예를 들어 똑같은 앞으로 밀기 운동이라도 벤치프레스는 열린 사슬 운동, 푸쉬업은 닫힌 사슬 운동입니다. 벤치프레스는 몸통이 고정된 채 손이 움직이고, 푸쉬업은 손이 고정된 채 몸이 움직이기 때문이죠. 같은 원리로 턱걸이나 스쾃은 닫힌 사슬 운동이고, 랫풀다운이나 레그프레스는 열린 사슬 운동입니다.

각각의 장단점이 있으니 훈련할 때는 두 종류의 운동을 골고루 하는 게 좋습니다. 열린 사슬 운동은 목표 근육에 집중

할 수 있고, 닫힌 사슬 운동은 전신의 통합적인 운동이 되거
든요. 하지만 딱 한 가지의 운동만 해야 한다면 전신의 균형
적인 발달을 위해서 닫힌 사슬 운동을 선택하는 게 좋습니다.

열린사슬 vs 닫힌사슬

덤벨 벤치프레스

덤벨 벤치프레스는 벤치프레스와 아주 비슷한 운동입니다. 가장 큰 차이점은 쓰이는 도구가 바벨이 아니라 덤벨이라는 거예요. 그 때문에 벤치프레스와 다른 특징들이 몇 가지 있습니다. 덤벨 벤치프레스는 벤치프레스와 비교해서 가동범위가 커지고, 손목과 팔꿈치 관절에 부담이 적고, 좌우 대칭으로 운동할 수 있고, 안정화 근육을 강화할 수 있다는 장점이 있어요. 벤치프레스와 비교해서 유일한 단점은 무거운 중량을 들 수 없다는 것뿐이에요.

Tip : 바벨 vs 덤벨

프리웨이트 운동을 할 때 가장 기본이 되는 도구가 바벨과 덤벨입니다. 바벨은 양손이 고정되어 같이 움직이는데 반해서, 덤벨은 양손이 자유롭게 따로 움직인다는 차이점이 있어요. 이 때문에 바벨과 덤벨을 이용한 운동은 자세나 특징 등에서 여러 가지 장단점이 생깁니다.

바벨   덤벨

　우선 덤벨의 가장 큰 장점은 양손의 움직임이 자유롭다는 겁니다. 바벨 운동은 세트 도중에 그립 간격이 고정되지만, 덤벨 운동은 동작을 하면서 손 간격을 벌리고 모을 수 있거든요. 따라서 덤벨을 이용하면 어깨 관절의 가동범위를 최대한 활용할 수 있습니다. 그만큼 목표 근육에도 자극이 많이 되고요.

　그리고 덤벨은 손목과 팔꿈치에 부담이 적습니다. 바벨은 1자로 되어있어서 잡을 때의 각도가 정해져있고 손목과 팔꿈치에 비틀림이 발생하지만, 덤벨은 손목의 회전이 가능해서 다양한 각도로 조절할 수 있기 때문이죠. 그만큼 운동을 할 때 본인에게 편한 각도로 동작을 할 수가 있습니다.

　또한 좌우 대칭으로 운동할 수 있다는 것도 덤벨의 장점이에요. 바벨을 이용할 때는 힘이 더 강한 쪽의 팔 힘을 약간이라도 더 쓰게 되거든요. 하지만 덤벨 운동은 각각의 손이 중량을 따로 들기 때문에 양쪽 팔의 힘을 똑같이 쓰게 됩니다. 그래서 좌우 근력 차이가 많이 나는 분들은 덤벨을 사용하면 좌우 대칭으로 운동하기에 유리합니다.

또한 덤벨로 운동하면 균형을 잡는 속 근육(안정근)들을 많이 쓰게 됩니다. 양손이 따로 자유롭게 움직이기 때문에 균형을 잡기가 더 어렵거든요. 결국 균형을 잡는 데에 에너지가 분산되면서 바벨에 비해 다룰 수 있는 중량이 가벼워진다는 특징도 생깁니다.

바벨의 유일한 장점은 덤벨에 비해 고중량을 다룰 수 있다는 겁니다. 덤벨 운동은 균형을 잡는 데 에너지가 분산되는데 비해, 바벨은 균형 잡기가 상대적으로 쉬워서 안정적이거든요. 또한 덤벨 운동은 땅에서 덤벨을 들어서 준비 자세를 만들고, 세트 끝나고 다시 땅에 내리는 동작에 에너지를 낭비합니다. 고중량을 다룬다면 이런 동작을 하다가 다칠 수도 있어요. 하지만 바벨은 랙을 이용해서 원하는 높이에 바벨을 둘 수 있습니다. 랙 덕분에 준비 동작이나 마무리 동작이 간편해서 바벨은 고중량을 들기가 수월해요.

자세

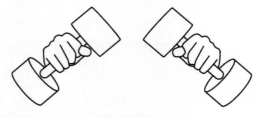

벤치프레스와의 차이점을 위주로 설명합니다. 준비 자세는 벤치프레

스와 모두 똑같고, 손의 각도만 조금 달라요. 손의 각도를 약간 바깥쪽으로 회전시켜서 양 주먹이 八자 모양으로 되는 게 정상입니다.

손목 부상을 막기 위해서는 덤벨도 바벨을 잡을 때와 마찬가지로 손바닥 위에 대각선으로 덤벨을 잡고, 손목이 꺾이지 않도록 합니다. 벤치프레스는 바벨이 1자 모양이기 때문에 어쩔 수 없이 손을 안쪽으로 회전시켜서 잡았고, 이 때문에 손목과 팔꿈치에 비틀림이 발생했죠. 하지만 덤벨은 양 손의 움직임이 자유롭기 때문에, 어깨가 외회전 된 만큼 주먹을 바깥쪽으로 회전시킬 수 있어요. 양 주먹을 八자 모양으로 만들면 팔꿈치와 손목 관절에 자연스러운 자세가 됩니다.

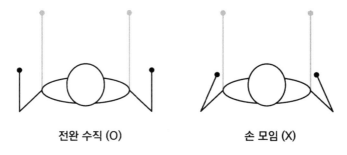

전완 수직 (O)   손 모임 (X)

동작 내내 전완은 지면과 수직을 유지해야 합니다. 전완의 수직을 유지하기 위해서는, 팔을 굽힐 때는 손 간격을 약간 벌리고, 앞으로 밀 때는 손 간격을 어깨 너비로 모아야 해요. 이때 자주 발생하는 실수는 팔을 굽힐 때 손이 몸 안쪽으로 모이는 겁니다. 손이 팔꿈치보다 안쪽으로 모이면 가슴 근육의 운동효과도 줄어들고, 팔꿈치 관절에도 부담이 갈 수 있어요. 팔을 굽힐 때는 의식적으로 손을 약간 벌려서 팔꿈치의 수직 위쪽에 주먹이 위치하도록 해야 합니다.

　팔을 굽힐 때는 손과 팔꿈치를 넓게 벌릴수록 가슴 근육이 많이 자극됩니다. 하지만 팔꿈치를 넓게 벌릴수록 어깨 충돌의 위험이 있어요. 웬만하면 팔꿈치를 옆구리 쪽으로 모아주세요.

준비 자세 세팅

덤벨이 무거울 때는 준비 자세 세팅과 마무리 동작에도 요령이 필요합니다. 우선 땅에서 덤벨을 들 때는 한 손은 무릎을 짚고, 허리를 편 채 반대 손으로 덤벨을 들어서 무릎 위에 둡니다. 나머지 빈 손으로도 덤벨을 들어서 무릎 위에 올려두고 벤치에 걸터앉습니다. 허리 부상을 막기 위해서는 땅에서 덤벨을 들 때 절대로 허리를 구부리면 안돼요. 또한 한 손으로는 항상 무릎을 짚어야 합니다.

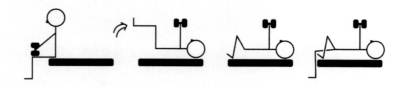

　덤벨을 무릎에 붙이고 있는 자세를 그대로 유지하면서, 뒤로 한 번에 부드럽게 누우세요. 이때 균형을 잃고 한 쪽으로 넘어지지 않도록 조심해야 합니다. 눕고 나서 벤치 위에 발을 딛고 팔을 펴서 앞으로 나란히 합니다. 허리에는 약간의 아치를 만들어주세요.

　자세를 유지한 채 한 발씩 천천히 땅에 딛습니다. 양 발을 한 번에 내리면 순간적으로 골반이 전방경사 되면서 허리가 꺾여서 아플 수도 있어요. 골반은 고정한 채 한 발씩 천천히 내려야 합니다. 견갑골은 뒤로 모아서 고정한 뒤에 한 세트를 시작하면 됩니다.

세트가 끝나고 덤벨을 다시 땅에 내려놓을 때에는 누울 때의 역순으로 움직이면 됩니다. 골반을 고정한 채로 발을 하나씩 벤치에 올린 뒤에 발을 허공에 듭니다. 덤벨로 무릎을 가볍게 치면서 반동을 이용해 한 번에 벌떡 앉으면 됩니다. 덤벨을 땅에 내려놓을 때에는 허리를 펴고 한 손은 무릎을 짚은 채로 한 쪽씩 내려놓으세요.

⟨위로 밀기⟩

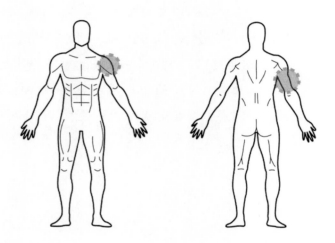

위로 밀기 운동은 어깨 근육(삼각근)과 팔 뒤쪽 근육(삼두근)을 주로 사용합니다. 이외에도 견갑골을 움직이기 위해 견갑골 주변 근육들(승모근, 능형근, 전거근 등)이 쓰이고요. 일어선 자세에서 운동을 하면, 균형을 잡고 척추 중립을 유지하기 위해서 몸통 근육들도 많이 쓰입니다.

남자들이 어깨를 넓히기 위해서 많이 하는 운동이지만, 사실 위로 밀기 운동이 어깨를 넓히는 데 큰 도움은 되지 않습니다. 삼각근은 작고 얇은 근육이라서, 운동을 해도 사이즈가 많이 커지지는 않기 때문이에요. 어깨를 넓히는 게 목적이라면, 등 근육을 키워서 역삼

각형 몸매를 만드는 게 더 효과적입니다. 물론 상체 근육이 골고루 발달한 상태에서는, 어깨 뽕(삼각근)이 발달하면 시각적으로 강한 인상을 줍니다.

위로 밀기 운동을 자주 하면 어깨 관절 건강에 도움이 됩니다. 스마트폰과 컴퓨터에 찌들어있는 현대인들은 평소에 팔을 머리 위로 들 일이 별로 없기 때문이에요. 하루 종일 팔을 어깨 밑에서만 움직이다보면 어깨 관절이 굳어서 가동범위가 줄어듭니다. 그래서 젊은 나이에도 팔을 수직으로 완전히 들지 못하는 사람들이 꽤 많아요. 이런 분들은 스트레칭과 위로 미는 운동을 자주 하면, 어깨 관절의 가동범위를 되찾고 움직임의 퇴화를 막는 데 도움이 됩니다.

이 책에서는 위로 미는 운동 종목으로써 아놀드프레스와 오버헤드프레스를 소개합니다. 덤벨을 사용하는 아놀드프레스는 관절을 자연스럽게 움직일 수 있다는 장점이 있고, 바벨을 사용하는 오버헤드프레스는 고중량을 들 수 있다는 장점이 있어요.

어깨 넓어지는 원리

아놀드프레스

아놀드프레스는 일어선 자세에서 덤벨을 위로 들면서 손목을 회전하는 단순한 운동입니다. 유명한 보디빌더인 아놀드 슈왈제네거가 고안해낸 운동이라서 그 이름이 붙었어요. 어깨 근육을 골고루 자극하는 운동이고, 동작이 단순해서 배우기 쉽다는 장점이 있습니다.

아놀드프레스는 특히 위로 미는 자연스러운 움직임의 연습으로써도 좋습니다. 앞서 **상완골 움직임**(61p)에서 설명했듯이 팔이 몸 아래에 있을 때는 상완골을 외회전 하고, 만세 자세에서는 상완골을 내회전 하는 게 정상이거든요. 아놀드프레스는 동작 중에 손목을 회전하면서 팔의 자연스러운 움직임대로 동작을 한다는 장점이 있습니다.

자세

준비 자세는 발을 골반 너비로 벌리고, 몸을 1자로 만들어줍니다. 엉덩이와 복부에 힘을 주고, 일어선 채로 플랭크 자세를 유지한다고 생각하면 돼요. 주먹을 어깨 너비로 벌리고 손등이 앞쪽을 보게 한 채, 팔꿈치를 몸에 붙여서 팔뚝을 11자로 만들어주세요. 이때 팔뚝은 옆에서 볼 때도 지면과 수직을 유지해야 합니다.

척추 중립을 유지한 채 덤벨을 머리 위로 들어 올립니다. 팔을 들며 손목을 회전해서, 만세를 했을 때에는 손바닥이 앞쪽을 보게 하세요. 옆에서 봤을 때 발부터 손까지 반듯한 1자가 되어야 합니다. 다시 손목을 회전하면서 팔을 굽혀서 준비 자세로 돌아옵니다. 동작을 똑같이 반복하세요.

호흡은 다른 운동과 마찬가지로 힘을 쓸 때(팔을 다 펴는 순간) 짧게 내쉬고, 다시 팔을 굽히며 준비 자세로 돌아올 때 마십니다. 중량이 무거울 때는 복압을 만들면 더 안정적으로 덤벨을 들 수 있어요. 호흡을 마시고 참아서 복압을 만든 뒤, 팔을 다 펴는 순간 짧게 호흡을 뱉으세요. 만세를 한 채 다시 호흡을 마시고 복압을 만든 뒤, 팔을 굽혔다가 펴면서 짧게 호흡을 뱉습니다.

주의사항

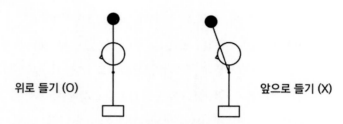

위로 들기 (O)   앞으로 들기 (X)

덤벨을 몸 앞쪽으로 들면 안 됩니다. 역학적으로 리프팅의 효율도 떨어지고, 목에 불필요한 힘이 들어가서 다칠 수도 있어요. 척추 중립을 유지한 채 팔을 귀 옆에 붙인다는 생각으로 덤벨을 수직 위로 들어야 합니다. 어깨 가동범위가 부족한 사람은 팔을 180° 드는 게 아예 불가능할 수도 있어요. 이런 분들은 아놀드프레스를 배우기 전에 팔을 180° 들 수 있는 가동성을 만드는 게 우선입니다. 뒤에 나오는 어깨 스트레칭을 평소에 자주 해주세요.

준비 자세에서 팔뚝은 지면과 수직을 유지해야 합니다. 앞에서 봤을 때 팔꿈치가 바깥쪽으로 벌어지거나, 옆에서 봤을 때 팔꿈치가 뒤쪽으로 빠지면 안돼요. 팔뚝이 지면과 수직이 아닐 때는 역학적으로 효율이 떨어지거든요. 또한 어깨나 팔꿈치에 불필요한 부하가 생겨서 통증이 생길 수도 있습니다.

덤벨을 위로 드는 동안에는 팔꿈치가 너무 바깥쪽으로 벌어지지 않아야 합니다. 팔꿈치가 자연스럽게 약간은 벌어지는 게 정상이지만, 바깥쪽으로 과도하게 벌어지면 어깨가 내회전 되면서 어깨 충돌의 가능성이 높아지거든요. 팔꿈치는 최대한 몸 앞쪽에서, 안쪽으로 움직여야 합니다.

팔을 움직일 때는 견갑골도 함께 위아래로 움직이는 게 정상입니다. 팔을 위로 들 때는 견갑골도 올라가고 팔을 내려갈 때는 어깨도 같이 내려가는 거죠. 어깨를 낮춘 채 팔을 들어야 승모근을 쓰지 않고 어깨 근육에 집중할 수 있다는 주장도 있지만, 잘못된 자세입니다. 앞서 **견갑골 움직임**(70p)에서 설명했듯이, 어깨를 낮춘 채 팔을 들면 어깨 충돌이 생길 수밖에 없거든요. 팔을 들 때는 어깨도 함께 으쓱 올라가야 하고, 이를 위해 승모근이 사용되는 건 자연스러운 현상입니다. 하지만 그렇다고 팔을 들 때 어깨를 너무 과도하게 으쓱하면 목을 다칠 수 있어요. 어깨는 자연스럽게 올라가야 합니다.

척추 중립

팔을 위로 들 때 허리가 꺾이면 허리 통증이 생길 수 있습니다. 다른 모든 운동과 마찬가지로 척추 중립을 유지해야 해요. 허리가 꺾이는 원인은 크게 두 가지가 있는데, 만약 본인에게 해당하는 부분이 있다면 반드시 개선해야 합니다.

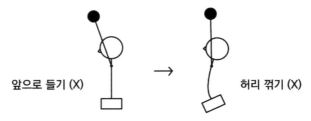

앞으로 들기 (X)　　→　　허리 꺾기 (X)

첫 번째 원인은 어깨 관절의 가동성 부족입니다. 앞서 설명했듯이 어깨 관절의 가동성이 부족하면 덤벨을 몸 앞쪽으로 들게 되죠. 이런 분들이 억지로 덤벨을 수직으로 들려고 하다보면, 더 이상 움직일 수 없는 어깨 대신에 허리를 꺾게 됩니다. 일종의 보상 작용이에요.

이런 경우에는 어깨 가동성 문제를 해결해야 합니다. 어깨 스트레칭을 평소에 꾸준히 해야 돼요. 어깨 가동성이 좋아지면, 허리를 꺾지 않고도 덤벨을 수직으로 들 수 있게 됩니다.

허리가 꺾이는 두 번째 원인은 척추 중립을 유지하는 능력이 부족하기 때문입니다. 이런 경우에는 팔을 위로 움직일 때 골반이 전방경사 되면서 허리가 꺾이게 됩니다. 아예 척추 중립을 만들 줄 모르는 경우도 있고, 척추 중립은 만들 줄 알더라도 팔을 움직이면 집중이 분산되면서 척추 중립을 유지하지 못하는 경우도 있어요.

이런 분들은 우선 플랭크를 통해 엉덩이와 복부에 힘을 주고 척추 중립을 유지하는 연습을 해야 합니다. 그 다음에는 데드벅이나 버드독을 통해, 팔다리를 움직이는 동안 척추 중립을 유지하는 연습을 해야 하고요. 척추 중립 연습이 충분히 되었다면 맨손으로 아놀드프레스 동작을 연습해보세요. 팔을 들 때 척추 중립이 잘 유지된다면, 덤벨을 들고 본격적으로 운동을 하면 됩니다.

아놀드프레스를 벤치에 앉아서 하는 건 추천하지 않습니다. 물론 앉아서 운동하면 몸통 근육이 덜 쓰이기 때문에, 그만큼 어깨 근육에 더 집중할 수 있다는 장점은 있어요. 하지만 척추 중립 연습과 몸통 근육의 발달을 위해서는 일어선 자세에서 하는 게 좋습니다. 어깨 운동을 하는 동안 몸통 근육도 덤으로 함께 운동한다고 생각하세요.

Tip : 어깨 스트레칭

어깨 가동성을 한번 테스트 해보세요. 척추 중립을 유지한 채 팔을 위로 번쩍 들어서 만세를 하면 됩니다. 이때 목을 앞으로 굽히거나 허리를 꺾으면 안 돼요. 손은 정수리 위쪽으로 올라가야 정상입니다. 유연하지 않은 분들은 옆에서 봤을 때 손이 머리보다 앞으로 나가요. 이런 분들은 위로 밀거나 당기는 운동을 하기 전에, 팔을 180° 들 수 있도록 어깨 가동범위를 먼저 확보해야 합니다.

마사지나 스트레칭을 통해 어깨 관절 주변 근육들을 풀어주면 가동범위 개선에 도움이 됩니다. 특히 가동범위 제한의 주요 원인 중에 하나는 타이트한 등 근육(광배근)입니다. 광배근은 팔을 아래로 당기는 역할을 하기 때문에, 광배근이 경직되어 있으면 팔을 위로 번쩍 드는 게 불가능하거든요. 폼롤러로 마사지를 해서 광배근을 풀어주면 팔을 더 편하게 위로 들 수 있습니다. 겨드랑이 뒤쪽에 폼롤러를 대고 굴려서 광배근을 마사지 하세요. 위아래나 좌우로 굴리면 되고, 시간은 30초에서 1분 정도가 적당합니다.

팔을 머리 뒤로 보내는 스트레칭은 팔을 위로 드는 데 직접적으로 도움이 됩니다. 여러 방법이 있지만 가장 간단하고 효과적인 방법은 벽을 이용하는 거예요. 일어선 자세에서 양손으로 벽을 밀면서 엉덩이를 뒤로 빼서 가슴을 땅 쪽으로 낮춥니다. 가슴이 땅 쪽으로 내려가는 만큼 팔을 머리 뒤로 보내는

효과가 있어요. 이때 어깨 관절을 살짝 외회전시키면 광배근의
스트레칭 효과가 더 큽니다.

어깨 스트레칭 1

어깨 스트레칭 2

오버헤드프레스

오버헤드프레스는 밀리터리프레스라는 이름으로 불리기도 하는 운동입니다. 아놀드프레스와 비슷한 운동이지만, 오버헤드프레스는 바벨을 이용한다는 점이 가장 큰 차이점이에요. 아놀드프레스에 비해 고중량을 다루기 때문에 무게중심이 더 높아져서 균형을 잡기가 힘들어집니다. 높은 곳에 있는 무거운 바벨을 컨트롤하기 위해서 강한 몸통 근육과 균형 감각이 필요한 운동이에요.

동작의 난이도도 아놀드프레스에 비해 어렵습니다. 동작 중에 바벨이 얼굴에 부딪히지 않기 위해서는, 바벨의 궤적을 피해서 상체가 앞뒤로 잘 움직여야 하거든요. 상체의 움직임까지 신경을 쓰는 게 처음에는 까다로울 수 있습니다. 따라서 먼저 아놀드프레스로 위로 미는 동작을 충분히 연습한 뒤에 오버헤드프레스를 시작하는 게 좋아요.

자세

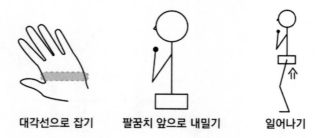

대각선으로 잡기　　　팔꿈치 앞으로 내밀기　　　일어나기

랙 위에 바벨을 어깨 높이보다 약간 낮게 세팅합니다. 손 간격은 어깨보다 살짝 넓게 잡고, 손 각도는 벤치프레스를 하듯이 손바닥에서 대각선으로 잡습니다. 미드풋이 바벨의 수직 아래에 오도록 앞으로 걸어간 뒤, 약간 자세를 낮춰서 바벨 밑으로 들어갑니다. 이때 팔꿈치는 어깨 너비로 모으고 약간 앞으로 내밀어주세요.

　무릎을 펴서 일어선 뒤, 한 두 걸음 뒤로 물러납니다. 발 간격은 골반 너비로 서고, 엉덩이와 복부에 힘을 줘서 플랭크 자세를 만들어주세요. 척추 중립을 유지한 채 상체를 뒤로 살짝 기울여줍니다.

　호흡을 마시고 참아서 복압을 만들고, 머리 위로 바벨을 밀어 올립니다. 이때 바벨은 얼굴을 스치듯이 가까이 올라가야 하고, 바벨이 얼굴을 지나갈 때 가슴과 머리를 앞으로 내밀어줍니다. 팔을 위로 들었을 때는 몸이 옆에서 봤을 때 1자가 되어야 해요. 호흡은 팔을 다 펼 때 짧게 내쉰 뒤, 팔을 편 채 호흡을 마시고 복압을 만듭니다. 바벨을 내릴 때는 올릴 때의 궤적과 똑같습니다. 상체를 약간 뒤로 기울이면서 바벨을 내리고, 곧바로 다시 바벨을 위로 듭니다. 호흡을 내쉬고 마셔서 복압을 만든 뒤 다음 횟수를 똑같이 반복하면 됩니다.

한 세트가 끝나면 상체 자세를 그대로 유지한 채 앞으로 걸어갑니다. 랙 기둥에 바벨을 부딪친 뒤 다리를 굽혀서 바벨을 내려놓으세요. 발은 뒤에 가만히 있고 팔만 앞으로 뻗어서 내려놓다가는 어깨를 다칠 수도 있습니다. 또한 바벨을 랙 기둥에 부딪치지 않으면 바벨의 한 쪽이 거치대에 걸리지 않아서 사고가 날 수도 있고요.

움직임 기본 원칙

척추 중립 : 운동 중에는 항상 척추 중립을 유지해야 합니다. 허리를 꺾으면 아놀드프레스와 마찬가지로 허리를 다칠 수도 있어요. 특히 준비 자세에서 상체를 뒤로 기울일 때 허리의 특정 부분만 과하게 꺾으면 안 됩니다. 복부와 엉덩이에 힘을 줘서 플랭크 자세를 유지한 채, 상체를 전체적으로 뒤로 기울여야 해요. 척추 중립을 위해 복압도 단단히 만들어야 하고요.

또한 바벨을 머리 위로 들었을 때도 척추 중립을 유지해야 합니다. 만약 바벨을 들 때 허리가 꺾인다면, 아놀드프레스에서 언급했듯이 어깨 가동성문제를 해결하거나 척추 중립 연습을 해야 합니다.

상완골 움직임 : 어깨 부상을 막기 위해서는 상완골의 외회전을 유지해야 합니다. 흔히 하는 실수는 바벨을 들거나 내릴 때 팔꿈치가 바깥으로 벌어지면서 상완골이 내회전 되는 겁니다. 이렇게 하면 어깨 충돌로 인해 부상이 생길 수 있어요. 바벨을 들거나 내리는 동작을 할 때는 항상 팔꿈치를 몸 앞쪽으로 모아서 상완골을 외회

전 해야 합니다. 물론 팔을 위로 쭉 다 폈을 때는 상완골의 외회전을 살짝 풀어야 하고요.

그립의 간격은 좁게 잡는 게 안전합니다. 어깨보다 살짝만 넓게 잡아주세요. 그립의 간격이 넓어질수록 팔꿈치가 벌어지고 상완골이 내회전 되거든요. 어깨 근육(삼각근) 입장에서는 그립 간격이 넓을수록 자극이 잘 되기는 하지만, 관절의 안전을 위해서는 좁게 잡는 그립을 추천합니다.

견갑골 움직임 : 아놀드프레스와 마찬가지로, 견갑골은 팔의 움직임에 맞게 위아래로 움직여야 합니다. 팔을 위로 들 때는 어깨도 약간 으쓱 올라가고, 내릴 때는 어깨도 낮아지는 게 정상이에요.

주의 사항

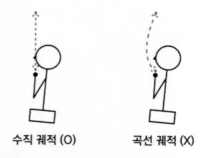

수직 궤적 (O)   곡선 궤적 (X)

바벨은 항상 미드풋 위에서 수직으로 움직여야 합니다. 초보자들은 바벨이 코앞에서 움직이는 게 겁나서, 얼굴을 피해 앞으로 멀리 드는 실수를 많이 해요. 하지만 이렇게 바벨이 미드풋 수직 궤적에서 앞으로 벗어나면 어깨 관절에 부담이 커집니다. 역학적으로 힘의 낭비가 생기기 때문에 다룰 수 있는 중량도 줄어들어요. 바벨은 얼굴에 가깝게 움직여야 합니다.

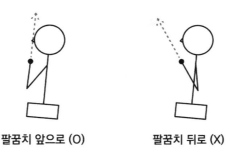

팔꿈치 앞으로 (O)   **팔꿈치 뒤로 (X)**

준비 자세에서 팔꿈치가 몸 뒤쪽으로 빠지면 안 됩니다. 리프팅을 할 때 바벨의 궤적은 팔뚝이 향하는 방향으로 움직이게 되거든요. 만약 팔꿈치가 몸 뒤쪽으로 빠져 있으면, 바벨은 팔뚝 방향과 똑같이 대각선 앞쪽으로 움직입니다. 이러면 바벨은 미드풋 궤적에서 멀어지게 되고요.

바벨 궤적을 수직으로 만들기 위해서는 팔꿈치가 바벨보다 앞으로 살짝 나와야 합니다. 뒤로 기울였던 몸통을 앞으로 일으키는 각도만큼, 몸통 입장에서는 바벨을 뒤쪽으로 밀어야 하기 때문이죠. 처음에는 자세가 어색하고 불편할 수 있겠지만, 준비 자세에서 팔꿈치는 살짝 앞으로 내밀어야 합니다. 이때 팔꿈치가 너무 과도하게 앞으로 나가면, 팔꿈치에 부하가 커져서 팔꿈치를 다칠 수도 있어요. 옆에서 봤을 때 전완이 지면과 거의 수직이 되도록, 팔꿈치는 아주 미세하게 앞으로 내밀어야 합니다.

운동 중 손목이 뒤로 꺾이면 다칠 수 있습니다. 이를 막기 위해 벤치프레스와 마찬가지로 손바닥 위에서 바벨을 대각선으로 잡아야 해요. 그리고 주먹에 힘을 줘서 바벨을 꽉 잡아야 손목이 더 견고해집니다.

주의사항

Tip : 랙

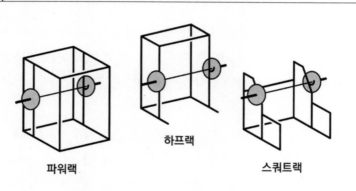

하프랙

파워랙   스쿼트랙

원하는 높이에 바벨을 거치할 수 있는 운동 기구를 '랙'이라고 부릅니다. 생긴 구조에 따라 파워랙, 하프랙, 스쿼트랙 등 다양한 종류가 있습니다. 모양은 다르게 생겼지만 모든 랙의 사용법은 비슷해요.

고중량 바벨 운동을 할 때는 랙이 필수입니다. 바벨을 원하는 높이에서 두고 운동을 시작할 수 있고, 원판을 갈아 끼우기 편하기 때문이죠. 오버헤드프레스나 백스쾃, 루마니안 데드리프트 등의 다양한 운동에서 사용됩니다.

그래서 랙은 헬스장에서 가장 인기 있는 기구 중 하나입니다. 하지만 대부분의 헬스장에는 랙이 1~2개 밖에 없어서, 랙을 차지하기 위한 사람들 간의 경쟁이 심하죠. 따라서 헬스장을 선택할 때에는 회원 수에 비해 랙이 많은지도 중요한 고려 요소입니다.

〈당기기〉

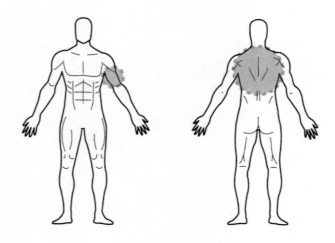

팔로 당기는 운동은 주로 등 근육(광배근, 승모근)을 단련시키기 위한 목적으로 합니다. 당기는 운동은 당기는 방향(앞/위)에 따라 크게 두 가지로 구분해요. 앞에서 당기기 운동은 견갑골을 뒤쪽으로 모으기 위해 등 안쪽 근육(승모근, 능형근)의 사용 비중이 높습니다. 위에서 당기기 운동은 등 안쪽이 덜 사용되기 때문에, 그만큼 상대적으로 등 바깥쪽 근육(광배근)이 더 쓰이고요.

결국 목표로 하는 근육에 따라서 당기는 방향을 선택할 수 있습니다. 앞에서 당기기 운동은 등을 두껍게 만드는 데 유리하고, 위에서 당기기 운동은 등을 넓히는 데 유리해요. 하지만 해당 근육이 상대적으로 약간 더 쓰이는 것일 뿐, 당기는 방향에 상관없이 등 근육은 전반적으로 다 운동 됩니다.

당기는 운동을 할 때는 팔과 어깨 근육도 함께 쓰입니다. 우선 팔꿈치를 굽히기 위해서 팔 앞쪽 근육(이두근)이 주로 쓰여요. 그리고 어깨 관절에서 팔을 뒤쪽으로 보내는 역할을 하는 어깨 뒤쪽 근육(후면 삼각근)도 쓰입니다. 또한 잘 알려져 있지는 않지만 팔 뒤쪽 근육(삼두근)도 운동이 됩니다. 삼두근의 주된 역할은 팔꿈치를 펴는 거지만, 어깨 관절에서 팔을 뒤쪽으로 보내는 역할도 있거든요.

게다가 중량을 잡고 버티기 위해 전완근도 많이 쓰입니다. 따라서 당기는 운동을 하면 악력도 함께 기를 수 있어요. 하지만 당기는 운동을 할 때 전완근이 먼저 지쳐서 등 근육을 충분히 자극하지 못하는 경우가 많다는 건 단점입니다.

움직임 측면에서 보면, 당기는 운동은 미는 운동의 반대 동작입니다. 따라서 미는 운동을 하는 만큼 당기는 운동을 해야 상체가 균형적으로 발달하고 부상을 예방할 수 있어요.

동작의 난이도는 앞에서 당기기 운동이 더 쉽습니다. 견갑골이 앞뒤로만 움직이기 때문이죠. 하지만 위에서 당기기 운동은 견갑골의 움직임이 복잡해서 더 어렵습니다. 거상/하강, 상방회전/하방회전, 전방경사/후방경사의 움직임이 모두 생기거든요. 게다가 팔을 위로 드는 동작은 어깨 충돌의 위험성도 있고요. 그래서 초보자나 어깨 관절이 약한 분들은 우선 앞에서 당기기 운동 위주로 훈련을 하는 게 좋습니다.

이 책에서는 앞에서 당기기 운동으로 시티드로우, 케이블로우, 벤트오버 바벨로우, 원암 덤벨로우를 소개합니다. 이 외에도 앞에서 당기기 운동에는 다양한 종목들이 있지만, 어차피 동작 원리는 똑같으니 쉽게 적용 가능합니다. 위에서 당기기 운동으로는 턱걸이와 랫풀다운을 소개합니다. 위에서 당기기 운동은 이 두 가지 종목만 알아도 충분해요.

로우

앞에서 당기기 운동은 노를 젓는 동작과 비슷하기 때문에, 로우
(row : 노를 젓다)라는 단어가 종목 이름 뒤에 붙습니다. 사용하는
기구에 따라서 시티드로우, 케이블로우, 바벨로우, 덤벨로우 등 다
양한 종목이 있어요. 종목에 따라 준비 자세만 약간 다를 뿐, 기본
적인 움직임은 모두 똑같습니다.

견갑골 움직임

로우를 할 때 가장 중요한 건 견갑골의 움직임입니다. 앞서 **견갑골
움직임**(70p)에서 설명했듯이, 팔을 앞으로 뻗을 때는 견갑골이 앞
으로 벌어져야(전인) 하고, 팔을 뒤로 당길 때는 견갑골이 뒤로 모
여야(후인) 합니다. 특히 견갑골을 뒤로 모으지 않은 채 팔을 당기
면 어깨를 다칠 수 있어요. 팔을 뒤로 당기기 전에는 항상 견갑골
을 먼저 뒤로 모아서, 팔이 뒤로 움직일 공간을 만들어야 합니다.
그리고 로우에서 견갑골은 낮춘 채로 고정하고, 위아래로는 움직이
지 않습니다. 세트 내내 어깨는 귀와 멀리 있도록 낮춰야 하고, 당
길 때 어깨를 으쓱하면 안 돼요.

　본격적으로 로우 운동을 하기 전에, 맨손으로 견갑골의 움직임을
먼저 연습해보는 게 좋습니다. 이때 견갑골과 팔을 움직이는 순서
가 중요해요. 구분 동작으로 먼저 연습을 하고, 익숙해지면 연속 동

작으로 부드럽게 이어서 하면 됩니다. 맨손으로 움직임 조절이 잘
된다면 저항을 이용한 실전 운동에 적용하세요.

| (1) 견갑골 전인 | (2) 견갑골 후인 | (3) 당기기 |

(1) 척추 중립을 유지한 채 손을 앞으로 나란히 멀리 뻗어주세요.
이때 견갑골은 자연스럽게 바깥쪽으로 벌어져(전인) 있습니다.

(2) 팔꿈치는 편 채 견갑골만 뒤쪽으로 모아주세요(후인). 이때 목
이 굽거나 흉추가 과하게 펴지지 않도록 주의해야 합니다. 척추 중
립을 유지한 채 견갑골만 움직이세요.

(3) 견갑골은 모아서 유지한 채 팔꿈치를 뒤로 당겨주세요. 이때
팔뚝(전완)은 몸통과 수직이 되어야 합니다. 손의 높이는 명치 정도
에 있어야 하고, 쇄골이나 배꼽 높이에 있으면 안 됩니다.

(4) 견갑골을 뒤쪽으로 모은 채 (2)처럼 팔만 앞으로 뻗어주세요.

(5) 견갑골도 바깥쪽으로 벌리면서 (1)처럼 손을 앞으로 더 멀리
뻗습니다. 이때 등은 편 채 견갑골만 벌려줘야 합니다. 견갑골을 벌
리겠다고 흉추도 함께 둥글게 말리면 안 돼요.

(1)~(5)까지의 구분 동작이 잘 된다면 동작을 부드럽게 이어서 하
면 됩니다. 견갑골을 뒤로 모으면서 팔을 뒤로 당기고, 팔을 앞으로
펴면서 견갑골을 벌려주세요. 이때 중요한 건, 팔을 당길 때는 견갑

골을 모으는 게 먼저이고, 팔을 펼 때는 견갑골을 나중에 벌려야 합니다. 순서가 바뀌지 않도록 주의하세요. 견갑골을 뒤로 모으지 않은 채 팔부터 당기거나, 팔을 펼 때 견갑골부터 앞으로 내밀면 안 됩니다. 호흡은 팔을 뒤로 당겼을 때 짧게 내쉬고, 팔을 앞으로 보낼 때 마셔야 해요.

주의사항

로우 운동을 할 때는 다른 운동과 마찬가지로 척추 중립을 유지해야 합니다. 특히 당길 때 목은 중립을 유지해야 하고, 턱을 너무 숙이거나 들지 않도록 하세요. 허리도 중립 상태로 만들어야 하고, 동작 중에 허리를 굽히거나 과하게 펴면 다칠 수 있습니다.

로우 운동에서는 손에 힘을 빼는 게 좋습니다. 손에 힘을 많이 주면 당길 때 등 근육에 집중이 잘 되지 않거든요. 또한 등 근육의 힘이 부족할 때는 등 근육 대신에 손에 힘을 주면서 손목을 굽히는 실수가 많이 나옵니다. 이렇게 손목을 굽히며 당기다보면 팔꿈치 내측에 무리가 돼서 부상으로 이어질 수도 있어요. 항상 손에는 힘을 적당히만 주고, 손목은 1자를 유지해야 합니다.

손을 앞으로 뻗을 때는 숄더패킹을 유지해야 합니다. 손을 앞으로 멀리 뻗다보면, 어깨 관절의 소켓에서 상완골두가 약간 뽑혀 나올 수 있거든요. 특히 다루는 중량이 무거울수록 어깨가 빠지기 쉽습니다. 이런 동작이 반복되면 부상으로 이어질 수 있고요. 팔을 앞으로 뻗을 때는 견갑골만 앞으로 벌어질 뿐, 어깨 관절의 소켓은 덜렁거리지 않도록 견고하게 유지해야 합니다. 만약 견갑골을 앞으로 내미는 동작에서 소켓을 잘 잡고 유지하는 게 어렵다면, 견갑골을 뒤로 모으고(후인) 유지한 채 팔만 앞뒤로 움직이는 편이 낫습니다. (2)~(4) 동작만 반복하는 거죠. 견갑골을 뒤로 모은 상태에서는 소켓 주변 근육도 자연스럽게 활성화 되면서 관절의 안정성이 높아지거든요.

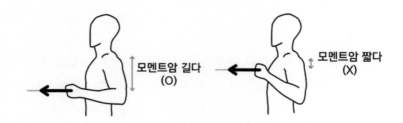

팔뚝(전완)은 항상 저항의 방향과 같아야 합니다. 그래야 팔 힘을 최소한으로 쓰고 등 근육에 집중할 수 있거든요. 프리웨이트로 운동한다면 팔뚝을 중력 방향과 똑같게 해야 합니다. 케이블머신을 이용할 때는 팔뚝을 케이블 방향과 똑같게 해야 하고요. 운동 자세나 체형에 따라 당기는 방향이 조금씩은 달라질 수 있지만, 보통은 손이 명치나 배꼽 옆으로 오게 됩니다.

흔히 하는 실수는 손을 가슴 쪽으로 당기는 겁니다. 손을 가슴쪽으로 당기면 어깨 축을 기준으로 **모멘트암**이 줄어들기 때문에, 등 근육 입장에서는 운동 강도가 약해져요. 대신 팔꿈치 축을 기준으로 모멘트암이 생기기 때문에, 팔을 굽히는 근육(이두근)이 많이 쓰입니다. 따라서 등 근육에 집중하기 위해서는 항상 손을 복부 쪽으로 당겨야 해요.

Tip : 모멘트암

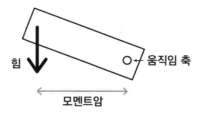

모멘트암은 회전력의 크기를 나타낼 때 쓰이는 운동역학 용어 중 하나입니다. 회전축과 힘과의 수직 거리를 모멘트암이라고 해요. 모멘트암의 길이가 달라지면 같은 중량을 들더라도 힘든 강도가 달라집니다.

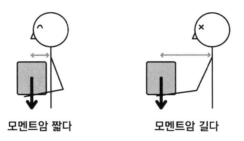

실생활에서도 모멘트암의 역할을 쉽게 경험할 수 있습니다. 예를 들어 무거운 물건을 들고 있다면, 물건을 몸에 최대한 가까이 붙여야 편하게 들 수 있어요. 어깨를 기준으로 모멘트 암의 길이가 짧아지기 때문이죠. 반대로 손을 앞으로 멀리 뻗으면 모멘트암의 길이가 길어지면서 어깨에 힘이 많이 들어갑니다.

운동을 할 때도 모멘트암을 잘 이용하면 효율적으로 운동을 할 수 있어요. 종목에 따라서 모멘트암의 길이를 짧게 해야 할 때도 있고, 반대로 길게 해야 할 때도 있습니다.

보통 고중량으로 운동할 때는 각 관절에서 모멘트암의 길이를 최소화해야 합니다. 힘의 낭비를 막고 중량을 효율적으로 들기 위해서예요. 또한 모멘트암이 커질수록 관절의 부담도 커지고 부상 위험도 높아지거든요.

저중량으로 운동할 때는 모멘트암의 길이를 최대로 만듭니다. 가벼운 중량으로도 목표 근육에 충분한 운동 효과를 얻기 위해서예요. 무거운 중량을 사용하고 모멘트암을 짧게 해도 운동 강도는 같지만, 중량이 무거운 만큼 주변 근육도 많이 쓰여서 집중이 분산되기 때문이죠. 일반적으로 근육의 자극을 목적으로 운동을 할 때는 중량을 낮추고 모멘트암을 길게 합니다.

모멘트암

시티드로우

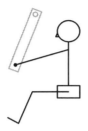 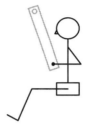

시티드로우는 로우 운동 중에서는 가장 쉽습니다. 머신 운동이라서 궤적이 정해져있기 때문이죠. 손잡이를 잡고 앞에서 연습했던 견갑골 움직임을 똑같이 하면 됩니다.

우선 의자 높이를 체형에 맞게 조절해야 합니다. 앉아서 당겼을 때 손이 명치 정도의 높이에 오도록 의자 높이를 조절하세요. 만약 가슴을 고정하는 지지대가 앞에 있다면, 여기에 가슴을 붙이고 동작 중에 떨어지지 않게 고정합니다.

손잡이를 잡고 척추 중립 상태를 만들어준 뒤, 견갑골을 모으면서 팔꿈치를 당깁니다. 잠깐 멈춘 뒤, 다시 팔을 펴면서 견갑골을 자연스럽게 벌려주세요. 호흡은 팔꿈치를 당겼을 때 내쉬고, 팔을 펼 때 마십니다. 운동 속도는 팔을 당길 때 약간 빠르게 당기고, 잠깐 멈췄다가 천천히 버티면서 팔을 펴세요.

케이블로우

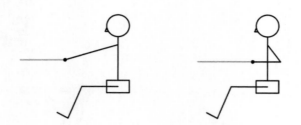

케이블로우는 시티드로우와 거의 비슷한 운동입니다. 가슴 지지대가 없고, 궤적이 자유롭다는 게 차이점이에요. 따라서 케이블로우는 머신을 이용함에도 불구하고 프리웨이트 운동과 성격이 비슷하다는 특징이 있습니다.

동작은 시티드로우와 똑같습니다. 다만 상체를 고정하는 지지대가 없기 때문에 상체가 앞뒤로 조금씩 움직일 수는 있어요. 하지만 상체가 뒤로 눕는 반동을 이용해서 손잡이를 당기지는 않도록 주의해야 합니다. 등 근육에 집중하기 위해서는 당겼을 때 손이 명치 정도의 높이에 오도록 하세요. 손에는 힘을 빼서 팔뚝과 케이블이 1자가 되도록 해야 합니다.

케이블로우는 그립을 다양하게 바꿔서 운동할 수 있다는 장점이 있습니다. 헬스장에는 아마 케이블로우 주변에 손 너비나 각도가 다양한 모양의 그립들이 있을 거예요. 운동 목적에 맞게 그립을 바꿔 끼우고 운동하면 됩니다.

Tip : 당기는 그립 종류

오버그립　　　　언더그립　　　　뉴트럴 그립

당기는 운동을 할 때는 종목에 따라 손잡이를 다양한 너비와 각도로 잡을 수 있습니다. 손 간격에 따라 넓은 그립, 좁은 그립으로 나뉘어요. 잡는 각도에 따라 오버그립, 언더그립, 뉴트럴그립으로 나뉘고요. 같은 종목이라도 그립에 따라 쓰이는 근육들(광배근, 승모근, 후면 삼각근, 이두근)의 비중이 조금씩 달라지기 때문에, 각 그립의 특징을 알아두면 좋습니다.

　앞에서 당기는 운동에서는 손 간격이 좁으면 팔꿈치가 몸 쪽으로 모이고, 손 간격이 넓으면 팔꿈치가 바깥쪽으로 벌어집니다. 따라서 좁은 그립에서는 등 근육 중에서도 팔을 몸 쪽으로 모아주는 광배근이 많이 쓰여요. 반대로 넓은 그립에서는 팔이 바깥쪽으로 벌어지면서 광배근이 덜 쓰입니다. 그래서 상대적으로 등 상부(승모근과 후면 삼각근)가 더 쓰여요.

　위에서 당기는 운동에서는 손 간격이 좁으면 팔꿈치가 많이 굽혀지고, 손 간격이 넓으면 팔꿈치가 덜 굽혀집니다. 따라서 좁은 그립에서는 팔꿈치를 굽히는 이두근을 더 쓰게 되면서 상대적으로 등 근육은 덜 쓰입니다. 반대로 넓은 그립에서는 팔꿈치를 굽히는 이두근을 덜 쓰게 되면서 상대적으로 등 근육이 더 많이 자극됩니다.

손등이 눈에 보이도록 손잡이 위쪽으로 잡는 그립을 오버그립이라고 합니다. 오버그립의 첫 번째 특징은 손 간격을 다양하게 잡을 수 있다는 거예요. 자극하고 싶은 부위에 따라서 손의 너비를 자유롭게 조절하면 됩니다. 오버그립의 두 번째 특징은 해부학적 구조상 이두근이 덜 쓰인다는 거예요. 그만큼 등 근육에 더 집중할 수 있습니다.

손바닥이 보이도록 손잡이 아래쪽으로 잡는 그립을 언더그립이라고 합니다. 언더그립의 첫 번째 특징은 주로 좁은 그립으로만 사용한다는 거예요. 신체 구조상 언더그립으로는 넓게 잡기가 불편하기 때문이죠. 언더그립의 두 번째 특징은 이두근이 잘 쓰인다는 겁니다. 그래서 초보자가 턱걸이를 할 때 언더그립으로 잡으면 이두근의 도움으로 더 쉽게 할 수 있습니다. 물론 등 근육에 집중이 덜 된다는 측면에서는 단점이 될 수도 있어요.

언더그립으로 운동할 때 주의사항은 팔꿈치를 다 펴면 안 된다는 겁니다. 언더그립에서 팔꿈치를 다 펴면 이두근의 길이가 너무 늘어나면서 다칠 수도 있거든요. 따라서 언더그립으로 운동할 때에는 이두근의 보호를 위해 팔꿈치를 약간 덜 펴야 합니다.

손등이 바깥쪽을 향하게 잡는 그립을 뉴트럴그립이라고 합니다. 손의 각도가 오버그립과 언더그립의 중간이기 때문에, 각 그립의 특징을 골고루 갖고 있는 무난한 그립입니다. 가장 큰 특징은 뉴트럴 그립에서 사람의 악력이 가장 강하다는 거예요. 따라서 악력이 약한 분들은 뉴트럴그립을 이용하는 게 좋습니다.

운동을 할 때는 다양한 너비와 각도의 그립을 골고루 이용하는 게 좋습니다. 하지만 어깨 관절이 약하다면 언더그립으로 좁게 잡는 것을 추천합니다. 손을 넓게 잡으면 팔꿈치가 바깥쪽으로 벌어지면서 어깨 충돌의 위험이 더 커지거든요. 게다가 언더그립으로 잡으면 상완골이 자연스럽게 외회전 되기 때문에 어깨 관절에 더 안전하다는 장점이 있습니다.

당기는 그립 종류

벤트오버 바벨로우

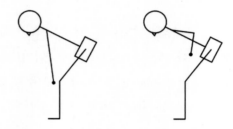

벤트오버 바벨로우는 가장 대표적인 로우 운동입니다. 바벨을 이용하는 종목이고 높은 중량을 다룰 수 있기 때문이죠. 그리고 양 발을 땅에 딛고 동작을 하기 때문에 전신의 힘을 통합적으로 쓰게 되는 운동입니다.

하지만 벤트오버 바벨로우는 단점도 큰 운동이에요. 상체를 숙인 자세를 유지하기 때문에 허리에 부담이 크거든요. 그래서 등 근육에 집중을 하기도 어렵고요. 만약 등 근육에만 집중을 하고 싶다면 다른 운동을 하는 편이 낫습니다.

벤트오버 바벨로우의 동작은 간단합니다. 뒤에 나올 **루마니안 데드리프트**(210p)의 하단 자세를 유지한 채 로우 동작을 하면 됩니다. 견갑골을 모으면서 바벨을 복부 쪽으로 당겨주세요. 허리에 부담이 있는 자세이기 때문에 옆구리에도 힘을 줘서 복압을 살짝 만들고 세트 내내 유지해야 합니다.

상체 각도는 최대한 숙이는 게 기본입니다. 상체 각도가 지면에 평행할수록, 팔을 펼 때 광배근을 더 많이 이완시킬 수 있거든요. 게다가 상부 승모근이 덜 개입하기 때문에 광배근에 집중이 잘 됩니다. 다만 자세 유지 때문에 허리에 부담이 크거나, 햄스트링의 유연성이 부족해서 허리가 굽는다면, 상체를 더 세우는 게 낫습니다. 하지만 그래도 상체 각도를 45° 이상은 세우지 않는 게 좋아요.

상체 숙이기 (O)　　　　　　　　　　상체 세우기 (X)

운동 중에는 처음에 세팅한 상체 각도를 고정해야 합니다. 흔히 하는 실수는 세트 후반으로 갈수록 상체 각도를 점점 세우는 겁니다. 만약 처음의 상체 각도를 유지할 수 없다면 세트를 중단하는 게 낫습니다. 또한 바벨을 당길 때 상체를 들썩거리는 반동을 쓰면 안 됩니다. 강제 반복을 위해서 세트 후반에 상체의 반동을 이용하는 경우도 있지만, 원칙적으로는 전신을 고정한 채 팔로만 바벨을 당겨야 해요.

원암 덤벨로우

 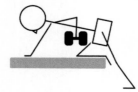

원암 덤벨로우는 장점이 많은 운동입니다. 우선 한 손으로 체중을 지지하기 때문에 허리에 부담이 적습니다. 프리웨이트로 로우를 하면 상체를 숙이고 버텨야 해서 허리에 부담이 생기는데, 그런 단점을 보완해주는 자세거든요. 게다가 한쪽씩 운동을 하기 때문에 등 근육의 자극에 더 집중할 수 있습니다. 약한 쪽 근력에 맞춰서 좌우대칭으로 운동할 수 있다는 것도 장점이고요.

보통은 벤치를 이용해서 운동을 합니다. 보통은 약한 쪽을 먼저 하는 게 좋아요. 만약 왼쪽을 운동한다면 오른쪽 무릎과 손을 벤치 위에 두고, 왼쪽 발은 땅에 딛습니다. 왼발은 약간 바깥쪽, 뒤쪽으로 뻗어서 골반이 지면과 평행이 되도록 하세요. 허리가 굽지 않도록 골반은 약간 전방경사시켜야 하고, 덤벨을 들고 있는 왼팔은 지면과 수직이 되도록 늘어뜨립니다. 양 어깨는 귀와 멀어지도록 낮춰야 하고, 오른쪽 견갑골은 뒤로 튀어나오지(후인) 않도록 오른손으로는 벤치를 밀어줘야 합니다.

한쪽씩 한다는 점만 빼면 앞에서의 다른 로우 운동들과 거의 비슷합니다. 왼쪽 견갑골을 모으면서 팔꿈치를 당겨주세요. 이때 왼쪽 팔뚝(전완)은 지면과 계속 수직을 유지해야 합니다. 연속으로 한 세트를 마치면 반대쪽 팔도 똑같이 진행하면 됩니다.

흔히 하는 실수는 덤벨을 가슴 옆쪽으로 당기는 겁니다. 하지만 앞서 설명했듯이, 손을 복부가 아니라 가슴 쪽으로 당기면 어깨 관절에서의 모멘트암이 짧아져서 등 근육에 집중이 되지 않아요. 물론 덤벨의 중량이 아주 무거우면 덤벨이 움직이는 궤적 상, 당겼을 때 팔꿈치보다는 덤벨이 약간 앞쪽으로 나오는 게 정상이기는 합니다. 그래도 덤벨을 최대한 복부 옆쪽으로 당기려고 하세요.

두 번째 실수는 몸통을 회전하는 반동을 이용하는 겁니다. 몸통을 회전하는 힘을 이용하면 등 근육은 덜 쓰게 되거든요. 일부 보디빌더들은 광배근을 최대로 수축하기 위해 일부러 마지막에 몸통을 약간 회전하기도 합니다. 하지만 초보자는 몸통을 고정한 채 팔만 당기는 편이 낫습니다.

세 번째 실수는 벤치에 짚은 손의 견갑골이 등 뒤로 튀어나오는(후인) 겁니다. 벤치를 짚은 손은 몸 앞으로 팔을 내민 상태이기 때문에 견갑골을 앞으로 내밀어야(전인) 해요. 만약 의식을 하더라도 견갑골이 뒤로 계속 튀어나온다면, 견갑골을 앞으로 내미는 근육(전거근 등)들을 강화하는 운동을 따로 해주는 게 좋습니다.

턱걸이

턱걸이는 대표적인 위에서 당기기 운동이고, 모르는 사람이 없을 정도로 대중적인 운동입니다. 하지만 난이도가 높아서 제대로 할 수 있는 사람이 별로 없다는 게 특징이에요. 본인의 체중을 전부 당겨야 하기 때문에 성인 남성의 절반 정도는 턱걸이를 정자세로 한 개도 못합니다. 여성 중에는 턱걸이가 가능한 사람이 거의 없을 정도예요. 따라서 턱걸이가 불가능한 초보자들은 난이도를 낮춰서 턱걸이 연습을 하거나, 다른 운동 종목을 통해서 당기는 근력을 키운 뒤에 턱걸이에 도전해야 합니다.

견갑골 움직임 연습

턱걸이도 로우와 마찬가지로 견갑골부터 잘 움직여야 합니다. 어깨 부상을 막고 등 근육을 잘 쓰기 위해서예요. 우선 일어선 채로 맨손으로 구분동작을 먼저 연습하세요. 막대기가 있다면 어깨 너비보다 약간 넓게 잡고 연습하면 더 좋습니다.

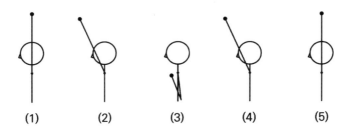

(1)   (2)   (3)   (4)   (5)

 (1) 엉덩이와 복부에 힘을 주고 몸을 1자로 만들어서 플랭크 자세를 취합니다. 팔은 위로 번쩍 들어서 만세를 하세요. 오버헤드프레스 자세와 똑같습니다. 이때 견갑골은 거상, 상방회전, 후방경사 되면서 어깨가 자연스럽게 올라갑니다. 물론 그렇다고 어깨를 너무 과도하게 으쓱 올리면 안 되고요.

 (2) 어깨가 귀와 멀어지도록 견갑골을 최대한 낮춥니다. 팔을 움직일 때에는 항상 견갑골을 제 위치에 두어야 하는데, 팔을 아래로 당기는 동작에서는 견갑골도 낮춰야 하거든요. 그래야 부상의 위험 없이 강하게 힘을 쓸 수 있습니다. 이때 팔은 자동으로 앞쪽으로 약간 내려옵니다. 앞서 **견갑골 움직임**(74p)의 '견갑골의 후인 하강 논란'에서 설명했듯이, 견갑골을 낮추면 팔을 180° 위로 드는 게 불가능하기 때문이죠.

 이때 상완골은 외회전 시켜야 합니다. 오버헤드프레스와 마찬가지로, 턱걸이를 할 때에도 팔꿈치가 바깥으로 벌어지면서 상완골이 내회전 되면 어깨 충돌의 위험이 있거든요. 따라서 상완골의 외회전을 위해 막대기를 구부리듯이 힘을 줘야 합니다. 그러면 팔을 당기는 동안 팔꿈치는 몸 앞쪽으로 모이게 되고요.

(3) 팔을 굽혀서 막대기가 쇄골 높이로 오도록 아래쪽으로 당깁니다. 옆에서 봤을 때 팔뚝(전완)은 (2)에서 만든 각도 그대로 유지하면서 내려와야 해요. 흔히 하는 실수는 팔꿈치가 뒤로 빠지면서 손이 명치 옆쪽으로 오는 겁니다. 하지만 이건 앞에서 당기는 동작이 되어버리기도 하고, 철봉에 매달린 채로는 명치 쪽으로 당길 수도 없어요. 막대기는 쇄골 쪽으로 당겨야 합니다.

(4) 어깨를 낮춘 채 유지하고, 팔을 다시 위쪽으로 뻗어서 다시 (2)자세로 돌아갑니다.

(5) 어깨를 자연스럽게 으쓱 올리면서 (1)의 만세 자세로 돌아갑니다.

(1)~(5)까지의 동작이 잘 된다면 동작을 부드럽게 이어서 하면 됩니다. 만세 자세에서 어깨와 팔을 낮추면서 팔을 당깁니다. 호흡은 팔꿈치를 다 굽혔을 때 짧게 내쉬면 됩니다. 다시 팔을 앞쪽으로 펴고, 어깨를 으쓱하면서 만세를 합니다. 호흡은 이때 마십니다.

연속으로 부드럽게 동작을 하더라도 구분동작에서 연습한 순서 그대로 동작을 해야 합니다. 절대로 어깨가 으쓱 올라간 채로 팔을 굽히면 안 돼요. 또한 팔꿈치를 다 펴기도 전에 어깨가 먼저 으쓱 올라가도 안 됩니다. 팔을 굽히고 펴는 동안에는 항상 어깨를 낮춘 채 유지해야 하고, 팔을 다 편 상태에서 만세를 할 때만 어깨를 으쓱 올려야 합니다. 동작 내내 엉덩이와 복부에는 힘을 줘서 플랭크 자세를 유지해야 하고요.

턱걸이 자세

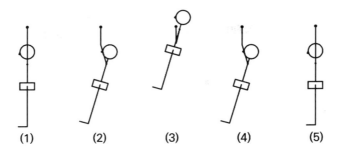

(1)   (2)   (3)   (4)   (5)

막대기로 연습을 충분히 했다면, 철봉에 매달려서 동작을 똑같이 하면 됩니다. 철봉에서도 우선 구분동작으로 연습한 뒤에, 부드럽게 이어서 동작을 하세요.

(1) 어깨 너비보다 약간 넓게 철봉을 잡고, 엉덩이와 복부에 힘을 줘서 플랭크 자세를 만들어줍니다.

(2) 어깨를 낮추면서 몸을 뒤로 기울입니다. 맨몸으로 할 때는 팔을 앞으로 내렸지만, 철봉에 손이 고정되어 있기 때문에 대신 몸이 뒤로 기울어집니다. 맨몸으로 할 때와 달리 등과 복부 근육이 상당히 쓰이는 동작이에요. 이때 몸의 반동을 이용해서 빠르게 뒤로 기울이지 말고, 등 근육의 힘을 이용해서 부드럽게 움직여야 합니다.

(3) 몸이 뒤로 기울어진 각도를 그대로 유지한 채 팔을 당겨서 올라갑니다. 윗가슴을 철봉 가까이 가져간다는 느낌으로 동작을 하면 돼요. 올라갔을 때 호흡을 짧게 내쉬면서 살짝 멈춥니다.

(4) 몸의 기울어진 각도를 유지한 채 팔을 펴서 내려옵니다.

(5) 등 근육에 힘을 풀면서 몸이 지면과 수직이 되도록 매달립니다. 이때 호흡을 마시고, 다시 다음 횟수를 반복하세요.

움직임 기본 원칙

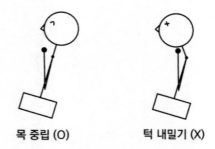

목 중립 (O)   턱 내밀기 (X)

척추 중립 : 턱걸이도 다른 운동과 마찬가지로, 목부터 허리까지 척추 중립을 유지해야 합니다. 특히 종목 이름이 '턱걸이'라고 해서 철봉 위에 턱을 꼭 걸어야 할 필요는 없습니다. 만약 철봉 위에 턱을 걸기 위해 턱을 억지로 앞으로 내밀다보면, 등 근육에 집중도 줄어들고 목이나 어깨를 다칠 수도 있어요. 근력이 부족하다면 턱이 굳이 철봉 위까지 올라오지 않아도 됩니다. 윗가슴을 철봉에 가까이 가져간다는 느낌으로 운동을 하세요.

또한 허리도 중립을 유지해야 합니다. 하지만 광배근의 자극에 집착하는 사람들은 일부러 허리를 과하게 꺾기도 해요. 광배근은 골반에 붙어있기 때문에 허리를 꺾는 역할도 하거든요. 허리를 꺾으면 광배근이 약간 더 수축하기는 하지만, 척추 중립이 무너진 채로 운동을 하면 허리 통증이 생길 수도 있습니다. 엉덩이와 복부에 힘을 주고 플랭크 자세를 만들어서, 운동하는 내내 몸을 1자로 단단히 유지해야 합니다.

턱걸이를 할 때 무릎은 펴는 게 좋습니다. 무릎을 굽히면 골반이 전방경사 되면서 허리가 더 잘 꺾이기 때문이죠. 물론 철봉의 높이가 너무 낮거나 중량 벨트를 골반에 걸면 어쩔 수 없이 무릎을 굽혀야 합니다. 이럴 때는 무릎을 벌리고 발뒤꿈치끼리는 모아주세요. 이러면 고관절이 외회전 되면서 엉덩이에 힘이 잘 들어가기 때문에 허리가 꺾이는 것을 어느 정도 방지할 수 있습니다.

상완골 움직임 : 턱걸이를 할 때 팔꿈치가 바깥으로 벌어지면 어깨를 다칠 수 있습니다. 상체를 뒤로 기울이는 동시에 상완골을 외회전 시켜야 합니다. 팔을 굽힐 때 팔꿈치는 몸 앞쪽으로 모아주세요.

팔을 펴고 내려온 자세에서는 숄더패킹을 유지해야 합니다. 힘을 완전히 빼고 매달리면 어깨 관절에서 상완골두가 살짝 뽑혀 나올 수 있어요. 이는 어깨 관절 주변 인대들의 손상으로 이어질 수 있고요. 어깨 주변의 긴장을 완전히 풀면 안 됩니다.

견갑골 움직임 : 어깨가 으쓱 올라간 채로 팔을 굽혀서 올라가면 안 됩니다. 우선 맨몸으로 견갑골을 낮추는 구분동작을 많이 연습하세요. 또한 부하가 없이 맨몸으로 연습할 때는 잘 되더라도, 철봉에 매달리면 몸을 뒤로 기울이면서 어깨를 낮추는 게 잘 안될 수도 있습니다. 이럴 때는 운동 강도가 본인에게 높은 것이니 난이도를 낮춰서 운동하세요.

동작 내내 어깨를 낮춰서 고정한 채 턱걸이를 해도 안 됩니다. 팔을 다 펴서 내려왔을 때는 어깨가 약간 으쓱 올라가는 게 정석이에요. 어깨 충돌을 막기 위해서죠.

다만 어깨 관절이 약하거나 어깨 가동범위가 부족하면 견갑골을 낮춰서 고정한 채 부분 반복으로 턱걸이를 하는 편이 낫습니다. 견갑골을 으쓱 올리다가 숄더패킹도 함께 풀려버려서 다치는 경우도 있기 때문이죠. 그럴 때는 소켓에서의 견고함을 유지하기 위해 견갑골을 낮춰서 유지하고, 대신에 가동범위를 줄여야 합니다. 또한 어깨 가동범위가 부족한 경우에도 팔을 180° 드는 게 불가능하기 때문에 부분 반복으로 동작을 해야 하고요.

견갑골을 낮추고 부분 반복을 하려면, 어깨를 낮추고 몸을 뒤로 기울인 각도를 유지한 채 팔만 굽혔다 펴야 합니다. 앞서 설명한 구분 동작에서 (1), (5)를 빼고 (2)~(4) 동작만 반복하는 거예요. 이렇게 동작을 하면 숄더패킹을 유지하기도 쉽고, 어깨 가동범위가 부족한 사람도 본인의 가동범위 안에서 운동할 수 있습니다. 광배근이 휴식을 취하는 (1), (5) 동작이 사라지기 때문에 근육을 지속적으로 자극할 수 있다는 장점도 있고요.

하지만 어깨 관절의 가동범위를 완전히 다 쓰지 않기 때문에, 당기는 움직임의 기능과 근육을 완전히 발달시키기는 힘듭니다. 마치 절반만 앉았다가 일어나는 하프 스쿼으로는 하체를 골고루 단련하기 어려운 것처럼 말이죠. 따라서 어깨 관절에 문제가 없다면 완전 가동범위로 운동하는 걸 추천합니다.

난이도 조절

턱걸이는 맨몸 운동이지만, 수준에 맞게 난이도를 조절하기 위해서는 도구를 이용합니다. 우선 초보자는 맨몸으로는 턱걸이가 불가능한 경우가 많아요. 이런 분들은 난이도를 적절히 낮춰야 합니다. 본인이 5~10개 정도 연속으로 할 수 있는 난이도를 선택하면 적당합니다. 반대로 맨몸으로 하는 턱걸이가 너무 쉬우면, 외부의 중량을 이용해서 난이도를 높이면 돼요.

턱걸이 난이도를 낮추는 가장 좋은 방법은 풀업밴드를 사용하는 겁니다. 풀업밴드를 사용하면 맨몸 턱걸이와 자세가 완전히 똑같기 때문에 턱걸이 연습에 직접적으로 도움이 되거든요. 게다가 풀업밴드는 두께가 다양해서 점진적으로 강도를 늘리기가 간편하다는 장점이 있어요. 철봉에 풀업밴드를 걸고 밴드의 아래쪽 끝에 양 발을 끼운 뒤 정자세로 턱걸이를 하세요. 밴드가 체중을 밀어주기 때문에 난이도가 쉬워집니다. 처음에는 두꺼운 밴드로 시작을 해서, 근력의 발달에 따라 얇은 밴드로 진도를 나가면 돼요.

풀업밴드가 없다면 철봉에 매달리는 것만으로도 도움이 됩니다. 매달리기는 악력과 어깨 관절 주변의 근력을 강화시켜주거든요. 그냥 팔을 펴서 철봉을 잡고 매달리면 됩니다. 이때 숄더패킹은 유지해야 하고, 어깨를 너무 으쓱하거나 낮추지 않도록 합니다.

팔을 편 자세에서 매달리는 게 익숙해졌다면, 턱걸이 상단 자세에서 버티는 연습을 하세요. 점프를 하거나 의자를 딛고 올라가서, 어깨를 낮추고 팔을 굽힌 채 버팁니다. 최대한 오래 버티고, 힘이 빠지면 천천히 내려오세요. 내려올 때도 견갑골은 팔의 움직임에 맞게 적절하게 함께 움직여야 합니다.

맨몸 턱걸이를 정자세로 10개 이상 쉽게 할 수 있다면 난이도를 높이고 횟수를 줄이는 게 더 효율적입니다. 보통은 중량 벨트를 이용해서 부하를 추가합니다. 중량 벨트에 원판을 끼운 뒤 골반의 윗부분에 벨트를 걸치세요. 너무 허리 위쪽에 걸치면 허리가 꺾여서 다칠 수 있고, 골반 아래쪽에 걸치면 벨트가 흘러내릴 수 있거든요.

그리고 벨트가 흘러내리는 걸 막기 위해서 다리를 벌리고 무릎을 굽혀줍니다. 이때 허리가 꺾여서 다치는 것을 방지하려면 엉덩이에 힘을 줘야 합니다. 이를 위해서는 무릎을 벌린 채 발 뒤꿈치끼리 모아서 고관절을 외회전 시키는 게 좋아요.

턱걸이 쉽게 하기

랫풀다운

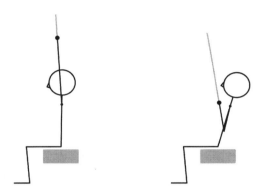

랫풀다운은 턱걸이와 마찬가지로 위에서 당기기 운동입니다. 랫풀다운은 턱걸이와 비교해서 강도 조절이 쉽고 등 근육에 집중하기 좋다는 장점이 있습니다. 그래서 턱걸이가 불가능한 초보자부터 근육의 자극 위주로 운동하려는 고급자까지 유용하게 할 수 있는 운동이에요. 의자에 앉아서 운동한다는 점만 빼면, 랫풀다운의 자세는 턱걸이와 거의 비슷합니다.

자세

허벅지 위쪽 받침대를 본인의 다리 길이에 맞게 세팅한 뒤, 바를 어깨 너비보다 약간 넓게 잡고 앉아주세요. 여기서부터 자세는 턱걸이와 비슷합니다.

상체를 곧게 세우고 어깨를 약간 으쓱한 상태에서 시작합니다. 상체를 살짝 뒤로 기울이면서 어깨를 최대한 낮춰줍니다. 턱걸이에서는 상체를 뒤로 기울이기 위해 등 근육의 힘을 많이 쓰지만, 랫풀다운에서는 등 근육을 별로 쓸 필요 없이 그냥 뒤로 누우면 되기 때문에 동작이 훨씬 쉬워요.

팔을 당겨서 바를 쇄골 쪽으로 당깁니다. 이때 호흡을 짧게 내쉽니다. 상체를 뒤로 기울인 각도를 유지한 채 팔꿈치를 편 뒤, 어깨를 으쓱하면서 상체를 곧게 세우세요. 이때 호흡을 마십니다. 같은 동작을 부드럽게 반복하면 됩니다.

주의 사항

상체를 뒤로 기울일 때는 허리를 뒤로 꺾으면 안 됩니다. 특히 광배근을 더 수축하기 위해 허리를 과하게 꺾는 경우가 많은데, 이런 자세는 허리 부상의 원인이 될 수 있습니다. 또한 근육의 자극을 목적으로 일부러 꺾는 게 아니라고 하더라도, 랫풀다운에서는 허리가 꺾이기가 쉬워요. 고관절을 굽히고 앉아있는 자세에서는 엉덩이 근육을 쓰기가 어렵기 때문이죠.

랫풀다운에서는 엉덩이 근육을 쓰지 못하기 때문에, 척추 중립을 유지하기 위해서는 복부 근육의 역할이 매우 중요합니다. 세트 내내 복부에 긴장을 유지해야 하고, 특히 당길 때 복부에도 힘을 세게 줘야 해요. 물론 등과 복부에 동시에 힘을 주는 게 어렵기도 하고, 집중이 분산되어 등 근육에 자극은 줄어들 수 있습니다. 하지만 안전을 위해서는 척추 중립이 필수입니다.

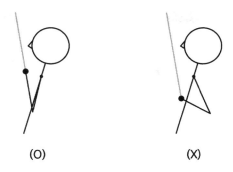

(O)   (X)

    항상 팔뚝은 케이블과 일직선을 유지한 채, 바를 쇄골 가까이 당겨야 합니다. 흔히 하는 실수는 당길 때 팔꿈치를 뒤로 빼거나, 케이블이 얼굴에 부딪힐까봐 손을 몸 앞쪽으로 멀리 보내는 겁니다. 이런 자세에서는 불필요한 힘의 낭비가 생기기 때문에 등 근육에 집중도 잘 안 되고, 어깨나 팔꿈치 관절에 부담도 커져요. 항상 팔뚝과 케이블이 일직선이 되도록 당겨야 합니다. 이를 위해서는 손에는 힘을 최대한 빼고 팔꿈치를 밑으로 당기세요. 그리고 케이블이 얼굴 가까이 오는 걸 겁내지 말고, 바를 쇄골 쪽으로 당겨야 합니다.

    항상 팔꿈치를 굽히기를 전에는 어깨를 먼저 낮춰야 합니다. 턱걸이에도 똑같이 나왔던 내용이죠. 어깨를 으쓱한 채 당기면 광배근에 집중도 안 되고, 어깨 부상의 위험도 있거든요. 항상 약간 뒤로 상체를 기울이면서 어깨를 먼저 낮추고, 그 다음에 팔을 당기세요.

랫풀다운이 턱걸이에 도움이 될까?

턱걸이가 아직 불가능한 사람은 턱걸이 연습으로써 랫풀다운을 할 수 있습니다. 랫풀다운은 위에서 당기는 움직임이라는 점에서 턱걸이와 동작이 비슷하고, 턱걸이에 쓰이는 등 근육을 강화시켜주기 때문이죠. 게다가 무게를 조절해서 손쉽게 점진적 과부하가 가능하다는 장점도 있고요.

하지만 랫풀다운을 잘 한다고 꼭 턱걸이를 잘하는 건 아닙니다. 턱걸이와 랫풀다운은 겉보기에 거의 비슷한 운동이긴 하지만, 운동역학적으로는 다르기 때문이죠. 랫풀다운은 손이 움직이는 열린 사슬 운동인 반면에, 턱걸이는 손이 고정된 닫힌 사슬 운동이거든요. 따라서 팔로 당기는 데에만 집중하면 되는 랫풀다운과는 달리, 턱걸이는 균형감각과 몸통 근육의 힘도 필요한 통합적인 운동입니다. 그래서 랫풀다운은 본인 체중에 가까운 무게로 하더라도, 막상 턱걸이는 거의 못하는 경우도 있어요.

턱걸이를 잘 하기 위해서는 턱걸이를 연습하는 게 가장 중요합니다. 물론 랫풀다운이 턱걸이 연습에 간접적으로 많은 도움이 되기는 해요. 하지만 턱걸이를 잘 하고 싶다면 턱걸이를 연습해야 합니다. 철봉에서 매달리는 연습이나 풀업밴드를 이용한 턱걸이를 많이 하세요.

〈다리로 밀기〉

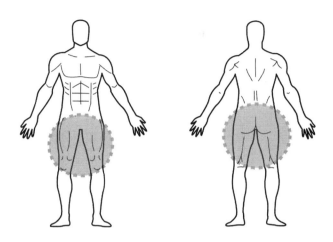

다리로 지면을 미는 운동은 하체 근육을 전체적으로 사용합니다. 무릎을 펴기 위해 허벅지 앞쪽 근육(대퇴사두근)이 쓰이고, 고관절을 펴기 위해 엉덩이 근육(대둔근)과 허벅지 뒤쪽 근육(햄스트링)이 쓰입니다. 게다가 고중량을 다룰 때는 복압을 만들기 위해 몸통 근육들도 사용되고요.

하체 근육은 몸 전체 근육의 절반이나 차지합니다. 다리로 미는 운동은 하체의 많은 근육을 동시에 쓰기 때문에 운동 효과가 커요. 칼로리 소모가 커서 다이어트를 목적으로 운동하는 분들에게도 도움이 되고, 큰 근육들을 단련하기 때문에 근육량을 늘리고 싶은 분들에게도 도움이 됩니다. 동시에 많은 근육을 쓰는 운동이라서, 근육 생성에 도움이 되는 호르몬 분비를 증가시킨다는 장점도 있고요.

하체 운동의 종류와 특징은 매우 다양하지만 원리는 간단합니다. 무릎을 많이 굽히고 펴는 운동일수록 하체 전면이 주로 쓰이고, 고관절을 많이 굽히고 펴는 운동일수록 하체 후면이 주로 쓰여요. 스쿼은 무릎을 많이 굽히기 때문에 허벅지 앞쪽 위주의 운동이 되고, 루마니안 데드리프트는 고관절을 많이 굽히기 때문에 허벅지 뒤쪽과 엉덩이 위주의 운동이 되는 거죠. 또한 같은 종목이라도 무릎과 고관절을 굽히는 정도를 조절해서, 원하는 부위에 더 집중할 수 있습니다.

이 책에서는 무릎을 위주로 움직이는 종목으로써 스쿼과 백스쿼을 소개합니다. 한 발로 움직이는 종목으로써 런지를 소개하고요. 고관절을 위주로 움직이는 종목으로는 루마니안 데드리프트와 데드리프트를 소개합니다.

스쾃

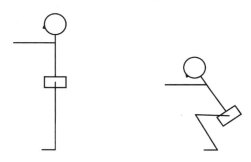

스쾃은 가장 대중적인 근력 운동 중에 하나입니다. 아무리 운동에 관심이 없더라도 스쾃을 모르는 사람은 없을 정도죠. 워낙 유명하다보니 초보자들이 가볍게 접근하는 종목이고, 틀린 자세로 하다가 무릎을 다치는 분들도 많습니다. 흔히 '스쿼트'라고도 부르지만, 이 책에서는 외래어 표준 표기법대로 '스쾃'으로 적습니다.

스쾃은 필수 운동입니다. 무릎을 다칠 수 있기 때문에 스쾃은 하면 안 된다고 하는 사람도 간혹 있기는 합니다. 하지만 의자에 앉고 일어나는 등, 일상에서 쓰이는 많은 동작들도 일종의 스쾃이에요. 따라서 휠체어 생활을 하는 게 아닌 이상, 스쾃은 누구나 제대로 할 줄 알아야 하는 운동입니다. 무릎을 다치는 이유는 스쾃이 위험한 종목이어서가 아니라, 잘못된 자세로 하기 때문입니다. 올바른 자세의 스쾃을 통해 하체를 단련하면 오히려 무릎 관절이 강해집니다.

　스쾃은 운동 효과가 큽니다. 운동 부위는 주로 허벅지 앞쪽 근육이지만, 허벅지 뒤쪽과 엉덩이 근육 등 많은 근육이 함께 쓰여요. 하체 근육이 전반적으로 사용돼서 다른 근력 운동에 비해 칼로리 소모가 많고 다이어트에도 좋습니다. 게다가 많은 근육이 동시에 쓰이기 때문에, 근력 운동이지만 심폐기능 강화에도 도움이 되고요.

　스쾃(squat)은 '쪼그려 앉다'라는 뜻의 단어입니다. 앉았다가 일어나는 모든 운동 동작을 스쾃이라고 불러요. 스쾃은 발의 간격이나 앉는 깊이에 따라 종류가 다양합니다. 사람의 체형에 따라서도 자세가 조금씩 달라지고요. 그래서 스쾃에는 정답이 없고, 부상 위험이 있는 틀린 자세만 아니면 다 맞는 스쾃입니다. 운동을 하면서 본인에게 맞는 자세를 찾아가면 돼요.

　이 책에서는 일단 풀 스쾃(full squat)을 기준으로 스쾃 자세를 설명합니다. 풀 스쾃은 쪼그려 앉았을 때 고관절 앞쪽의 접히는 부분이 무릎보다 낮아질 정도로 깊게 앉는 스쾃이에요. 깊이 앉을수록 운동 강도가 높아지고 하체 후면도 자극이 더 되기 때문에 가장 대중적인 스쾃입니다. 물론 관절 가동범위가 부족한 분들은 무리해서 억지로 깊게 앉을 필요는 없어요.

자세

발뒤꿈치를 어깨 너비 정도로 벌리고 선 채, 발끝이 약간 바깥쪽으로 향하도록 하세요. 발의 너비나 각도는 사람에 따라 달라질 수 있습니다. 깊게 앉기에 가장 편한 스탠스를 찾으면 돼요. 일어선 자세에서 엉덩이와 복부에 힘을 줘서 플랭크 자세를 만듭니다. 이 자세가 스쾃의 시작 자세이자 마무리 자세예요.

고관절을 굽혔다 펴는 운동을 할 때는 골반을 잘 움직여야 척추 중립을 유지할 수 있습니다. 고관절이 펴져있는 시작 자세에서는 골반을 후방경사시켜야 해요. 반대로 고관절을 굽히며 앉을 때에는 골반을 전방경사시켜서 허리를 펴야 하고요. 물론 골반을 과도하게 기울이면 안 되고, 척추 중립을 유지할 정도로만 기울여야 합니다.

준비 자세에서 엉덩이를 살짝 빼는 동시에 허리를 펴줍니다. 골반의 전방경사를 유지한 채로 최대한 깊게 앉으면 돼요. 일어날 때는 고관절을 다 펴는 순간 골반을 후방경사시켜서, 처음의 준비 자세로 만들어줍니다. 호흡은 앉을 때 마시고 일어나서 짧게 내쉽니다. 앉을 때 팔은 앞으로 나란히 뻗는 게 좋아요. 엉덩이를 뒤로 빼면서 앉으면 무게 중심이 발 뒤쪽으로 쏠리면서 중심을 잃고 뒤로 자빠질 수도 있거든요. 팔을 앞으로 뻗으면 앉을 때 무게 중심이 뒤쪽으로 쏠리지 않아서 균형을 잡기가 편합니다.

맨몸으로 하는 스쾃이 쉬우면 중량을 들고 동작을 똑같이 하면 됩니다. 덤벨이나 케틀벨을 가슴 앞에 들고 스쾃을 하면 되고, 이를 '고블릿 스쾃'이라고도 불러요. 이때 팔과 어깨는 힘들지 않도록, 팔꿈치는 몸 옆에 붙이고 케틀벨은 최대한 몸 가까이 들어야 합니다. 중량은 15~20회 정도 반복할 수 있는 무게를 선택하면 적당합니다.

척추 중립

일어났을 때 척추는 중립을 유지해야 합니다. 흔히 하는 실수는 골반을 전방경사 한 채로 엉덩이를 뒤로 빼고 엉거주춤한 자세로 서있는 겁니다. 일어나면 골반을 앞으로 내밀면서 엉덩이에 힘을 줘야 합니다. 플랭크 자세를 만들어서 몸을 1자로 만들어야 해요.

보통은 앉을 때 골반을 전방경사시키면서 허리를 최대한 펴면 척추가 중립이 됩니다. 하지만 간혹 너무 유연한 사람은 골반을 전방경사시키면 오히려 허리가 과도하게 꺾이기도 해요. 이런 분들은 골반의 전방경사를 적당히 해서 허리를 중립 상태로 유지해야 합니다. 앉았을 때 허리에는 약간의 아치만 생기도록 옆모습을 확인해야 해요.

발목과 고관절의 가동성이 좋지 않은 사람은 얕게 앉아야 합니다. 억지로 깊게 앉으면 골반이 후방경사 되면서 허리가 굽기 때문이죠. 최대한 깊게 앉으려고 하되, 허리가 굽기 전까지만 앉아야 합니다. 유연하지 않다면 꼭 풀 스쾃을 할 필요는 없어요. 만약 더 깊게 앉고 싶다면 발목과 고관절 스트레칭을 통해 가동범위를 늘려야 하고요.

무릎 부상 예방하기

앞서 언급했듯이 맨몸 스쾃에서는 주로 무릎을 다칩니다. 무릎 부상의 원인은 크게 두 가지예요. 무릎이 모이거나, 무게중심이 발의 앞쪽에 실리기 때문이죠. 이 두 가지만 조심하면 스쾃을 할 때 웬만해서는 무릎을 다치지 않습니다.

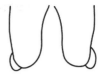

무릎과 발끝의 방향이 동일 (O)   **무릎 모임 (X)**

하체 운동에서 무릎을 굽힐 때 흔히 나오는 실수는 발끝 방향에 비해 무릎이 안쪽으로 모이는 겁니다. 이렇게 되면 무릎 안쪽의 인대나 무릎 바깥쪽의 연골이 손상을 받을 수 있어요. 무릎 관절은 주로 굽히고 펴기에 특화된 경첩 구조의 관절입니다. 움직임 축이 이렇게 안쪽으로 비틀리면 안 돼요. 물론 바깥쪽으로 비틀려도 안 되지만, 보통은 안쪽으로 모이는 실수가 대부분입니다.

무릎 모임을 예방하기 위해서는 스쿼트을 할 때 무릎을 바깥으로 벌려야 합니다. 앉을 때 무릎이 두 번째 발가락 방향을 향하도록 무릎을 벌리세요. 이때 고관절의 외회전을 이용하면 좋습니다. 스쿼트 준비 자세에서 고관절을 외회전 하면 무릎이 약간 바깥 방향으로 돌아갑니다. 그 느낌을 유지하면서 스쿼트을 하면 돼요.

스쿼트을 할 때 무릎이 모이는 원인은 다양합니다. 단순히 자세를 몰라서 무릎이 모이는 건 연습으로 간단하게 해결할 수 있어요. 뒤에 나오는 QR코드의 영상을 참고해주세요. 하지만 평발, 팔자걸음, X다리 등의 구조적인 문제가 무릎 모임의 원인이 되기도 합니다. 이런 경우에는 단순히 자세 연습만으로는 개선이 잘 되지 않고, 체형 교정이 우선적으로 필요합니다.

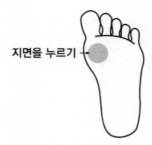

지면을 누르기 →

스쾃을 할 때는 발 안쪽과 바깥쪽에 무게중심이 골고루 실려야 합니다. 자주 나오는 실수는 스쾃 도중에 발 안쪽이 땅에서 떨어지는 거예요. 발끝 방향과 무릎 방향을 맞추기 위해 무릎을 억지로 벌리느라 발 안쪽이 땅에서 들리는 거죠. 무릎을 바깥으로 벌리더라도 발 안쪽으로는 땅을 잘 눌러야 합니다. 이는 스쾃 뿐 아니라 모든 하체 운동을 할 때 동일하게 적용됩니다.

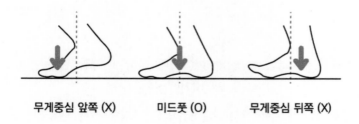

무게중심 앞쪽 (X)　　　미드풋 (O)　　　무게중심 뒤쪽 (X)

발바닥의 앞뒤에도 무게중심이 골고루 실려 있어야 합니다. 발바닥의 앞 쪽에 체중이 쏠리면 무릎 관절에 부하가 많이 걸리거든요. 반대로 뒤꿈치 쪽에 체중이 쏠리면 균형을 잃고 뒤로 넘어질 수도 있습니다. 발바닥을 옆에서 봤을 때 중앙점을 미드풋이라고 하는데,

스쾃 동작 내내 무게중심은 미드풋에 실려 있어야 합니다.

스쾃 무릎 모임

무릎이 발끝을 넘어가면 안 된다?

풀 스쾃을 할 때는 무릎이 발끝보다 조금 더 앞으로 튀어나오는 게 정상입니다. 무릎이 발끝보다 앞으로 나가면 무릎을 다친다는 말이 널리 퍼져있기는 하지만, 틀린 말이에요. 무릎이나 발목에 문제가 없는 정상인이라면, 무게중심만 미드풋 위에 두면 무릎이 발끝을 넘어가도 다치지 않습니다.

무릎을 뒤쪽으로 빼면 오히려 허리를 다칠 수가 있습니다. 신체 구조상 무릎이 앞으로 나오지 않으면 깊게 앉을 수 없거든요. 이때 억지로 깊게 앉다보면 허리가 구부러질 수도 있고, 허리는 폈더라도 상체 각도가 많이 숙여지면서 허리에 부담이 커집니다. 맨몸으로 스쾃을 할 때는 별 문제가 생기지 않더라도, 무거운 중량을 들고 있다면 허리 부상으로 이어질 수 있습니다.

하지만 만약 무릎 관절이 약한 환자라면 엉덩이를 뒤로 빼면서 앉으세요. 무릎이 발끝보다 앞으로 나오지 않게 하고, 무게중심도 미드풋보다는 약간 뒤쪽에 싣는 게 좋습니다. 이렇게 하면 무릎에는 부하가 별로 실리지 않거든요. 대신 이 자세로는 깊게 앉을 수 없다는 단점이 있습니다. 허리를 편 채 얕게만 앉아야 해요. 또한 상체 각도가 앞으로 많이 숙여지기 때문에 중량까지 들면 허리에 부담이 큽니다. 맨몸으로만 하거나 아주 가벼운 중량만 사용해야 해요.

발목이 뻣뻣한 사람도 무릎을 발끝보다 앞으로 내밀면 안 됩니다. 발목을 굽히는 가동성이 부족한데 무릎을 앞으로 억지로 보내면 뒤꿈치가 땅에서 떨어지거든요. 이러면 미드풋보다 앞쪽으로 무게중심이 이동하면서 무릎을 다칠 수 있어요. 항상 발뒤꿈치를 땅에 붙이고 미드풋에 무게중심을 둬야 하고, 발목이 뻣뻣하면 무릎을 앞으로 보내지 말고 얕게 앉아야 합니다.

백스쾃

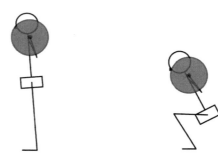

중량을 손에 들고 하는 고블릿 스쾃이 쉬워지면 백스쾃으로 진도를 나가면 됩니다. 고블릿 스쾃을 할 때 덤벨이나 케틀벨이 무거우면, 하체보다는 중량을 들고 있는 팔이 먼저 힘들거든요. 그에 반해 백스쾃은 바벨을 등 위에 짊어지기 때문에, 팔의 부담 없이 하체를 고강도로 운동할 수 있습니다.

백스쾃은 맨몸 스쾃과 거의 비슷하지만, 허리의 부상 위험성이 있다는 게 가장 큰 차이점이에요. 등 상부를 무거운 중량이 누르기 때문에 동작 중에 허리가 굽을 수 있거든요. 허리 부상을 예방하기 위해서는 복압과 등 근육의 힘 등, 상체 전반의 힘을 이용해서 척추 중립을 유지해야 합니다. 따라서 고중량 백스쾃은 하체 뿐 아니라 전신 운동이 돼요.

자세

백스쾃 자세는 맨몸 스쾃과 거의 비슷하기 때문에, 스쾃과의 차이점을 위주로 설명합니다. 우선 랙에서 바벨의 높이를 어깨보다 약간 낮게 세팅합니다. 손 간격은 어깨보다 조금 넓게 해서 바벨을 좌우 대칭으로 잡으세요. 바벨 밑으로 들어가서 바벨을 승모근 위에 얹고, 앞으로 걸어가서 바벨의 수직 아래에 미드풋이 오도록 합니다.

허리를 펴고 복압을 살짝 만든 뒤에, 발로 땅을 밀며 다리를 펴고 엉덩이에 힘을 줍니다. 이때 바벨을 꺼내는 동시에 뒷걸음질을 하면 순간적으로 균형을 잃을 수도 있기 때문에, 일어나서 잠깐 정지한 뒤에 뒤로 물러나야 합니다. 몸이 흔들리지 않게 조심스럽게 한두 걸음 뒤로 물러난 뒤, 스쾃 스탠스를 만들어주세요.

호흡을 마시고 참아서 복압을 만든 뒤 앉았다가 일어납니다. 다 일어나는 순간 엉덩이에 힘을 주며 호흡을 짧게 "츠" 하고 강하게 뱉으세요. 다시 호흡을 마시고 복압을 만든 뒤 다음 횟수를 반복하면 됩니다. 중량이 무거울수록, 반복 횟수가 많아질수록 숨이 찰 수 있어요. 숨이 많이 찰 때는 복압을 제대로 만들기가 어렵기 때문에, 심호흡을 몇 번 해서 숨을 고른 뒤 복압을 만들고 다음 횟수를 수행하는 게 좋습니다.

세트가 끝나면 앞으로 걸어가서 랙 기둥에 바벨을 부딪친 뒤 자세를 낮춰 내려놓습니다. 이때 랙 기둥에 부딪치지 않고 바로 거치대에 내려놓으려다가는 한쪽이 안 걸려서 휘청이게 될 수도 있어요. 꼭 기둥에 먼저 부딪쳐야 합니다. 그리고 랙 기둥에서 뒤로 멀찍이 떨어진 위치에서 상체만 숙여서 바벨을 거치하는 건 허리에 위험해요. 최대한 앞으로 걸어가서 바벨을 랙 기둥에 부딪쳐야 합니다.

바벨 위치

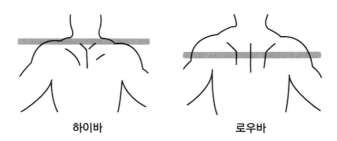

하이바   로우바

백스쾃은 바벨을 등 뒤에 얹는 위치에 따라 하이바 스쾃과 로우바 스쾃으로 나뉩니다. 하이바 스쾃은 바벨을 상부 승모근 위에 얹고, 로우바 스쾃은 바벨을 견갑골 위에 얹어요. 바벨을 얹는 위치에 따라 동작이 조금 달라지고, 그에 따라 하체 근육별로 사용되는 비중도 조금씩 달라집니다. 하이바 스쾃은 상대적으로 하체 전면을 많이 쓰고, 로우바 스쾃은 하체 후면을 많이 씁니다.

각각의 장단점이 있지만, 하이바 스쾃이 더 대중적이에요. 로우바 스쾃은 바벨을 견갑골 위에 얹어야 하는데, 어깨가 유연하지 않으면 불가능한 자세이기 때문이죠. 반면에 바벨을 승모근 위에 얹는 건 상대적으로 편하고요. 그래서 이 책에서는 하이바 스쾃을 기준으로 백스쾃을 설명합니다.

하이바 스쾃에서는 견갑극(반대쪽 손으로 견갑골을 만졌을 때 가

로로 길게 튀어나온 뼈)보다 살짝 위에 바벨을 두면 됩니다. 만약 바벨을 이보다 너무 높게 얹으면 경추가 눌려서 목을 다칠 수 있어요. 바벨은 목뼈보다 아래에 얹어야 합니다. 턱을 숙이면 목 뒤쪽에 툭 튀어나오는 뼈(경추 7번)보다는 약간 낮게 바벨을 두세요.

백스쾃(로우바)

어깨, 손목, 팔꿈치 통증 예방하기

백스쾃을 할 때는 어깨나 손목, 팔꿈치에 통증이 생기기도 합니다. 보통은 어깨 관절에서의 가동범위가 부족한 게 원인이에요. 바벨을 손으로 잡기 위해서는 손을 어깨 뒤쪽으로 보내야 하는데, 이 동작이 불가능한 사람이 많기 때문입니다. 이런 사람이 억지로 어깨 뒤쪽에 있는 바벨을 잡으려다가는 어깨에 통증이 생길 수 있어요. 어깨뿐만 아니라 팔꿈치나 손목이 과도하게 꺾여서 다칠 수도 있고요.

본인의 가동범위 테스트를 위해서는 차렷 자세에서 백스쾃을 하듯이 손을 뒤로 보내보세요. 옆구리에 가깝게 팔꿈치를 둔 채 주먹을 어깨 뒤로 넘기면 됩니다. 이때 손목은 뒤로 꺾이지 않도록 1자를 유지하세요. 만약 손이 어깨 뒤쪽으로 넘어가지 않는다면, 백스쾃을 하기에는 어깨의 가동범위가 부족한 겁니다.

어깨 가동범위가 부족하다면 어깨 주변 근육들을 스트레칭 해줘야 합니다. 가장 직접적인 방법은 가동범위 테스트를 했던 자세 그대로 팔꿈치와 손바닥을 벽 모서리에 댄 뒤, 몸통을 반대쪽으로 회전해서 스트레칭을 하는 겁니다. 스트레칭을 평소에 자주 꾸준히 하고, 특히 백스쾃을 하기 직전에 해주면 바벨을 조금 더 편하게 잡을 수 있어요. 자세한 스트레칭 방법은 QR코드의 영상을 참고하세요.

그립을 바꾸면 즉각적으로 더 편하게 바벨을 잡을 수 있어요. 바벨을 엄지손가락으로 말아서 잡는 대신에, 엄지손가락을 검지 옆에 붙이는 그립(썸리스 그립)을 이용하면 팔이 조금 더 편해집니다. 손을 뒤쪽으로 보내기가 약간 더 쉽기 때문이죠. 또한 손 간격을 넓게 잡을수록 팔을 뒤로 보낼 수 있어서 어깨가 더 편해집니다.

바벨을 잡을 때 손목은 뒤로 많이 꺾이면 안 됩니다. 특히 고중량의 바벨이 밑으로 누르고 있기 때문에 손목을 다칠 수 있어요. 손목을 펴기가 어렵다면 앞에서 소개한 방법대로 어깨 스트레칭을 하고 썸리스 그립으로 바벨을 넓게 잡으세요. 보통은 어깨의 가동성이 부족할 때 손목을 대신 꺾어서 바벨을 잡기 때문이죠.

만약 자세를 고쳐 잡더라도 손목에 부담이 간다면 등 위에 바벨의 위치를 잘못 얹어서 손목으로 중량을 버티고 있을 가능성이 커요. 이럴 때는 바벨의 위치를 조절해서 어깨 위에 안정적으로 바벨이 얹히도록 해야 합니다. 백스쾃에서 손의 역할은 바벨이 굴러 내리는 걸 막아주는 보험일 뿐이에요. 중량을 손으로 버티면 안 되고, 바벨은 승모근 위에 안정적으로 얹어놓아야 합니다.

상체의 부담 없이 백스쾃을 편하게 하는 가장 간단한 방법은 세이프티 스쿼트바를 이용하는 겁니다. 손잡이가 앞으로 따로 나와 있는 바벨이라서 가슴 앞에서 편하게 손잡이를 잡을 수 있거든요. 세이프티 스쿼트바를 이용하면 어깨 가동범위가 부족하더라도 안전하게 백스쾃을 할 수가 있습니다. 물론 대부분의 헬스장에는 세이프티 스쿼트바가 구비되어 있지 않다는 게 단점이기는 합니다.

어깨 스트레칭

바벨 궤적

바벨을 짊어지고 선 자세에서는 몸을 살짝 앞으로 기울여야 합니다. 바벨이 등 뒤에 얹어져 있기 때문에, 맨몸으로 스쾃을 하듯이 몸을 꼿꼿하게 세우면 뒤로 넘어질 수 있거든요. 그렇다고 고관절을 덜 펴고 엉덩이를 뒤로 빼서 상체를 숙이면 안 됩니다. 몸이 1자인 자세에서는 플랭크처럼 고관절을 펴야 해요. 엉덩이에 힘을 줘서 골반이 전방경사 되지 않도록 하고, 골반을 앞으로 내밀어야 합니다. 대신 등 상부만 살짝 앞으로 기울여서, 미드풋 위에 바벨이 오도록 하세요.

바벨 무게가 무거워질수록 동작 중에 균형을 잡기가 어려워집니다. 바벨이 앞이나 뒤로 조금만 움직여도 몸이 크게 휘청일 수 있거든요. 이를 막기 위해서는 앉고 일어서는 동작 내내 무게중심을 미드풋 위에 유지해야 합니다.

바벨 궤적

바벨의 무게에 따라 바벨 궤적은 조금씩 달라집니다. 바벨이 가벼우면 앉을 때 바벨이 발끝 쪽으로 앞으로 나갑니다. 신체의 무게중심인 배꼽이 미드풋 위에서 움직이기 때문에, 앉았을 때 어깨 위의 바벨은 미드풋의 앞쪽으로 나가게 되는 거죠. 하지만 바벨이 무거워질수록 바벨의 궤적은 미드풋 위에서 거의 수직으로 움직입니다. 바벨을 들고 있는 몸 전체의 무게중심이 바벨 쪽으로 가까워지기 때문이죠.

허리 부상 예방하기

백스쾃은 허리 부상이 잦은 운동입니다. 바벨 무게 때문에 동작 중에 허리가 순간적으로 굽을 수 있기 때문이죠. 부상을 막기 위해서는 척추 중립에 신경을 많이 써야 해요. 복압을 견고하게 유지하고 골반을 적절히 움직여서, 동작 내내 척추 중립을 유지해야 합니다.

척추 중립을 위해서는 등 근육의 역할도 중요합니다. 광배근은 골반에 붙어있기 때문에, 골반을 전방경사시켜서 허리를 펴는 기능도 하거든요. 광배근에 힘을 잘 주면 골반이 후방경사 되지 않도록 골반을 잡아주는 데 도움이 돼요. 따라서 백스쾃을 할 때는 광배근을 최대한 활용해야 합니다.

광배근을 잘 활용하기 위해서는 백스쿼트을 할 때 광배근의 기능대로 힘을 쓰면 됩니다. 광배근은 팔을 몸 쪽으로 모으는 기능이 있어서, 팔꿈치를 몸 쪽으로 모으면서 바벨을 아래로 당기듯이 힘을 주면 광배근이 수축합니다. 마치 턱걸이를 하는 것과 비슷하게 힘을 쓰는 거죠. 이때 손 간격은 최대한 좁게 잡아야 팔을 몸 쪽으로 모으기가 좋습니다.

만약 어깨 가동성이 부족하면 바벨을 좁게 잡을 때 어깨가 불편하거나 통증이 생길 수 있어요. 이런 분들은 손 간격을 넓게 잡아야 합니다. 넓게 잡으면 광배근을 제대로 쓸 수 없기는 하지만, 어깨 관절이 뻣뻣한 사람도 편하게 바벨을 잡을 수 있거든요. 물론 장기적으로는 어깨 가동성을 개선해서 손 간격을 좁게 잡아야 허리 부상 예방에 좋습니다.

척추 중립 (O)　　　　**버트 윙크 (X)**

무리해서 깊게 앉으면 허리를 다칠 수 있습니다. 본인의 가동범위에 비해 너무 깊게 앉으면, 골반이 후방경사 되면서 허리가 순간적으로 둥글게 말리거든요. 이런 현상을 '버트 윙크'라고 부르기도 합니다. 윙크를 할 때 눈을 깜빡하듯이 순간적으로 골반이 말리는 거죠. 무거운 중량을 들고 있는 상태에서의 버트 윙크는 허리에 매우 위험해요. 항상 허리가 굽지 않는 깊이까지만 앉아야 합니다.

문제는 많은 사람들이 앉는 깊이에 집착을 한다는 겁니다. 스쾃 기록을 측정할 때는 풀 스쾃 자세가 기준이 되기 때문이죠. 고관절이 무릎보다 내려갈 정도로 깊게 앉지 않으면 기록으로 인정받지 못하고요. 하지만 초보자들은 가동범위가 부족해서 정자세로는 풀 스쾃이 불가능한 경우가 많습니다. 동작을 할 때는 항상 무리하지 말고 본인의 가동범위 안에서만 앉아야 해요.

스쾃을 깊게 앉지 못하는 이유는 대부분 발목과 고관절의 가동성이 부족하기 때문입니다. 발목과 고관절을 많이 굽히지 못하면 엉덩이를 깊게 내릴 수가 없거든요. 결국 더 깊게 앉으려면 허리를 대신 구부려야만 하고요. 따라서 깊게 앉고 싶다면 발목과 고관절의 스트레칭을 평소에 많이 해줘야 합니다. 스트레칭 방법은 QR코드의 영상을 참고해주세요.

발목 스트레칭 1

발목 스트레칭 2

백스쾃을 할 때 상체 각도를 너무 숙이면, 허리를 잘 폈더라도 허리를 다칠 수 있습니다. 바벨과 고관절 간의 수평 거리가 멀어지면서(모멘트암이 커지면서) 허리에 걸리는 부담이 커지기 때문이죠. 앉을 때의 상체 각도는 지면과 수직에 가깝도록 세우는 게 허리에 안전합니다.

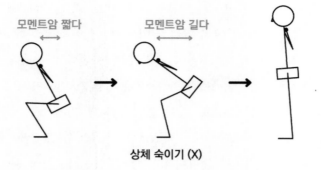

모멘트암 짧다　　　모멘트암 길다

상체 숙이기 (X)

특히 자주 나오는 실수는 일어나는 순간에 엉덩이부터 치켜들면서 상체를 숙인 뒤 일어나는 겁니다. 이렇게 하면 하체 후면 근육을 효율적으로 활용할 수 있어서 힘을 더 강하게 쓸 수 있거든요. 하지만 허리 부상의 위험이 있기 때문에, 상체 각도는 항상 세운 채로 일어나려고 노력해야 합니다. 그래도 자꾸 상체가 숙여진다면 앉은 자세에서 잠시 멈춘 뒤 상체 각도를 유지한 채 일어나는 연습을 하세요. 그래도 상체가 숙여진다면 바벨의 무게가 본인에게 무거운 겁니다. 중량을 낮춰서 가볍게 운동을 하세요.

모멘트암 길다
(바벨 - 고관절)

모멘트암 길다
(바벨 - 무릎)

무릎 부담　　　　**허리 부담**

앉을 때의 이상적인 상체 각도는 딱 정해져있지 않습니다. 사람의 체형이나 운동 목적에 따라 자세가 달라지기 때문이죠. 다만 앉을 때 무릎을 앞으로 내밀수록 상체가 세워지고, 무릎이 뒤쪽으로 빠질수록 상체가 숙여집니다. 문제는 상체를 세울수록 무릎에 부담이 크고, 상체를 숙일수록 허리에 부담이 크다는 거예요. 허리와 무릎 모두에게 100% 안전한 자세는 없어요. 따라서 상체 각도를 정할 때에는 무릎과 허리에 부담을 적절히 분산시켜야 합니다.

안전바 세팅

벤치프레스와 마찬가지로, 백스쾃도 실패할 때를 항상 대비해야 합니다. 만약 앉았다가 힘이 빠져서 일어나지 못하면 크게 다칠 수 있거든요. 원칙적으로는 실패할 정도로 무리하지 않아야 하지만, 혹시나 실패할 때를 대비해 대처법을 알고 있어야 합니다.

가장 중요한 건 안전바를 세팅하는 겁니다. 앉았을 때의 바벨 높이보다 살짝 낮게 안전바를 세팅하세요. 만약 세트 도중에 일어나지 못할 것 같으면 허리를 편 채 그대로 빠르게 주저앉아서 바벨을 안전바 위에 내려놓으면 됩니다. 안전바의 적당한 높이를 체크하기 위해서는 빈 바벨을 사용해서 깔리는 연습을 먼저 꼭 해보세요.

일반적으로 랙에는 안전바가 다 있지만, 혹시나 없으면 백스쾃을 웬만하면 하지 않는 게 좋습니다. 충분히 가벼운 중량으로 운동을 한다고 하더라도, 운동을 하다보면 언제 갑자기 힘이 빠질지는 모르는 일이거든요.

크로스핏 체육관이나 역도 체육관에는 안전바가 따로 없습니다. 고무로 만든 원판(범퍼 플레이트)를 쓰기 때문에, 실패할 때에는 바벨을 그냥 땅으로 던지면 되거든요. 이런 곳에서 운동을 할 경우에는 바벨을 안전하게 던지고 탈출하는 법을 꼭 먼저 배워야 합니다.

Tip : 헬스를 할 때는 어떤 신발을 신을까요?

운동 종목마다 적합한 전용 신발이 있습니다. 축구할 때는 축구화, 달릴 때는 러닝화를 신듯이 말이죠. 그럼 헬스장에서는 어떤 신발을 신어야 할까요?

'운동화 = 러닝화'라는 인식이 있어서인지, 헬스장에서도 러닝화를 신는 사람들이 많습니다. 러닝화의 가장 큰 특징은 푹신한 쿠션이에요. 발이 지면에 착지할 때의 충격을 쿠션이 흡수해서 무릎 관절을 보호합니다. 그래서 달리기를 할 때는 러닝화를 신는 게 좋아요.

하지만 프리웨이트 운동을 할 때는 러닝화가 부적합합니다. 특히 백스쾃이나 데드리프트 등의 고중량 운동을 할 때는 푹신한 쿠션 때문에 발바닥의 안정성이 떨어지거든요. 푹신해서 출렁거리는 침대 위에서 고중량 스쾃을 한다고 생각하면 상상만 해도 불안정하죠. 게다가 러닝화는 밑창에 굴곡이 있고 발끝이 위쪽으로 들려있어서, 근력 운동을 할 때 발바닥이 지면에 고정이 잘 안 된다는 단점이 있어요.

웨이트 트레이닝을 할 때는 밑창이 평평하고 단단하며, 바닥에서 미끄러지지 않는 신발을 신어야 합니다. 발바닥을 통해 지면으로 힘을 전달하려면 발바닥이 지면에 견고하게 고정돼야 하거든요. 백스쾃을 할 때는 발목의 부족한 가동범위를 보완하기 위해 굽이 높은 역도화를 신는 게 유리합니다. 데드리프트 등의 다른 운동을 할 때는 굽이 낮은 단화가 유리하고요.

헬스장에서 고중량 운동을 즐겨 한다면 웨이트 트레이닝용 신발을 따로 준비하는 게 좋습니다. 만약 트레드밀 위주로 운동을 하고, 고중량 웨이트 트레이닝을 하지 않는다면 러닝화만 신어도 충분할 수 있고요.

런지

런지는 스쾃과 함께 대표적인 하체 운동으로 꼽힙니다. 하체 근육이 전반적으로 다 쓰이지만, 스쾃과 비교하면 엉덩이 근육이 더 운동이 됩니다. 스쾃에 비해 허리에 부담이 적고, 일상생활에서 자주 쓰이는 동작(한 발로 밀기)이라는 장점도 있고요.

런지에는 종류가 다양합니다. 발을 뻗는 방향에 따라 포워드 런지, 백워드 런지, 사이드 런지, 워킹 런지 등이 있어요. 이 책에서는 포워드 런지와 백워드 런지 위주로 설명을 합니다.

스쾃 vs 런지

스쾃과 런지의 가장 근본적인 차이는, 스쾃은 양 다리를 동시에 쓰는 반면에 런지는 주로 한쪽 다리만 쓴다는 겁니다. 런지에서는 앞쪽에 놓인 다리가 주로 쓰이고, 뒤쪽의 다리는 자세 유지를 위해 땅을 지지할 뿐이거든요. 이로 인해 다음과 같은 여러 가지 특징들이 생깁니다.

우선 런지는 좌우 대칭으로 운동을 하기에 좋습니다. 어느 쪽을 하든지 한 다리로 본인의 체중을 감당해야 하기 때문이죠. 반면에 스쾃은 양쪽 다리를 동시에 쓰기 때문에 강한 쪽 다리의 힘을 조금 더 쓰게 됩니다. 양쪽 다리의 근력 차이가 심하다면 자세가 틀어지거나 비대칭이 더 심해질 수도 있어요. 그에 반해 런지는 약한 쪽의 근력에 맞춰서 좌우를 대칭적으로 단련할 수 있다는 장점이 있습니다.

또한 런지는 균형을 잡기가 더 어렵습니다. 한 다리로 균형을 잡아야 하고, 발이 땅에서 떨어지며 체중의 이동이 있기 때문이에요. 따라서 스쾃에 비해 균형감각 강화에 도움이 되고, 균형을 잡는 역할을 하는 고관절 주변의 근육들이 더 많이 사용됩니다.

런지는 일상 동작과 닮아있다는 특징이 있습니다. 계단 오르기, 걷기나 달리기를 할 때는 런지처럼 한 발로 체중 이동을 하기 때문이죠. 그래서 런지 훈련을 하면 일상생활이나 스포츠 상황에서의 기능을 향상시킬 수도 있다는 장점이 있습니다.

런지는 스쾃보다는 훨씬 가벼운 중량을 다루게 됩니다. 한 다리로만 힘을 쓰기도 하고, 균형을 잡는 데에 에너지가 분산되기 때문이죠. 무거운 중량을 다루는 걸 좋아하는 사람들이 런지를 선호하지 않는 이유이기도 합니다. 하지만 가벼운 중량으로도 운동 강도가 충분하기 때문에, 그만큼 허리에 부담이 적다는 건 장점이에요.

런지는 척추 중립을 유지하기가 스쾃보다 쉽습니다. 다리가 앞뒤로 찢어지면서, 다리가 앞뒤에서 골반을 붙잡거든요. 이 때문에 골반이 전방이나 후방으로 기울지 않고 고정이 됩니다. 스쾃에서 허리를 다치는 주된 이유는 골반이 후방경사 되면서 허리가 굽기 때문입니다. 반면에 런지에서는 골반이 잘 후방경사 될 수 없기에 허리 부상의 위험성이 적어요.

요약하면 런지는 스쾃에 비해 장점이 많은 운동입니다. 일상 동작에 도움이 되고 허리 부상 위험이 적기 때문이죠. 고중량을 들 수 없다는 게 스쾃과 비교해서 유일한 단점이에요.

포워드 런지

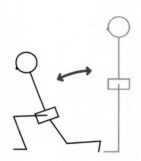

포워드 런지는 가장 대표적인 런지입니다. 런지(lunge : 돌진하다)라는 운동 자체가 펜싱에서 앞으로 찌르는 기술에서 유래하기도 했고요. 포워드 런지는 발을 앞으로 뻗으며 앉았다가, 다시 일어나며 뒤로 돌아오는 운동입니다. 대중적인 런지이기는 하지만, 무릎 관절에 부담이 크다는 단점이 있어요.

처음에는 구분동작으로 나눠서 연습하는 게 좋습니다. 앉는 동작이 두 동작, 일어나는 동작이 한 동작이에요. 구분동작이 익숙해지면 연속동작으로 부드럽게 이어서 움직이면 됩니다.

(0) 손은 골반 옆에 두고 발을 어깨 너비로 벌립니다.

(1) 왼발을 앞으로 뻗어서 멀리 딛습니다. 발을 너무 가깝게 디디면 발 앞쪽에 체중이 실려서 무릎에 부담이 됩니다. 반대로 앞쪽으

로 너무 멀리 디디면 중심을 잡기가 어렵습니다. 무릎을 굽혔을 때 무릎이 발끝 정도 위에 있도록 적당히 발을 뻗으세요.

(2) 엉덩이를 살짝 뒤로 빼는 동시에 상체를 앞으로 숙이며 앉습니다. 이때 허리는 펴야 하고, 무게중심은 왼발의 미드풋보다는 약간 뒤꿈치 쪽에 있어야 해요. 이때 호흡은 마십니다.

(3) 왼발 뒤꿈치로 지면을 앞으로 한 번에 힘차게 밀면서 준비 자세로 돌아옵니다. 무릎을 먼저 편 뒤에 발을 나중에 끌어당기는 식으로, 두 동작으로 나눠서 일어나지 않도록 주의하세요. 일어날 때 호흡을 내쉽니다.

(4) 반대쪽 발도 동작을 똑같이 반복합니다.

주의사항은 스쾃과 비슷합니다. 무릎이 발끝보다 모이면 무릎을 다칠 수 있어요. 발 안쪽으로는 지면을 눌러준 채 무릎은 바깥으로 밀어내서, 무릎이 발끝 방향을 향하도록 해야 해요.

또한 발 앞쪽에 체중이 실리면 무릎을 다칠 수 있습니다. 특히 초보자들은 앉는 동작에서 앞발의 뒤꿈치가 들리는 경우가 많아요. 체중이 앞으로 빠르게 쏠리면서 무릎도 앞쪽으로 멀리 나가기 때문이죠. 이런 동작은 무릎 관절에 부담이 됩니다. 무릎 부상을 방지하기 위해서는 구분 동작에서 연습한 것처럼, 발을 디디고 난 뒤에 뒤꿈치에 체중을 실은 채 앉으세요. (1), (2) 동작을 한 번에 하려 하지 말고, 구분해서 해야 합니다.

백워드 런지

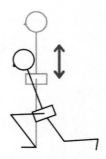

백워드 런지는 포워드 런지에 비해 무릎에 부담이 적다는 장점이 있습니다. 포워드 런지는 발로 지면을 앞쪽으로 밀어낼 때 무릎을 펴는 힘을 주로 쓰기 때문에, 무릎 관절에 부담이 크거든요. 이에 반해 백워드 런지는 발로 지면을 아래 방향으로 밀어내기 때문에, 고관절과 무릎 관절에 부하가 골고루 분산됩니다. 게다가 포워드 런지를 할 때는 체중이 실린 발이 지면에 착지하면서 충격을 받습니다. 하지만 백워드 런지는 체중 실린 발이 지면에 고정되어 있기 때문에 지면으로부터 충격을 받지 않고요.

백워드 런지는 발을 뒤로 뻗으면서 앉았다가, 일어나면서 뒷발을 가져오는 운동입니다. 처음에는 발을 뒤로 보내는 게 어색할 수 있지만, 익숙해지면 포워드 런지보다 더 쉬워요. 자세는 앞다리로만 하는 외발 스쿼이라고 생각하면 됩니다. 뒷발에 체중이 실리지 않도록 한 채 앞다리로만 앉았다가 일어나세요.

(0) 손은 골반 옆에 두고 발을 어깨 너비로 벌립니다.

(1) 오른발을 뒤로 뻗으면서 앉습니다. 앉을 때는 왼쪽 무릎을 앞으로 내밀고, 엉덩이는 뒤로 빼고, 상체를 숙이는 걸 동시에 하세요. 오른 다리에는 힘을 빼서 오른쪽 무릎은 자연스럽게 구부러집니다. 이때 호흡은 마십니다.

(2) 앞쪽 발(왼발)로 지면을 밀면서 한 번에 일어나고, 오른발은 제자리로 되돌아옵니다. 이때 호흡을 내쉽니다.

(3) 반대쪽 발도 동작을 똑같이 반복합니다.

백워드 런지는 무릎과 고관절을 동시에 굽히면서 한 번에 앉아야 합니다. 이때 흔히 나오는 실수는 무릎을 앞으로 내밀지 않고 엉덩이만 뒤로 빼며 앉거나, 상체를 앞으로 숙이지 않고 수직으로 세우는 겁니다. 이런 자세에서는 뒷다리에 체중이 실리고, 앞쪽 다리의 운동이 제대로 되지 않습니다. 스쾃을 할 때 무릎을 앞으로 내밀고 상체를 숙이듯이, 백워드 런지를 할 때도 똑같이 해야 해요.

백워드 런지에서는 무게중심을 앞발의 미드풋에 둬야 합니다. 포워드 런지는 지면을 앞쪽으로 밀기 때문에 약간 뒤꿈치 쪽에 체중을 실어야 하지만, 백워드 런지는 지면을 아래 방향으로 밀기 때문에 미드풋에 체중을 실어야 합니다. 스쾃을 할 때와 똑같죠.

또한 체중은 계속 앞발에 실려 있어야 하고, 앞발로 지면을 밀어야 합니다. 물론 힘들 땐 뒷발로도 지면을 약간 밀게 되기는 합니다. 하지만 웬만하면 뒷발은 지면을 가볍게 터치만 하고 돌아온다는 느낌으로 운동을 하세요.

난이도 높이기

난이도를 높이려면 덤벨을 양손에 들고 런지를 하면 됩니다. 이때 팔에는 불필요한 힘을 빼고, 팔을 지면과 수직을 만든 채 동작을 해야 합니다.

백워드 런지는 무릎에 부담이 적은 동작이기 때문에 덤벨을 들어도 별 문제가 없습니다. 하지만 포워드 런지는 동작 자체가 무릎에 약간 부담이 있습니다. 따라서 중량까지 들고 운동하는 건 무릎에 무리가 갈 수 있어요. 웬만하면 백워드 런지를 할 때만 중량을 드는 것을 추천합니다.

다루는 중량이 많이 무거워진다면 덤벨 대신 바벨을 이용하는 편이 낫습니다. 어느 정도 중량이 무거워지면 하체 근력보다는 악력이 부족해서 세트를 진행할 수가 없거든요. 백스쾃을 할 때와 똑같이 바벨을 어깨 뒤에 짊어지고 운동을 하면 됩니다. 다만 바벨을 쓰면 무게중심이 높아지면서 균형을 잡기가 더 어려워져요. 넘어지지 않도록 신경을 많이 써야 하고, 안전바를 꼭 사용하고 운동을 해야 합니다.

스플릿 스쾃

발을 앞뒤로 벌려서 지면에 고정한 채 앉았다 일어나는 운동을 스플릿 스쾃이라고 합니다. 보통 사람들이 '런지'라고 하면 떠올리는 운동이에요.

하지만 스플릿 스쾃은 런지가 아닙니다. 원칙적으로는 발이 이동하는 운동을 런지라고 부르거든요. 스플릿 스쾃은 발이 앞뒤로 벌어져 있기는 하지만, 양 발이 땅에 붙어있기 때문에 스쾃의 일종이에요. 편의상 '제자리 런지'라고 부르기도 하지만, 스플릿 스쾃이 정확한 표현입니다.

스플릿 스쾃은 런지와 비교해서 장단점이 있습니다. 우선 단점은 앞다리를 다 펼 수 없다는 거예요. 뒤쪽에 있는 다리가 골반을 뒤로 잡아당기고 있기 때문이죠. 그래서 개인적으로는 런지를 가르치기 전에 발 간격을 연습하는 용도로만 스플릿 스쾃을 사용하는 편입니다.

스플릿 스쾃이 근육의 자극에는 효율적일 수 있습니다. 다리를 다 펼 수 없기 때문에 근육의 긴장이 세트 내내 유지되기 때문이죠. 양 다리를 번갈아 운동하지 않고 한 다리만 연속해서 자극하기도 하고요. 또한 운동 강도를 높이기 위해 뒷발을 벤치나 스텝박스 같은 높은 곳에 올리고 운동을 할 수도 있는데, 이를 '불가리안 스플릿 스쾃'라고 합니다.

스플릿 스쾃

Tip : 어느 쪽부터 운동을 할까요?

앞에서 런지를 설명할 때는 좌우 다리를 한 번씩 번갈아 운동하는 방식으로 소개했습니다. 하지만 한 쪽 다리만 연속으로 한 세트를 수행한 한 뒤, 반대쪽 다리를 운동할 수도 있어요. 그러면 이런 경우에는 어느 쪽 다리부터 운동을 시작하는 게 좋을까요?

일반적으로는 자신이 약한 쪽부터 운동을 합니다. 모든 사람은 좌우의 근력이 조금씩은 차이가 나거든요. 예를 들어 오른쪽으로는 최대 10번 할 수 있는데, 왼쪽으로는 최대 8번 밖에 못할 수도 있습니다. 이런 경우에는 오른쪽부터 한다면 오른쪽은 10개를 해도 왼쪽은 8개 밖에 못 합니다. 좌우 근력의 비대칭이 더 심해지겠죠. 하지만 왼쪽부터 한다면 좌우를 8개씩 똑같이 할 수 있습니다. 오른쪽은 힘이 남더라도 약한 쪽에 맞춰서 세트를 마쳐야 하고요.

만약 좌우를 한 번씩 번갈아 운동을 한다면, 사실 어느 쪽부터 운동을 하든지 별 상관이 없습니다. 좌우의 횟수가 한 번밖에 차이가 나지 않기 때문에, 힘들어도 웬만하면 양쪽을 똑같이 맞춰서 할 수 있거든요. 물론 완벽하게 좌우 대칭을 맞추기 위해 한 세트는 왼쪽부터, 다음 세트는 오른쪽부터 할수도 있습니다. 하지만 운동을 하다보면 이번 세트에서는 어느쪽부터 시작을 했는지 중간에 헷갈릴 수 있다는 단점이 있어요. 그냥 매 세트 약한 쪽부터 먼저 동작을 하는 걸 추천합니다.

　이런 방식은 런지뿐 아니라 다양한 운동에 똑같이 적용됩니다. 원암 덤벨로우를 비롯해 한쪽씩 하는 모든 운동은 약한 쪽부터 하면 됩니다. 물론 오른손잡이라고 해서 무조건 왼쪽이 약한 건 아니에요. 오른손잡이라고 해도 오른쪽의 자세가 더 잘 안 된다면 오른쪽부터 먼저 세트를 시작하면 됩니다.

운동은 어느 쪽부터?

루마니안 데드리프트

루마니안 데드리프트는 남녀 모두에게 대중적으로 인기 있는 운동입니다. 여성들은 주로 뒤태 운동으로써 좋아하고, 남성들은 고중량을 다룰 수 있는 등 운동이라서 좋아하죠.

루마니안 데드리프트는 많은 근육을 동시에 씁니다. 고관절을 펴기 위해서 허벅지 뒤쪽과 엉덩이 근육을 쓰고, 무거운 중량에 대항해서 상체 자세를 유지하기 위해 허리와 등 근육을 쓰거든요. 결국 전신의 후면 근육들을 전반적으로 단련하는 운동입니다. 뿐만 아니라 복압을 유지하기 위해서 복부 주변 근육도 쓰이고, 바벨을 잡기 위해 팔 근육도 많이 쓰여요. 루마니안 데드리프트는 몸에서 안 쓰이는 근육이 거의 없을 정도의 전신 운동입니다.

다만 고중량을 다루고 허리에 부하가 많이 가는 동작이기 때문에, 허리 부상의 주범이 되기도 합니다. 따라서 운동을 할 때는 허리를 펴는 데 집중해서 허리 부상 방지에 가장 신경을 써야 해요.

자세

처음에는 바벨 없이 맨손으로 연습하면 좋습니다. 발 간격은 스쾃보다 약간 좁게 골반 너비로 서고, 발끝은 바깥쪽으로 살짝만 벌려줍니다. 스쾃과 마찬가지로 엉덩이와 복부에 힘을 줘서 몸을 1자로 만들고 플랭크 자세를 취하세요. 손은 허벅지 앞에 붙입니다.

골반을 전방경사시키면서 엉덩이를 뒤로 멀리 빼서 상체를 숙입니다. 이때 무릎이 앞으로 튀어나오지 않도록 하고, 팔은 편 채로 손으로 허벅지를 쓸어내리세요. 손이 무릎보다 조금 내려갈 정도로 상체를 숙이면 되고, 허리는 편 상태를 계속 유지해야 합니다. 만약 몸이 뻣뻣하다면 무리해서 상체를 숙이지 말고, 허리가 굽기 전까지만 고관절을 굽혀야 합니다. 일어날 때는 손은 계속 허벅지에 댄 채로 골반을 앞으로 내밀면서 일어나세요. 준비 자세와 마찬가지로 엉덩이와 복부에 힘을 줘서 플랭크 자세를 만들어야 합니다.

척추 중립을 유지하기 위해서는 백스쾃과 마찬가지로 호흡을 이용해 복압을 만들어야 합니다. 일어선 자세에서 호흡을 마시고 참아서 복압을 만들고, 동작을 하는 동안 숨을 참고 옆구리에 힘을 주세요. 다시 고관절을 다 펴는 순간에 호흡을 "츠"하고 짧고 강하게 뱉습니다. 다시 복압을 만들고 다음 횟수를 반복하면 됩니다.

맨손으로 하는 연습이 익숙해졌다면, 바벨을 들고 동작을 똑같이 하면 됩니다. 바벨을 어깨 너비로 좌우 대칭으로 잡으세요. 맨손으로 허벅지를 쓸어내리면서 동작을 했듯이, 바벨로 허벅지를 쓸어내리면서 상체를 숙입니다. 일반적으로는 바벨이 무릎 약간 아래까지 내려가지만, 유연하지 않다면 조금 덜 내려가도 괜찮습니다. 바벨이 올라올 때는 허벅지에서 약간은 떨어질 수 있지만, 그래도 허벅지에 최대한 가까이 붙여서 올라옵니다.

바벨을 허벅지에 붙여서 움직이는 이유는 허리 부상을 막기 위해서입니다. 허벅지에서 바벨이 멀어질수록 허리에 실리는 부담이 커지거든요. 특히 고중량을 다룰 때는 바벨을 몇 cm만 앞으로 내밀어도 허리에 부담이 급격히 늘어납니다. 따라서 바벨을 처음에 잡을 때부터 세트가 끝나고 내려놓을 때까지, 바벨은 항상 허벅지에 가까이 붙여서 움직여야 합니다.

일반적으로 루마니안 데드리프트는 랙에서 운동을 진행합니다. 바벨을 땅에서 들어 올리는 데에 힘을 낭비하지 않고, 원판을 갈아 끼우기가 쉽기 때문이죠. 이때 랙의 거치대 높이는 자신의 손 높이보다 약간 낮게 세팅합니다.

랙에서 시작을 할 때는 바벨을 잡은 뒤, 미드풋이 바벨 밑으로 오도록 앞으로 걸어가서, 허벅지에 바벨을 붙입니다. 허리를 편 뒤, 바벨을 들면서 엉덩이에 힘을 줘서 플랭크 자세를 만들어주세요. 뒤로 한 두 걸음 물러난 뒤 다시 엉덩이에 힘을 주고 플랭크 자세를 만듭니다. 위에서 설명한대로 한 세트를 진행하면 됩니다.

세트가 끝나면 다시 앞으로 걸어가서 랙에 바벨을 거치합니다. 랙에 거치할 때는 벤치프레스나 백스쾃을 할 때와 마찬가지로, 바벨을 랙 기둥에 부딪친 뒤 내려놓습니다. 랙 기둥에 부딪치지 않고 거치대에 바로 내려놓으려고 하면, 한 쪽이 거치대에 걸리지 않을 수 있어서 위험하거든요.

고관절 움직임

무릎 위주 움직임　　　　**고관절 위주 움직임**

루마니안 데드리프트의 특징은 고관절 위주의 움직임이라는 겁니다. 무릎 관절 위주의 움직임인 스쾃과의 가장 큰 차이점이죠. 이 때문에 스쾃은 무릎을 펴는 근육인 허벅지 앞쪽 위주의 운동, 루마니안 데드리프트는 고관절을 펴는 근육인 허벅지 뒤쪽과 엉덩이 근육 위주의 운동이 됩니다.

루마니안 데드리프트는 어려운 운동입니다. 고관절을 허리와 분리해서 움직이는 동작이 초보자들에게는 어색하거든요. 그래서 크게 두 가지 실수가 빈번하게 발생합니다.

첫 번째 실수는 고관절을 굽히거나 펼 때 허리도 세트로 함께 움직이는 겁니다. 움직임이 굳어있는 고관절 대신에 허리를 구부리거나 펴는 보상작용이 나타나는 거죠. 이를 교정하기 위해서는 많은 연습이 필요합니다.

루마니안 데드리프트로 고관절 움직임을 연습하면 일상생활에서의 허리 부상 예방에도 도움이 됩니다. 상체를 숙이는 모든 동작은 루마니안 데드리프트와 원리가 똑같거든요. 예를 들면 세수를 하거나 상체를 숙이고 작업을 할 때, 허리를 구부리는 자세가 자주 반복되면 허리를 다칠 수 있습니다. 이때도 루마니안 데드리프트를 하듯이 허리를 편 채로 고관절만을 굽혀야 합니다.

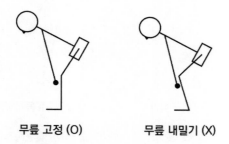

무릎 고정 (O)　　　　　　**무릎 내밀기 (X)**

고관절을 잘 못 움직이는 사람들이 흔히 하는 두 번째 실수는 상체를 숙일 때 무릎을 앞으로 내미는 겁니다. 허리를 편 채 고관절만을 많이 굽히는 게 어색해서 고관절과 함께 무릎을 굽히는 거죠. 무릎을 앞으로 많이 내밀수록 동작이 스쿼트와 비슷해집니다.

사실 무릎을 내미는 건 허리 부상에는 영향이 없습니다. 하지만 동작이 스쿼트와 비슷해지면서 하체 후면 운동이 덜 됩니다. 또한 고관절의 움직임 연습이 제대로 되지 않고요.

루마니안 데드리프트를 할 때 무릎의 위치는 고정해야 합니다. 동작을 할 때 무릎 관절이 굽기는 하지만, 능동적으로 무릎을 굽히는 게 아니라 엉덩이가 뒤로 빠지다보니 수동적으로 무릎이 굽는 겁니다. 정강이를 지면과 수직이 되도록 유지한 채 엉덩이만 앞뒤로 움직여주세요. 상체를 숙일 때 무릎을 뒤로 편다고 생각하면 좋습니다. 물론 무릎이 발목보다 뒤쪽으로 갈 정도로 너무 과하게 펴지는 마세요. 그건 '스티프레그 데드리프트'라는 다른 운동이거든요.

허리 부상 예방하기

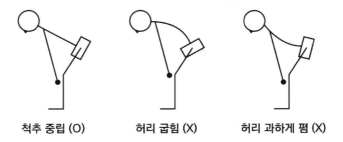

척추 중립 (O)   허리 굽힘 (X)   허리 과하게 폄 (X)

고관절을 굽힐 때 허리도 같이 굽는 게 허리 부상의 주된 원인입니다. **골반 움직임**(41p)에서 설명했듯이, 고관절을 굽힐 때는 골반을 전방경사시켜서 허리가 굽지 않도록 막아줘야 합니다. 옆에서 봤을 때 허리에 약간의 아치가 생길 정도로 허리를 펴세요.

대부분의 사람들은 허리를 최대한 펴면 정자세가 됩니다. 상체를 숙일 때 허리를 최대한 펴는 데에 집중하세요. 하지만 허리를 편 채로는 상체를 별로 숙일 수가 없는 사람들도 많습니다. 보통은 허벅지 뒤쪽 근육(햄스트링)이 뻣뻣하기 때문이에요. 이런 분들은 햄스트링 스트레칭을 평소에 자주 해주면 좋습니다. 자세한 스트레칭 방법은 QR코드 영상을 참고하세요.

하지만 간혹 너무 유연한 사람은 허리를 과도하게 펴다가 다치기도 합니다. 이런 분들은 허리를 덜 펴서 아치를 조금만 만들어야 합니다. 루마니안 데드리프트를 할 때는 허리를 펴는 게 가장 중요하지만, 뭐든지 지나친 건 좋지 않아요.

복압을 강하게 만들면 허리가 굽거나 과하게 꺾이는 걸 몸통 근육들이 알아서 막아줍니다. 골반의 움직임에 신경을 덜 써도 되고요. 따라서 동작을 하는 동안 복압을 견고하게 유지해야 합니다.

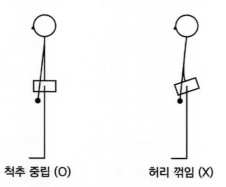

척추 중립 (O)　　　　　　**허리 꺾임 (X)**

　고관절을 펼 때 허리가 같이 펴져서 꺾이는 것도 허리 부상의 원인이 됩니다. **골반 움직임**(41p)에서 설명했듯이, 고관절을 펼 때는 허리가 꺾이는 걸 막기 위해서 골반을 후방경사시켜야 합니다. 엉덩이와 복부에 힘을 줘서 플랭크 자세를 만들어주세요.

　간혹 등근육의 자극을 위해서 일부러 허리를 과하게 꺾는 분들도 있습니다. 광배근의 기능 중에는 허리를 펴는 것도 있기 때문이죠. 허리를 꺾으면 광배근이 조금 더 쓰이기는 하지만, 허리에는 나쁜 동작입니다. 광배근의 자극을 원한다면 당기기 운동을 따로 하시고, 루마니안 데드리프트를 할 때는 척추 중립을 유지하세요.

햄스트링 스트레칭

스트랩 사용하기

루마니안 데드리프트는 일반적으로 악력이 제한 요소가 됩니다. 하체에는 힘이 충분히 남았는데 손에 힘이 빠져서 세트를 중단해야 하는 경우가 생겨요. 이럴 때 스트랩을 사용하면 약한 악력을 보완할 수 있어서, 더 고강도로 운동할 수 있다는 장점이 있습니다.

스트랩의 원리는 간단합니다. 스트랩의 끈이 네 손가락의 방향과 반대방향으로 바벨 위에 감기면서, 마찰력으로 인해 바벨이 손에서 미끄러지지 않게 됩니다. 손에 힘을 적게 쓰고도 무거운 바벨을 들고 버틸 수 있게 돼요.

스트랩의 단점은 악력의 발달을 막는다는 겁니다. 악력은 무거운 중량을 잡고 버틸 때 발달하는데, 매번 스트랩에만 의존하면 악력을 강화시킬 수 있는 기회를 날리는 거죠. 그래서 스트랩의 사용은 최대한 자제하는 것을 추천합니다. 루마니안 데드리프트를 가벼운 무게로 워밍업 세트를 하거나, 다른 당기기 운동을 할 때는 웬만하면 스트랩 없이 맨손으로 운동을 하세요.

스트랩 사용법

데드리프트

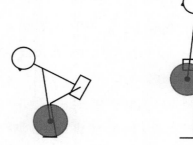

데드리프트는 프리웨이트 운동 중에서 가장 무거운 무게를 다룰 수 있는 운동입니다. 고중량을 들기 위해 전신의 많은 근육을 동시에 쓰게 되고요. 따라서 데드리프트는 전신의 협응력을 길러주는 데에 좋습니다. 또한 땅에서 중량을 들어올리는 움직임이라서, 일상생활에서 무거운 짐을 안전하게 들기 위한 움직임 연습으로써도 좋은 운동이고요.

데드리프트는 근육의 크기를 키우는 데에 직접적으로는 별로 도움이 되지 않습니다. 특정 부위를 집중적으로 자극하는 운동은 아니기 때문이죠. 하지만 데드리프트처럼 많은 근육을 동시에 강하게 쓰는 운동은 근육 합성 역할을 하는 호르몬 수치들을 높여줍니다. 이는 근육 생성에 간접적으로 효과가 있어요.

데드리프트는 말 그대로 땅에 죽어있는 중량(dead weight)를 들어올리는(lift) 운동입니다. 사실 앞에서 설명한 루마니안 데드리프트는 사실 사전적 의미에서의 데드리프트는 아닙니다. 중량이 땅에서 시작하지 않고, 허공에서만 움직이니까요. 루마니안 데드리프트를 먼저 소개한 이유는 상대적으로 쉽기 때문입니다. 고관절의 움직임만 잘 신경 쓰면 되거든요. 반면에 데드리프트는 상체와 정강이의 각도, 바벨의 궤적 등 신경 써야 할 부분이 많아서 조금 더 어렵습니다.

데드리프트는 종류가 다양합니다. 발의 너비나 상체 각도에 따라 컨벤셔널 데드리프트, 스모 데드리프트, 스티프레그 데드리프트 등이 있어요. 이 책에서는 컨벤셔널 데드리프트를 기준으로 동작을 설명합니다.

루마니안 vs 땅데드

자세

파워리프팅 대회 규정상, 데드리프트는 바벨이 지면에서 22.5cm 떨어진 지점에 놓여야 합니다. 일반적으로 헬스장에서 가장 큰 원판을 바벨에 끼우면 22.5cm가 돼요. 만약 빈 바벨로 연습을 한다면 그 높이를 만들어줘야 합니다. 받침대나 랙을 이용해서 높이를 맞춘 뒤, 바벨을 그 위에 두고 연습을 하면 돼요. 만약 고관절을 굽히는 가동범위가 부족하다면 바벨의 위치를 조금 더 높여서 운동을 해야 합니다.

데드리프트의 단점은 소음과 진동이 심하다는 겁니다. 데드리프트 랙이 따로 없다면, 충격을 흡수할 수 있도록 원판 밑에 매트를 푹신하게 받쳐야 합니다.

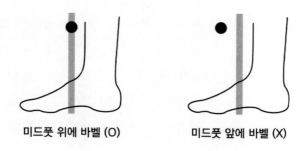

미드풋 위에 바벨 (O)　　　　　**미드풋 앞에 바벨 (X)**

바벨은 항상 미드풋 위에서 수직으로 움직여야 합니다. 바벨이 미드풋 위에서 움직여야 역학적으로 가장 효율적으로 중량을 들 수 있고, 허리에도 안전하기 때문이죠. 발 간격을 골반 너비로 한 채 살짝 바깥쪽을 향하도록 하고, 미드풋이 바벨 바로 밑에 오도록 섭니다. 이때 정강이는 바벨에서 약간만 떨어져 있습니다.

흔히 하는 실수는 바벨이 발끝 위에 놓이도록 바벨의 뒤쪽에 멀리 서는 겁니다. 리프팅을 할 때 무릎이나 정강이를 바벨로 긁을까봐 겁이 나기 때문이죠. 이렇게 뒤쪽에 서면 리프팅을 할 때 바벨이 몸보다 앞으로 멀어져서 올라오기 때문에 허리에 부담이 커집니다. 처음에 바벨 앞에 차렷 자세로 설 때, 정강이가 바벨에서 3cm 정도만 떨어져 있을 정도로 바벨에 가까이 가세요.

운동을 할 때는 발 위에서 바벨의 올바른 위치를 잘 기억해둬야 합니다. 특히 여러 횟수를 연속으로 반복할 때 바벨이 자꾸 발끝 쪽으로 떨어지지 않도록 해야 해요. 항상 준비 자세에서의 위치로 바벨을 내려놓아야 합니다.

정확한 위치에 섰다면, 상체를 숙여서 준비 자세를 만들어줍니다. 루마니안 데드리프트를 하듯이 엉덩이를 뒤로 빼며 상체를 숙여서 바벨을 잡으세요. 그립은 어깨 너비로 좌우 대칭으로 잡으면 됩니다.

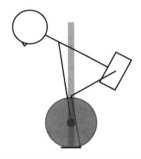

미드풋 위에 바벨과 견갑골이 위치

루마니안 데드리프트와의 차이점은 무릎이 약간 앞으로 나간다는 겁니다. 무릎을 앞으로 약간 내밀어서 정강이가 바벨에 살짝 닿도록 하세요. 견갑골이 미드풋 위에 위치하고 어깨가 바벨보다는 약간 앞쪽으로 나와야, 효율적으로 리프팅을 할 수 있습니다.

모두에게 맞는 정석 자세는 없습니다. 사람마다 신체 비율이 다르기 때문에 정강이와 허벅지, 상체의 각도가 달라져요. 하지만 신체 비율과는 상관없이 엉덩이의 높이는 무릎과 어깨 사이에 있어야 합니다. 엉덩이가 무릎보다 낮거나, 어깨보다 높으면 안 돼요.

준비 자세에서 가장 중요한 건 허리를 펴는 겁니다. 데드리프트도 허리 부상이 잦은 운동이거든요. 허리를 펴서 살짝 아치를 만들어 주고, 절대로 둥글게 굽지 않도록 신경 써야 합니다.

준비 자세를 완벽히 만든 후에는 바벨을 들면 됩니다. 호흡을 마시고 참아서 복압을 만든 뒤, 골반을 앞으로 내밀면서 한 번에 차렷 자세로 일어납니다. 이때 바벨은 정강이와 허벅지에 최대한 가깝게 붙여서 올라와야 합니다. 그래야 허리에 부담이 적고 힘의 낭비가 없기 때문이죠.

상단에서는 엉덩이에 힘을 줘서 플랭크 자세를 만든 뒤 1초 정도 잠깐 멈춥니다. 다시 엉덩이를 뒤로 빼면서 바벨을 미드풋 위로 내려놓습니다. 발끝 쪽으로 앞으로 내리지 않도록 주의하세요. 또한 내려놓을 때는 바벨의 궤적만 컨트롤 하면서 빠르게 내려야 합니다. 버티면서 천천히 내리면 허리에 부담이 크거든요. 바벨을 내려놓았으면 호흡을 내쉬고 마신 뒤 다시 다음 세트를 반복합니다.

허리 부상 예방하기

데드리프트를 할 때 가장 많이 다치는 부위는 허리입니다. 허리의 부상을 막기 위해서는 항상 척추 중립을 유지해야 해요. 준비 자세나 동작 중에 절대로 허리가 구부러지거나 과하게 펴지지 않도록 해야 합니다.

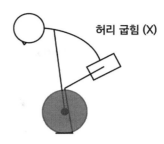

척추 중립 (O)　　　　　허리 굽힘 (X)

　우선 준비 자세에서는 허리를 살짝 펴야 하고, 허리가 굽으면 절대 안 됩니다. 하지만 고관절의 가동성이 많이 부족한 사람은 허리를 편 채로는 손이 바벨까지 내려오지 못 할 거예요. 이런 분들이 바벨을 잡기 위해서는 허리가 굽을 수밖에 없고요. 이런 경우에는 평소에 허벅지 뒤쪽 스트레칭을 통해 가동범위를 먼저 만든 뒤에 데드리프트를 해야 합니다.

　만약 뻣뻣한 분들이 데드리프트를 당장 하고 싶다면, 바벨의 높이를 높여서 가동범위를 줄이면 됩니다. 이렇게 바벨의 높이를 높인 데드리프트는 '랙풀'이라고도 불러요. 허리를 편 채로 맨손으로 데드리프트 준비 자세를 취해본 뒤, 주먹의 높이에 맞게 바벨의 높이를 세팅하면 됩니다. 이러면 뻣뻣한 사람도 충분히 데드리프트를 할 수 있어요.

　물론 바벨의 높이가 높아질수록 난이도는 쉬워집니다. 자세도 편해지고, 바벨을 움직여야 하는 거리도 줄어들기 때문이죠. 따라서 랙풀로 들어 올린 중량은 데드리프트 기록으로 인정하지 않아요. 데드리프트 최대 중량을 테스트하거나 남들의 기록과 비교할 때는 규정대로 지면에서 바벨이 22.5cm 떨어진 높이에서 해야 합니다.

데드리프트 기록을 세우는 데에 관심이 있다면 장기적으로는 스트레칭을 해서 몸을 유연하게 만들어야 해요. 물론 기록에는 관심이 없고 단순히 운동 목적으로 한다면, 본인의 가동범위 안에서 랙풀로만 운동을 해도 괜찮습니다.

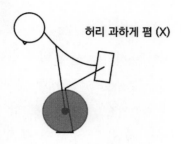

허리 과하게 폄 (X)

대부분의 사람들은 준비 자세에서 허리를 최대한 펴면 바람직한 자세가 만들어집니다. 하지만 척추 관절이 많이 유연한 분들은 허리가 과하게 뒤로 꺾여요. 이런 분들이 척추 중립을 만들기 위해서는 허리를 덜 펴야 합니다. 데드리프트를 할 때는 허리가 굽지 않는 게 가장 중요하지만, 그렇다고 허리를 과하게 펴도 안 돼요. 준비 자세에서 복압을 강하게 만들면 허리가 과하게 꺾이는 걸 막는데에도 도움이 됩니다.

바벨을 들고 일어난 상단 자세에서는 허리를 과하게 펴서 꺾으면 안 됩니다. 루마니안 데드리프트와 마찬가지죠. 등 근육에 자극을 주겠다며 허리를 꺾으면 허리를 다칠 수 있어요. 일어섰을 때는 골반을 약간 후방경사시켜서 허리가 꺾이는 걸 막아줘야 합니다. 엉덩이와 복부에 힘을 줘서 플랭크 자세를 만들어주세요.

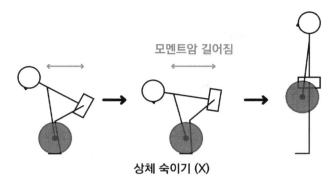

모멘트암 길어짐

상체 숙이기 (X)

지면에서 바벨을 들어 올리는 순간에는 준비 자세에서의 상체 각도를 그대로 유지해야 합니다. 흔히 하는 실수는 엉덩이를 먼저 위로 치켜들면서 상체 각도를 많이 숙인 뒤에 바벨을 드는 거예요. 이건 백스쾃에서도 언급했던 실수였죠. 이렇게 상체를 많이 숙인 자세를 하면 고관절과 바벨의 수평 거리가 멀어지면서 허리에 부담이 커집니다.

이를 방지하기 위해서는 바벨을 들기 전에 몸에 긴장을 충분히 만들어야 합니다. 준비 자세에서 힘을 완전히 빼고 있다가 바벨을 들려고 갑자기 힘을 쓰면 엉덩이를 치켜드는 실수가 잘 나오거든요. 만약 100kg의 바벨을 든다면 바로 100kg으로 힘을 쓰지 말고, 준비 자세를 그대로 유지한 채 95kg 정도의 힘을 미리 주세요. 긴장을 만든 뒤에, 힘을 약간만 더 줘서 땅에서 바벨을 들어 올려야 합니다. 마치 자동차로 100km/h의 속도를 내려고 할 때, 속도가 0에서 시작해서 40, 70, 90을 거쳐서 100의 속도를 찍듯이 말이죠. 운전을 할 때 속도 게이지를 부드럽게 올리듯이, 데드리프트를 할 때도 힘을 점진적으로 써야 합니다.

가벼운 무게로 정지 데드리프트를 하는 것도 상체 각도를 유지하는 연습에 도움이 됩니다. 바벨을 땅에서 1cm만 들고 1초 정도 멈춘 뒤에 바벨을 완전히 들어 올리는 거죠. 물론 멈출 때의 상체 각도는 준비 자세와 동일하게 유지해야 하고요. 바벨을 약간 들고 멈추는 게 허리에 부담이 될 수 있기 때문에, 원래 하던 중량보다는 꽤 가벼운 무게로 해야 합니다.

데드리프트는 주로 하체 힘을 쓰는 운동입니다. 허리를 펴는 힘으로 바벨을 들려고 하면 허리를 다칠 수도 있어요. 허리 근육(척추기립근)에는 허리를 펴는 기능도 있기는 하지만, 허리 근육의 원래 역할은 척추가 굽지 않도록 버텨주는 겁니다. 데드리프트에서도 허리 근육은 허리가 굽지 않도록 유지하는 역할만 하면 돼요. 상체를 세우는 움직임을 만들어내는 건 엉덩이와 허벅지 뒤쪽 근육입니다. 준비 자세부터 엉덩이에 힘을 세게 준 채, 골반을 앞으로 내밀면서 발로 지면을 밀어낸다는 느낌으로 일어나세요.

바벨 궤적

바벨의 궤적은 항상 미드풋 위에서 수직을 유지해야 합니다. 특히 준비 자세에서 바벨을 미드풋보다 앞쪽에 두면, 궤적이 처음부터 미드풋 수직 궤적을 벗어나버려요. 리프팅을 하는 동안 허리에 불필요하게 부담이 갈 수밖에 없고요. 흔히 하는 실수는 발등에서 보이는 부분의 중앙을 미드풋이라고 착각하는 겁니다. 미드풋의 기준은 발등이 아니라 발바닥이에요. 발등을 위에서 본다면, 미드풋은 발목보다 아주 살짝만 앞쪽에 있어요.

또한 바벨이 정강이를 긁거나 무릎에 부딪치는 게 겁나서 바벨이 다리에서 떨어져서 올라와도 안 됩니다. 궤적이 미드풋 수직선상에서 살짝만 벗어나도 허리에 큰 부담이 되고 비효율적인 리프팅이 되거든요. 바벨을 들 때는 정강이와 허벅지에 붙어서 올라와야 합니다. 만약 바벨에 다리가 쓸려서 아프다면 두꺼운 긴 바지를 입는 게 좋습니다.

바벨을 내려놓을 때는 루마니안 데드리프트처럼 무릎은 고정한 채 엉덩이만 뒤로 빼야 합니다. 무릎을 앞으로 내밀면서 바벨을 내리면, 바벨이 허벅지를 타고 앞쪽으로 내려가면서 미드풋보다 앞으로 떨어지게 되거든요. 그러면 다음 횟수를 수행할 때 바벨 궤적이 미드풋에서 벗어나면서 허리 부담이 커지겠죠. 바벨을 내릴 때는 허벅지에서는 붙어서 내려오되 무릎 밑에서는 아주 살짝만 떨어지면서 미드풋 위로 내려놓아야 합니다.

근력 운동 요약

움직임	주로 쓰는 근육	종목	주요 부상
척추 중립	복부(복직근) 엉덩이(대둔근)	플랭크 데드벅 버드독	허리
앞으로 밀기	가슴(대흉근) 어깨 앞(전면 삼각근) 팔 뒤(삼두근)	푸쉬업 벤치프레스 덤벨 벤치프레스	어깨, 팔꿈치 손목, 허리
위로 밀기	어깨(삼각근) 팔 뒤(삼두근)	아놀드프레스 오버헤드프레스	어깨, 팔꿈치 손목, 허리
당기기	등(광배근, 승모근) 어깨 뒤(후면 삼각근) 팔 앞(이두근) 팔 뒤(삼두근)	로우 턱걸이 랫풀다운	어깨, 팔꿈치 허리
다리로 밀기	허벅지 앞(대퇴사두) 허벅지 뒤(햄스트링) 엉덩이(대둔근)	스쾃 백스쾃 런지 루마니안 데드리프트 데드리프트	무릎, 허리

4장
훈련 루틴

근력 운동 동작을 잘 익혔다면 본격적으로 훈련을 진행할 차례입니다. 동작을 다 배웠다고 훈련이 끝난 게 아니에요. 식재료를 다 준비했다고 요리가 끝난 게 아닌 것처럼 말이죠. 요리의 완성을 위해서는 식재료의 종류와 양을 적절히 선택해서, 레시피대로 조리를 해야 합니다. 훈련도 마찬가지에요. 운동 종목들 중에 몇 가지를 적절히 선택하고, 훈련 강도나 빈도 등을 정해서 루틴을 만들어야 합니다. 그리고 계획에 맞게 훈련을 수행해야 하죠. 이번 장에서는 안전하고 효과적인 훈련을 위해, 루틴을 계획하고 진행하는 전반적인 과정을 설명합니다.

운동 말고 훈련을 하자

훈련과 운동의 차이를 아시나요? 얼핏 보기에 훈련(training)과 운동(exercise)은 비슷한 단어 같지만, 그 의미에는 꽤 큰 차이가 있습니다.

우선 '운동'은 건강을 위해서 하는 모든 움직임을 말합니다. 예를 들면 점심시간에 회사 주변 산책하기, 주말에 등산하기 등이 있겠죠. 그에 반해 '훈련'은 시합 준비나 기록 향상 등, 특정 목표를 위해 신체를 준비하는 과정을 말합니다. 곧 참가하는 마라톤 대회에서의 완주를 목표로, 달리기 계획을 짜고 그대로 실천하는 것처럼 말이죠.

결국 운동과 훈련의 구분은 목표와 계획이 있는지 여부에 따라 나뉩니다. 똑같은 신체 활동을 하더라도, 목표와 계획이 있다면 훈련이고, 그렇지 않다면 운동이에요. 대부분의 사람들은 훈련보다는 운동을 합니다. 신체 활동을 하는 뚜렷한 목표도 없고 계획도 없거든요.

물론 훈련이 아니라 운동만으로도 충분히 의미가 있습니다. 현대인들은 일상생활에서 움직임 자체가 부족하기 때문이죠. 목표나 계획이 따로 없더라도, 운동을 통해 스트레스를 해소하거나 활력을 얻고, 건강과 체력도 유지할 수 있습니다. 가만히 앉아있거나 누워있는 시간을 줄인다는 것만으로도 운동은 건강에 큰 효과가 있어요.

　하지만 이 책을 보는 대부분의 사람들에게는 운동보다는 훈련이 필요합니다. 사람들이 체육관에서 시간과 노력을 투자하는 이유는 현재 상태보다 나아지고 싶어서이지, 현상 유지를 위해서가 아니기 때문이죠. 운동을 통해 얻고자 하는 바가 분명하게 있다면, 목표와 계획을 구체화해서 '훈련'을 진행해야 합니다.

　훈련을 계획하고 수행 할 때 가장 중요한 기준은 안전과 효율입니다. 훈련 강도와 빈도, 종목 선택 등을 할 때는 부상 예방에 초점을 둬야 하죠. 또한 운동량은 최소화해야 합니다. 같은 운동 효과를 얻을 수 있다면 운동량이 적을수록 시간과 노력을 절약할 수 있기 때문이에요. 똑같은 성적을 받을 수 있다면 시험공부를 적게 할수록 더 효율적인 것처럼 말이죠. 게다가 운동량이 적을수록 부상 확률도 줄어들어요. 뒤에 이어지는 파트에서는 루틴을 설정하는 법을 안전과 효율에 중점을 두고 설명합니다.

루틴 설정하는 법

훈련 계획을 흔히 루틴 또는 프로그램이라고 부릅니다. 루틴이라는 단어를 쓰면 괜히 복잡해 보이지만, 생각보다 어렵지 않습니다. 예를 들어 '매일 푸쉬업 20개씩 3세트 하기'도, 별로 체계적이지는 않지만 일종의 루틴입니다. 이렇게 단순한 루틴이라도 아예 없는 것보다는 훨씬 나아요. 이번 파트에서는 조금 더 체계적으로 루틴을 만드는 방법을 설명합니다.

목표 설정

체계적인 훈련을 위해서는 우선 목표가 명확해야 합니다. 단순히 '강해지기'나 '근육 키우기'는 목표가 아니에요. 성공이나 실패 여부를 확인할 수 있도록 '목표 수치'가 있어야 하고, 이를 위해 필요한 '정확한 기간'을 설정해야 합니다. '3개월 간 백스쾃 중량 10kg 증가', '1년 뒤에 턱걸이 10개 성공'처럼 말이죠.

훈련 기간이 다 끝난 후에는 결과를 피드백으로 삼습니다. 목표의 달성이나 실패에 따라, 루틴에서 부족했던 부분을 보완하고 새롭게 훈련을 진행하면 됩니다. 시험 준비를 할 때, 모의고사를 본 뒤 성적이 나빴던 과목에 집중해서 공부 계획을 짜듯이 말이에요.

하지만 목표를 설정할 때 첫 번째 난관은, 많은 사람들이 본인이 정말로 원하는 게 뭔지 잘 모른다는 겁니다. 초보자들의 운동 목적은 대부분 막연하고 두루뭉술하거든요. 덩치를 키우려는 목적으로 운동을 시작했지만 기왕 운동하는 거 복근도 생겼으면 좋겠고, 체력도 강해졌으면 하는 욕심도 생기죠. 운동을 시작한 지 얼마 안 된 초보자라면 처음 몇 달 동안은 모든 부분들이 다 좋아질 수도 있습니다. 그러나 경력이 오래되면 오래될수록 여러 목표를 동시에 이루기가 거의 불가능해집니다.

그래서 훈련을 시작하기 전에는 훈련 목표를 구체화해야 합니다. 훈련을 통해서 가장 얻고 싶은 게 뭔지 고민을 해봐야 하죠. 결국 한두 가지 목표에만 선택과 집중을 해야 하고, 나머지는 희생을 해야 하거든요. 예를 들어 데드리프트 중량을 늘리기로 했다면, 턱걸이 횟수가 줄어드는 걸 감수해야 할 수도 있습니다. 자동차를 새로 살 때도, 저렴한 유지비용을 가장 중요시 한다면 외관이나 성능은 어느 정도 포기를 해야 하듯이 말이죠.

목표를 설정할 때 두 번째 난관은, 설정한 목표가 적당한지 알기 어렵다는 겁니다. 예를 들어 '3개월 동안 백스쾃 최대 중량 10kg 늘리기'가 목표라고 하면, 이게 대체 가능한 목표인지는 직접 해보기 전에는 모르거든요. 사람마다 운동 경력이나 유전적인 요인에 따라 현재 상태와 성장 속도가 천차만별이기 때문이에요.

만약 본인의 현재 상태와 성장 속도를 잘 모르겠다면, 처음에는 최종 목표를 정하기보다는 훈련의 방향 정도만 설정해두는 것도 괜찮습니다. 그냥 '백스쾃 최대 중량 늘리기'처럼 말이죠. 초반에 훈련을 진행하다보면 성장 속도가 어느 정도 보이고, 3개월 뒤에는 중량이 얼마나 늘어날지 대략적으로 가늠이 됩니다. 물론 훈련 기간의 후반으로 갈수록 성장 속도는 조금씩 느려지겠지만요.

쉬운 이해를 위해 국토대장정을 비슷한 예로 들어볼게요. 도보 여행 경험이 없는 사람은 서울에서 부산까지 걸어가려면 며칠이나 걸릴지 모를 겁니다. 하지만 방향만 제대로 잡고 며칠 정도 걷다보면, 하루에 걸을 수 있는 적당한 거리를 대충 알게 됩니다. 그럼 앞으로 며칠 정도 걸어야 목적지에 도착할 수 있을 지 계산이 되겠죠. 물론 일정 후반으로 갈수록 걷는 속도가 조금씩 느려지기는 하겠지만요.

참고로 체중 감량은 훈련의 목표가 될 수 없습니다. 많은 분들이 다이어트를 위해 헬스장에 가지만, 체중 감량은 '훈련'의 목표가 아니라 '식단'의 목표입니다. 먹는 걸 줄여야 살이 빠져요.

훈련의 목표는 근비대, 근력 강화, 근지구력 강화 등, 신체의 퍼포먼스 향상이 되어야 합니다. 체중 감량은 훈련을 열심히 하다보면 부수적으로 따라오기도 하는 보너스 효과 중의 하나일 뿐이에요. 마치 보컬 트레이닝을 받을 때는 발성이나 음정의 개선 등을 목표로 삼아야지, 애인 만들기를 목표로 하면 안 되는 것처럼 말이죠. 물론 노래를 잘 부르게 되면 부수적으로 애인이 생길 수도 있기는 하겠지만요.

훈련 빈도

훈련 목표를 정했다면, 본인의 스케줄에 따라 훈련 빈도를 정해야 합니다. 훈련을 일주일에 몇 번 할지, 무슨 요일에 할지 등을 말이죠. 회복을 감안해서 일상생활에 무리가 되지 않도록 해야 합니다.

훈련 빈도는 일주일에 2~5회 정도 하는 게 일반적이에요.

훈련 빈도를 정할 때 가장 우선시해야 할 건 휴식입니다. 무조건 자주 한다고 좋은 게 아니에요. 1장의 **몸이 강해지는 원리**(12p)에서 설명했듯이, 우리 몸은 운동을 하는 도중에 성장하는 게 아니라 운동 후에 적당한 휴식을 할 때 성장을 하거든요. 운동을 자주 해서 휴식이 너무 짧으면 오히려 몸 상태가 훈련 시작 전보다 퇴보하거나 부상을 당할 수도 있어요.

회복에 필요한 휴식 기간은 훈련 강도에 따라 달라집니다. 운동 강도가 약하다면 훈련을 매일 해도 괜찮지만, 운동 강도가 강하다면 며칠을 쉬어야 할 수도 있습니다. 마치 식사를 할 때 조금만 먹었으면 금방 소화가 돼서 2~3시간 만에 식사를 또 해야 하지만, 뷔페에서 과식을 했으면 다음 끼니는 건너뛰거나 아주 가볍게 먹어야 하듯이 말이죠.

개인적으로 추천하는 훈련 빈도는 일주일에 3일입니다. 투자한 시간에 비해서 운동 효과가 크기 때문이죠. 또한 운동과 휴식을 하루씩 번갈아 하면 되기 때문에 피로를 관리하기도 편하고요.

물론 훈련을 더 자주 할 수도 있습니다. 여유 시간이 많거나, 운동 자체를 즐긴다거나, 더 빠른 성장을 원한다면 말이죠. 하지만 훈련 빈도가 높을수록 오버트레이닝의 위험이 커집니다. 따라서 루틴을 만들 때 분할 루틴을 하거나 강약 조절을 하는 등, 회복에 신경을 더 많이 써야 해요. 그리고 회복에 신경을 잘 쓰면서 훈련을 하더라도, 뇌와 신경계에 누적된 피로를 회복하기 위해서는 일주일에 하루 이틀은 운동을 아예 쉬는 게 좋습니다.

만약 아주 바쁘다면 훈련을 일주일에 1~2일이라도 하세요. 물론 눈에 띄는 성장을 바라기는 어렵겠지만, 훈련을 주 1회만 해도 근력 유지에는 도움이 되거든요. 어쨌든 운동을 전혀 하지 않는 것보다는 건강에 훨씬 좋습니다.

분할/무분할 루틴

근력 운동을 할 때 하루에 전신 운동을 다 하면 '무분할 루틴', 부위별로 나눠서 운동하면 '분할 루틴'이라고 부릅니다. 훈련의 빈도나 목적에 따라 훈련 방식을 분할/무분할 중에 선택하게 됩니다.

보통은 훈련 빈도가 일주일에 3회 이하라면 무분할이 효율적이고, 그보다 훈련 빈도가 높으면 분할 루틴을 하는 게 일반적이에요. 또한 훈련 목적이 스트렝스(근력 증가)라면 무분할, 보디빌딩(근비대)이 목적이면 분할 루틴을 하는 게 일반적입니다. 하지만 무분할/분할을 꼭 이런 기준으로 해야만 하는 건 아닙니다. 매일 훈련해도 무분할 루틴을 할 수도 있고, 스트렝스가 목적이라도 분할 루틴을 할 수도 있어요.

대부분의 일반인들에게는 무분할을 추천합니다. 일주일에 2~3회 이상의 훈련 시간을 내는 게 벅차기도 하고, 매일 운동할 체력도 안 되기 때문이죠. 이렇게 훈련 빈도가 적을 때는 분할 루틴이 비효율적입니다. 각 근육을 기준으로는 일주일에 2~3회 정도는 자극하는 게 적절한데, 분할 루틴을 하면 주 1회밖에 자극을 못 하거든요. 반면에 무분할 루틴을 하면 각 근육을 일주일에 2~3회는 운동할 수 있기 때문에 성장에 더 효과적입니다.

다만 근육에 회복시간을 주기 위해서는 연달아 운동하기보다, 훈련일 사이에 휴식일을 두는 게 좋습니다. '월/화/수', '월/화'보다는 '월/수/금', '월/목' 이런 식으로 말이죠.

무분할로 훈련을 한다면, 동작이나 부위별로는 한두 종목만 선택해야 합니다. 하루에 전신 운동을 다 해야 하기 때문에 다양한 종목을 소화하기에는 시간이나 체력이 부족하거든요. 따라서 많은 근육을 동시에 쓰는 운동 위주로 선택하고, 팔이나 종아리처럼 작은 근육 운동은 생략합니다.

주 4일 이상 훈련을 할 때는 분할 루틴을 하는 게 일반적입니다. 연속으로 이틀 이상 훈련하는 날들이 생기기 때문에 근육에 휴식이 부족해질 수 있거든요. 이럴 때 분할 루틴을 하면, 며칠 연속으로 훈련을 하더라도 각 근육은 최소 이틀 이상 휴식을 할 수 있습니다.

예를 들어 '상체, 하체'로 나눠서 2분할 루틴을 한다면, 하루는 상체 운동만 하고 다음날은 하체 운동만 합니다. 이렇게 하면 매일 훈련을 하더라도, 상체 운동을 하는 날에는 하체가 쉬고, 상체 운동을 하는 날에는 하체가 쉬어요. 따라서 각 근육 입장에서는 최소 이틀의 회복 시간이 생깁니다.

분할 방법은 전신을 몇 부분으로 나누는지에 따라서 2분할에서 5분할까지 있습니다. 일반적으로 쓰이는 분할법은 2분할이나 3분할이에요. 분할 수가 너무 많아지면 한 부위를 훈련하는 빈도가 낮아진다는 단점이 있기 때문이죠.

2분할의 경우에는 부위를 기준으로 '상체', '하체'로 나누기도 하고, 동작을 기준으로 '밀기', '당기기'로 나누기도 합니다. 3분할은 '가슴/삼두근', '등/이두근', '하체/어깨'로 나누는 게 가장 대중적이에요. 하지만 예시로 언급한 분할법 외에도, 3분할은 운동 목적에 따라 다양한 조합이 가능합니다.

분할 루틴을 할 때 흔히 하는 실수는 근육의 회복에만 신경을 쓰는 겁니다. 하지만 근력 운동을 하면 근육뿐만 아니라 관절과 신경계도 손상을 받아요. 루틴을 계획할 때는 관절과 신경계의 회복도 고려해야 합니다.

특히 대부분의 부상은 관절에서 발생합니다. 관절은 혈관이 발달하지 않아서 근육보다 회복에 오랜 시간이 걸리기 때문이죠. 그럼에도 불구하고 분할 루틴을 할 때는 오히려 근육보다 관절의 휴식이 더 적은 경우가 많아서 문제입니다. 예를 들어 앞에서 예시로 들었던 3분할 루틴을 한다면 각 근육은 3일에 한 번씩만 쓰이지만, 어깨 관절은 가슴, 등, 어깨 운동을 하는 모든 날에 매일 쓰여요. 어깨 관절이 휴식 없이 매일 쓰이는 만큼 어깨 관절의 부상 확률도 높아집니다.

또한 운동을 하면 신경계도 무리가 갑니다. 근육은 단순히 수축하기만 하는 단순한 조직이고, 결국 근육을 움직이는 건 뇌와 신경계거든요. 고강도의 운동을 매일 하게 되면, 신경계의 피로가 누적돼서 운동 수행 능력이 점점 감소하거나 일상에서 피로감이 심할 수도 있어요.

따라서 근육의 휴식만을 생각해서 휴식 없이 매일 훈련을 하면 안 됩니다. 훈련 강도가 강하다면, 관절과 신경계의 회복을 위해서

일주일에 최소 이틀은 운동을 아예 하지 않고 쉬는 것을 추천합니
다.

분할 루틴 설정

종목 선택

훈련을 할 때는 체력과 시간의 제약 때문에 모든 운동 종목을 다
소화할 수는 없습니다. 쇼핑을 할 때 옷장의 공간과 예산의 제약
때문에 사고 싶은 모든 옷을 다 살 수는 없듯이 말이죠. 현명한 쇼
핑을 위해서는 꼭 필요한 아이템만을 최소한으로 사야 합니다. 마
찬가지로 현명한 훈련을 위해서는 꼭 필요한 운동 종목들만을 잘
선택해야 하고요.

옷을 살 때는 기본적이고 무난한 아이템부터 구매하는 게 정석입
니다. 마찬가지로 근력 운동에도 기본이 되는 필수 종목들이 있어
요. 무슨 운동 종목을 해야 할지 잘 모르겠다면, 이런 필수 종목들
을 베이스로 선택하면 됩니다. 패션 초보라면 옷을 살 때 무채색의
기본 아이템을 먼저 사듯이 말이죠.

이 책에서는 무난한 아이템에 해당하는 필수 종목들만 소개했습
니다. 밀거나 당기면서 전신을 통합적으로 사용하는 종목들이죠. 이
런 종목들은 한 번에 많은 근육과 관절을 사용하기 때문에, 투자하
는 시간 대비 운동 효과가 큽니다. 또한 움직임 궤적이 정해져있지

않기 때문에 몸의 움직임을 제어하는 연습으로도 좋고요. 대부분의 초중급자들은 다른 운동 종목에 눈 돌릴 것 없이, 이 책에서 소개한 종목만 해도 충분합니다.

운동 종목은 움직임 별로 골고루 선택해야 합니다. 예를 들어 가슴 근육에 집착해서 밀기 운동만 열심히 하고, 당기기 운동은 소홀히 하면 안 돼요. 특정 움직임이나 특정 근육만 불균형하게 발달하면 체형이 나빠지거나 부상을 유발할 수 있거든요. 균형 있는 발달을 위해서는 '앞으로 밀기, 위로 밀기, 앞에서 당기기, 위에서 당기기, 다리로 밀기' 운동을 골고루 해야 합니다. 옷을 입을 때 신발, 양말, 바지, 속옷, 상의를 골고루 입어야 하는 것처럼 말이죠. 양말을 좋아한다고 해서 양말만 세 켤레를 신고, 바지는 벗고 다니면 안 됩니다.

초급자를 벗어났다면 기본 종목 외에 보조 운동들을 추가할 수도 있습니다. 기본 종목들을 골고루 하더라도, 사람에 따라 특정 부위의 발달이 상대적으로 더딜 수 있거든요. 이때는 어깨나 팔, 복근처럼 특정 부위만을 위한 운동을 추가할 수도 있습니다. 패션에서 기본기가 잡혔다면, 포인트를 주기 위해 가끔 화려한 옷이나 액세서리를 착용하기도 하듯이 말이죠.

많은 운동 초보자들은 기본 필수 운동들은 소홀한 채 어깨나 팔, 복근 같은 특정 부위에만 집착하는 실수를 많이 합니다. 하지만 특정 부위만 과하게 발달하면 나중에 문제가 생길 수 있습니다. 운동을 할 때 전신을 효율적으로 사용하지 못하고, 이미 발달한 부위로만 주로 힘을 쓰게 되거든요. 당기는 운동을 할 때 등 근육은 제대로 못 쓰고 팔 근육을 주로 쓰게 되는 것처럼 말이죠. 결국 몸통 근육의 발달은 계속 뒤처지고, 팔 힘에 비해 견갑골의 움직임 컨트롤 능력이 떨어지면서 어깨 부상의 위험도 높아집니다. 미용 상으로도 팔만 과도하게 발달하면 보기에 안 좋기도 하고요. 초보자라면 그냥 기본 운동 종목에만 집중하는 게 좋습니다.

"Less is better" 종목 개수는 최소한으로 선택하는 게 좋습니다. 그런데 훈련을 하다보면 하나 둘씩 다른 종목들을 추가하는 실수가 자주 발생해요. 유튜브나 헬스장에서 다른 사람들이 하는 운동들을 보다보면 괜히 좋아 보이고 욕심이 나거든요. 하지만 체력과 시간의 제한이 있기 때문에, 종목이 많아질수록 모든 종목에 집중하기는 불가능해집니다. 점진적 과부하를 진행하기도 어렵고요. 따라서 운동 종목을 선택할 때는 "어떤 운동을 더 할까" 보다는 "어떤 운동을 뺄까"를 고민해야 하는 경우가 더 많습니다. 더 이상 포기할 수 없는 꼭 필요한 종목들만 남았다면, 그 종목들에만 집중해서 시간과 체력을 투자하세요.

요약하면, 운동 종목을 선택하는 방법은 다음과 같습니다.

(1) 필수 종목을 우선으로 선택

(2) 움직임 별로 골고루 선택

(3) 종목 개수는 최소한으로 선택

훈련 순서

운동 종목들을 다 선택했다면, 어떤 종목부터 할 것인지 순서를 정해야 합니다. 보통은 체력적으로 힘들거나, 주력으로 집중하는 종목을 세션(훈련 한 회차. 보통 1시간 내외로 구성) 초반에 합니다. 세션 초반에 체력과 집중력이 가장 좋기 때문이에요. 덜 힘들거나 중요도가 떨어지는 종목은 세션 후반으로 미루는 게 좋습니다.

만약 힘든 순서로 훈련을 한다면, 크기가 큰 근육을 쓰는 종목부터 크기가 작은 근육을 쓰는 종목 순으로 운동을 하면 됩니다. 큰 근육들을 쓸수록, 다루는 무게가 무거울수록 체력적으로 더 힘들기 때문이죠. 움직임을 기준으로 하면 들 수 있는 무게가 보통은 '다리로 밀기 〉 앞으로 밀기 ≒ 당기기 〉 위로 밀기' 순으로 달라져요. 따라서 힘든 순서로 훈련을 한다면, 다리로 미는 운동부터 시작해서 마지막에는 위로 미는 운동을 하면 되겠죠.

만약 본인이 주력으로 삼는 종목이 있다면, 그 종목부터 먼저 하면 됩니다. 예를 들어 턱걸이 개수 늘리기가 목표라면 턱걸이부터 해야겠죠. 체력적으로는 하체 운동이 더 힘들더라도, 중요도가 떨어지기 때문에 상대적으로 후반에 해야 하고요.

같은 움직임의 종목을 하루에 2가지 이상 한다면 힘든 운동부터 하면 됩니다. 보통은 고중량을 다루는 종목을 먼저 하고, 저중량을 다루는 종목을 나중에 해요. 고중량 벤치프레스를 먼저 하고, 난이도가 쉬운 푸쉬업은 나중에 하는 식으로 말이죠. 이때 두 종목을 연달아 할 수도 있고, 중간에 다른 부위 종목을 끼워 넣을 수도 있습니다.

우선 두 종목을 연달아 한다면 해당 근육이 쉴 틈 없이 쓰이기 때문에, 근육의 자극 입장에서도 좋고 지구력을 키우는 데도 유리합니다. 대신 나중에 하는 종목은 지쳐서 횟수나 무게가 줄어들 수밖에 없어요.

　반대로 두 종목 사이에 다른 부위의 종목을 끼워 넣으면, 다른 부위를 운동하는 동안 해당 근육은 어느 정도 회복이 됩니다. 따라서 나중에 하는 종목에서도 무게나 횟수를 채우기에는 더 유리하고요.

　만약 근육의 자극이나 지구력이 목적이라면 한 부위의 종목들을 연달아 하는 게 좋아요. 무게나 횟수를 늘리는 게 목적이라면 중간에 다른 종목을 끼워 넣는 게 좋습니다.

　물론 훈련을 할 때 가장 먼저 해야 하는 건 준비운동입니다. 부상 예방을 위해서는 하루 종일 굳어있던 관절들을 움직여서 운동할 준비를 만들어줘야 하거든요. 그 다음에는 데드벅이나 버드독 같은 척추 중립 운동을 적당히 해주면 좋습니다. 척추 중립을 유지하며 팔다리를 움직이는 연습도 되고, 몸통 근육을 활성화 시켜주기 때문에 이후에 하는 운동들에 도움이 되거든요. 항상 준비운동과 척추 중립 운동을 먼저 한 뒤에 본격적인 근력 운동을 시작해야 합니다.

무게와 횟수

훈련의 순서를 정했다면 종목별로 무게(강도), 횟수, 세트 수를 정해야 합니다. 무게와 횟수, 세트 수를 합친 개념으로 '운동 볼륨'이라는 표현을 쓰기도 해요. 예를 들어 벤치프레스를 50kg으로 10회씩 3세트를 했다면, 운동 볼륨은 "50 x 10 x 3 = 1500"이라고 표현합니다. 하지만 운동 볼륨은 운동량을 대략적으로 표현할 뿐, 운동 볼륨만으로는 정확한 훈련 강도를 알 수가 없어요. 50kg로 10회 하는 것과 100kg로 5회 하는 것의 볼륨은 같지만, 100kg로 5회를 하는 게 훨씬 더 힘들기 때문이죠. 따라서 무게와 횟수, 세트 수는 각각 별개로 설정해야 합니다.

무게를 설정하면 세트 당 반복 가능한 횟수도 자동으로 정해집니다. 무거울수록 반복 횟수가 줄어들고, 가벼울수록 반복 횟수가 늘어나요. 보통은 연속으로 5회 넘게 반복할 수 없다면 고중량 저반복, 15회 이상 반복할 수 있으면 저중량 고반복이라고 표현합니다. 이때 고중량/저중량의 구분은 사람에 따라 상대적이에요. 예를 들어 똑같은 50kg 백스쾃이더라도 초보자에게는 5회가 버거운 고중량이지만, 숙련자에게는 20개 이상 가능한 저중량이거든요.

맨몸 운동의 경우에는 무게 대신에 난이도를 조절합니다. 난이도를 높여서 힘들게 하면 저반복을 하게 되고, 난이도가 낮아서 쉬우면 고반복을 하게 됩니다. 예를 들어 푸쉬업을 땅에서 하면 3개밖에 못 하는 사람도, 책상에 손을 짚고 하면 20개 넘게 고반복을 할 수 있어요.

무게와 횟수는 훈련 목적에 따라 설정합니다. 무게와 횟수에 따라 운동 효과가 달라지거든요. 당연한 얘기지만 고중량으로 운동하면 무거운 걸 드는 능력이 좋아지고, 고반복으로 운동하면 오래 힘을 쓰는 능력이 좋아집니다. 우리 몸은 외부의 스트레스 상황에 맞춰 적응하기 때문이죠.

일반적으로 5회 이하의 고중량 저반복은 근력(힘)의 발달에 효율적이고, 15회 이상의 저중량 고반복은 근지구력의 발달에 효율적이라고 합니다. 근육의 크기 증가를 위해서는 5~10회 정도의 중간 중량으로 운동하는 효율적이라고 하고요. 그래서 힘이 강해지고 싶다면 고중량으로 훈련하고, 근육 사이즈를 키우고 싶다면 중간 중량으로 훈련하는 게 좋습니다. 하지만 어떤 중량과 반복수를 사용하든지, 훈련을 열심히 하면 근력과 근육의 크기, 근지구력 모두 어느 정도씩은 좋아지기는 합니다.

균형적인 발달을 위해서는 무게와 횟수를 다양하게 선택하는 게 좋습니다. 예를 들어 같은 날에 앞으로 밀기 운동을 두 가지 한다면, 벤치프레스는 고중량 저반복으로 하고 푸쉬업은 저중량 고반복으로 하면 좋아요. 만약 턱걸이를 일주일에 이틀 한다면, 하루는 고중량 저반복으로 하고 다른 날은 저중량 고반복으로 하면 좋습니다. 그래야 고중량을 다루는 능력(근력)과 고반복을 지속하는 능력(지구력)을 골고루 발달시킬 수 있거든요.

몇몇 종목은 종목의 특성상 주로 고중량 저반복으로 운동하는 게 낫습니다. 예를 들어 데드리프트나 백스쾃처럼 복압을 강하게 만들어야 하는 운동은 고반복을 하는 것 자체가 어렵습니다. 숨을 참느라고 호흡이 많이 가쁘기 때문이죠. 이런 종목들은 무거운 중량으로 한 세트를 짧고 굵게 끝내는 게 좋습니다.

또한 그 외의 바벨 운동들도 고중량으로 운동하는 게 효율적이에요. 바벨 운동은 덤벨 운동보다 더 무거운 무게를 다룰 수 있기 때문에, 그 특징을 잘 활용하는 거죠. 대신 덤벨 운동은 고중량을 다루기 어려우니 상대적으로 가벼운 중량을 사용하면 되고요. 예를 들면 벤치프레스나 오버헤드프레스는 고중량 저반복으로 운동하고,

덤벨 벤치프레스와 아놀드프레스는 중간 중량으로 운동하는 게 궁합이 잘 맞습니다.

팔 운동처럼 한 관절만 움직이는 종목은 저중량으로 운동하는 게 낫습니다. 부하가 한 관절에 집중되기 때문에 중량이 무거우면 관절에 무리가 될 수도 있거든요. 게다가 무거운 중량을 사용하다보면 반동을 쓰는 실수가 자주 발생합니다. 동작을 편하게 하려고 주변의 큰 근육을 대신 이용하는 건데, 이렇게 하면 목표 근육에 집중도 잘 안될 뿐더러 부상 확률도 올라가요. 이렇게 한 관절만 움직이는 종목들은 중량을 낮추고, 정자세로 횟수를 많이 반복하는 게 더 좋습니다.

지금까지 설명한 무게와 횟수를 정하는 방법이 무조건 지켜야 하는 절대적인 기준은 아닙니다. 안전하고 효율적인 훈련을 위해 대략적으로 추천하는 가이드일 뿐이에요. 훈련 목적에 따라서는 예외가 있을 수도 있으니 위의 설명은 참고만 하세요.

무게와 횟수

세트 구성

운동 종목과 순서, 무게 등을 정했다면, 이제 세트를 설정해야 합니다. 운동 동작을 연속으로 쉬지 않고 수행하는 것을 한 세트라고 표현해요. 훈련할 때는 세트 수, 세트 진행 방식, 세트 간 휴식 시간 등을 조절해서 적절한 운동량을 정합니다.

(세트 수)

세트 수는 다양하게 설정 가능합니다. 극단적으로는 한 종목을 딱 1세트 만에 끝낼 수도 있고, 10세트 이상 수행할 수도 있어요. 예를 들어 최대 기록을 측정하는 등 체력 소모가 심하거나, 운동할 시간이 부족한 경우에는 딱 1세트만 합니다. 반면에 체력 소모가 적고 자세 연습이 주목적이라면 아주 많은 세트를 수행할 수도 있고요.

그렇다면 일반적으로 한 종목당 몇 세트를 하는 게 적당할까요? 보통은 1세트보다는 2세트가, 2세트보다는 3세트가 총 운동 효과가 더 큽니다. 하지만 무조건 세트 수가 많을수록 좋은 건 아니에요. 세트 수가 많아질수록 총 운동 효과는 커지지만 세트당 운동 효율은 점점 떨어집니다. 게다가 세트 수가 너무 많아지면 오히려 오버트레이닝으로 역효과가 생길 수도 있어요.

이는 한계효용 체감의 법칙으로 쉽게 설명할 수 있습니다. 예를 들어 빵 1개를 먹었을 때 만족도가 100이고, 2개를 먹으면 140(1개당 70), 3개를 먹으면 150(1개당 50)이라고 가정할게요. 소비하는 빵의 개수가 늘어날수록 총 만족도는 늘어나지만, 빵 1개당 만족도는 줄어듭니다. 게다가 소화 능력 이상으로 빵을 억지로 많이 먹으면 배탈이 날 수도 있어요. 만족도가 오히려 마이너스가 되는 거죠.

결국 훈련에서도 가성비(투자한 노력 대비 운동 효과)만을 생각하면 1세트가 가장 효율적이고, 빠른 성장이 목적이라면 총 운동 효과가 가장 클 때까지(오버트레이닝이 되기 직전) 훈련을 하는 게 좋습니다. 빵을 가장 맛있게 먹으려면 1개만 먹어야 하고, 가장 빠르게 살을 찌우려면 토하기 직전까지 먹어야 하듯이 말이죠. 하지만 훈련을 몸에 무리 없이 몇 세트나 소화할 수 있을지는 사람에 따라, 종목에 따라, 운동 강도에 따라 다릅니다. 빵을 최대한 몇 개까지 먹을 수 있는지는 사람에 따라, 빵 종류에 따라, 빵 크기에 따라 다른 것처럼 말이죠.

일반적으로는 한 종목당 3~5세트 정도가 무난합니다. 사람마다 다르기는 하지만 그 이상 넘어가면 추가적인 운동 효과는 미미하고, 오버트레이닝이 될 확률은 높아지기 때문이에요. 그리고 훈련을 할 때는 점진적 과부하가 가장 중요한데, 세트 수가 너무 많아지면 매주 운동 강도를 늘리기도 힘들거든요. 과한 것보다는 모자란 게 더 낫습니다. 욕심 때문에 세트 수를 늘리기보다는, 주어진 세트 안에서 최선을 다하고 점진적 과부하에 더 집중하세요.

세트 수 설정

(세트 방식)

가장 대중적인 방식은 각 세트 당 반복 횟수를 '완벽한 자세로 할 수 있는 최대한' 하는 겁니다. **최대 반복 세트** 또는 AMRAP(As

Many Reps As Possible)이라고도 표현을 해요. 제대로 수행한다면 세트를 반복할수록 지쳐서 횟수가 줄어드는 게 정상입니다. 예를 들어 첫 세트에 16개를 했다면, 2세트에는 11개, 3세트에는 8개, 이런 식으로 말이죠.

최대 반복 세트는 본인의 근력 수준을 정확히 모르더라도 신체에 과부하를 줄 수 있다는 장점이 있습니다. 주로 저중량 고반복 운동에서 사용하는 세트 방식입니다. 고중량 저반복 운동에서는 신경계 피로가 심할 수 있기 때문에 자제하는 게 좋아요.

모든 세트를 같은 횟수로 반복하는 방식도 있습니다. '5회 3세트' 이런 식으로 말이죠. **스트레이트 세트**라고도 표현합니다. 무게나 횟수를 설정할 때는, 첫 세트에서는 약간 여유가 있고 마지막 세트에서는 한계치에 가깝도록 하는 게 좋아요. 마지막 세트에서 목표 횟수를 채우지 못하고 실패하거나, 마지막 세트를 너무 가뿐하게 수행한다면, 무게와 횟수 설정을 잘못 한 겁니다.

스트레이트 세트는 본인의 근력 수준을 잘 알아야 해서 무게와 횟수 설정이 어렵다는 단점이 있습니다. 하지만 마지막 한 세트만 한계치까지 수행하기 때문에, 신경계의 피로가 덜하고 오버트레이닝의 위험이 적다는 게 장점이에요. 주로 고중량 저반복 운동에서 사용하는 세트 방식입니다.

대부분의 일반인들은 훈련할 때 위의 두 가지 세트 방식(최대 반복 세트, 스트레이트 세트) 중에서만 선택해도 충분합니다. 이 외에도 다양한 세트 방식(강제 반복 세트, 슈퍼 세트 등)이 있기는 합니다. 가끔 이렇게 신체를 극한까지 몰고 가는 훈련을 하면, 경우에 따라서는 성장 잠재력의 최대치를 이끌어낼 수도 있거든요. 하지만 그런 방식으로 훈련을 하면 추가적으로 얻을 수 있는 효과는 적은 데 비해, 부상이나 오버트레이닝의 확률은 크게 올라갑니다. 따라서 건강과 안전을 최우선으로 해야 하는 일반인에게는 굳이 추천하지 않아요.

(세트 간 휴식)

한 종목을 2세트 이상 한다면, 세트와 세트 사이에는 휴식 시간이 생깁니다. 휴식 시간도 목적에 따라 적절히 설정해야 해요. 너무 짧게 쉬면 회복이 부족해서 다음 세트에 목표 횟수를 제대로 수행할 수가 없습니다. 반대로 너무 길게 쉬면 근육을 자극하는 효과도 떨어지고, 훈련 세션의 시간도 길어져서 비효율적이라는 단점이 있어요.

근비대나 근지구력을 목적으로 훈련을 할 때는 세트 사이에 짧게 쉬는 게 일반적입니다. 근육이 지친 상태에서 다시 자극을 해야 근육의 성장과 지구력 강화에 효율적이거든요. 근육이 피로 상태에서 적당히 회복할 정도로만 짧게 쉰 뒤 다음 세트를 수행합니다. 짧은 휴식은 저중량 고반복 운동(최대 반복 세트)에 주로 어울려요. 보통은 1분 내외의 휴식이 적당합니다.

근력을 목적으로 훈련을 할 때는 세트 사이에 길게 쉬는 게 일반적입니다. 힘을 키우기 위해서는, 근육의 자극보다 목표 무게와 횟수를 채우는 게 더 중요하기 때문이에요. 따라서 다음 세트에서 목표 횟수를 채울 수 있도록 충분히 쉬어야 합니다. 긴 휴식은 고중량 저반복 운동(스트레이트 세트)에 주로 어울려요. 보통은 3분 내외의 휴식이 적당합니다.

루틴 설정 요약

목표 설정	목표 수치와 기간을 명확히 설정
훈련 빈도	훈련 강도와 회복을 고려해서 주 2~5회 중에 선택
분할/무분할	훈련 빈도가 주 3회 이하라면 무분할, 그 이상은 분할
종목 선택	필수 종목을 우선으로, 움직임 별로 골고루 선택 종목 개수는 최소한으로 선택
훈련 순서	준비운동과 척추 중립 운동을 가장 먼저 하기 힘든 종목 순으로 하거나, 주력 종목을 먼저 하기
무게와 횟수	고중량 저반복과 저중량 고반복을 골고루 선택
세트 구성	세트 수 : 3~5세트 추천 세트 방식 : 최대 반복 세트와 스트레이트 세트 세트 간 휴식 : 목적에 따라 1~3분 정도 휴식

예시 루틴

직전 파트에서는 루틴을 설정할 때 고려해야 하는 다양한 부분들을 설명했습니다. 하지만 설명한 내용만으로는 루틴을 구체적으로 어떻게 계획해야 할 지 감이 오지 않을 수 있어요. 이번 파트에서는 몇 가지 무난한 루틴을 참고용으로 소개합니다.

요리를 할 때 완벽한 레시피란 없듯이, 훈련에서도 완벽한 루틴은 없습니다. 각자의 입맛에 따라 재료의 양을 조절하는 것처럼, 훈련 루틴도 본인의 목표나 운동 환경 등에 알맞게 변형하세요. 다만 몸에 무리가 되지 않도록, 총 훈련 시간은 너무 길어지지 않도록 하세요. 적정 시간으로는 1시간 내외를 추천합니다.

소개하는 예시 루틴에서는 목표 설정을 명확하게 하지 못했다는 한계가 있습니다. 다양한 독자가 보는 책의 특성상 예시 루틴에서는 목표를 두루뭉술하게 설정할 수밖에 없었습니다. 각자 실제 훈련에서는 목표 수치와 기간을 구체적이고 명확하게 설정하고, 그에 맞도록 루틴을 계획하세요.

무분할

움직임	종목	무게(강도)와 횟수	세트
척추 중립	플랭크	30~60초 가능한 강도	3세트 스트레이트 세트 1분 휴식
다리로 밀기	고블릿 스쾃	15회 정도 가능한 무게 (저중량 고반복)	3세트 최대 반복 세트 2분 휴식
앞으로 밀기	푸쉬업	15회 정도 가능한 강도 (저중량 고반복)	3세트 최대 반복 세트 1분 휴식
당기기	랫풀다운	15회 정도 가능한 무게 (저중량 고반복)	3세트 최대 반복 세트 1분 휴식
위로 밀기	아놀드프레스	15회 정도 가능한 무게 (저중량 고반복)	3세트 최대 반복 세트 1분 휴식

목표 : 초보자의 전반적인 근력 키우기

운동 빈도 : 주3회 무분할 (월수금)

종목 선택 : 초보자에게 쉬운 종목 위주로 선택

운동 순서 : 몸통 근육의 활성화를 위해 척추 중립 운동을 먼저 한 뒤, 힘든 종목 순으로 배치

무게와 횟수 : 고중량은 자세가 망가질 수 있어서 자세 연습을 위해 저중량 고반복으로 수행

세트 : 약한 체력으로 인해 종목당 3세트씩만 수행

본인의 근력 수준을 잘 모르기 때문에 대부분 최대 반복 세트 활용

체력적으로 힘든 하체 운동은 2분 휴식, 나머지 종목은 1분 휴식

무분할 변형 (A/B)

A 고중량 저반복

움직임	종목	무게(강도)와 횟수	세트
척추 중립	데드벅	5회 (자세 연습)	3세트 스트레이트 세트 30초 휴식
다리로 밀기	백스쾃	5회 가능한 무게 (고중량 저반복)	3세트 스트레이트 세트 3분 휴식
앞으로 밀기	벤치프레스	5회 가능한 무게 (고중량 저반복)	3세트 스트레이트 세트 3분 휴식
당기기	턱걸이	5회 가능한 강도 (고중량 저반복) 경우에 따라 중량 추가	3세트 스트레이트 세트 3분 휴식
위로 밀기	오버헤드프레스	5회 가능한 무게 (고중량 저반복)	3세트 스트레이트 세트 3분 휴식

목표 : 전반적인 근력 강화 + 근비대

운동 빈도 : 주3회 무분할 (월수금)

　　　　　다양한 종목과 무게를 다루기 위해 A, B 루틴을 번갈아 수행

　　　　　(월A, 수B, 금A, 월B, ⋯)

종목 선택 : A루틴은 고중량에 유리한 종목(바벨) 위주, B루틴은 고반복에

　　　　　유리한 종목 위주

운동 순서 : 몸통 근육의 활성화를 위해 척추 중립 운동을 먼저 한 뒤, 힘

　　　　　든 종목 순으로 배치

- 뒤에서 계속 -

B 저중량 고반복

움직임	종목	무게(강도)와 횟수	세트
척추 중립	버드독	5회 (자세 연습)	3세트 스트레이트 세트 30초 휴식
다리로 밀기	백워드 런지	10~12회 가능한 무게 (저중량 고반복)	5세트 스트레이트 세트 2분 휴식
앞으로 밀기	푸쉬업	15~20회 가능한 무게 (저중량 고반복)	4세트 최대 반복 세트 1분 휴식
당기기	케이블로우	15~20회 가능한 무게 (저중량 고반복)	5세트 최대 반복 세트 1분 휴식
위로 밀기	아놀드프레스	10~15회 가능한 무게 (저중량 고반복)	4세트 최대 반복 세트 1분 휴식

무게와 횟수 : A루틴은 고중량 저반복, B루틴은 저중량 고반복으로 수행

세트 : 휴식이 긴 A루틴은 3세트씩 수행하고, 휴식이 짧아서 시간 여유가
　　　많은 B루틴은 4~5세트씩 수행

　　　A루틴은 스트레이트 세트, B루틴은 체력적으로 힘든 하체 운동은
　　　스트레이트 세트로 하고 나머지 종목은 최대 반복 세트 활용

　　　A루틴은 3분 휴식, B루틴은 하체 운동만 2분 휴식하고 나머지는 1
　　　분 휴식

2분할 (상체/하체)

상체

움직임	종목	무게(강도)와 횟수	세트
척추 중립	버드독	5회 (자세 연습)	3세트 스트레이트 세트 30초 휴식
앞으로 밀기	벤치프레스	5회 가능한 무게 (고중량 저반복)	3~5세트 스트레이트 세트 3분 휴식
당기기 (위)	턱걸이	5회 가능한 강도 (고중량 저반복) 경우에 따라 중량 추가	3~5세트 스트레이트 세트 3분 휴식
앞으로 밀기	푸쉬업	10~20회 가능한 강도 (저중량 고반복)	3세트 최대 반복 세트 1분 휴식
당기기 (앞)	케이블로우	10~20회 가능한 무게 (저중량 고반복)	3세트 최대 반복 세트 1분 휴식
위로 밀기	아놀드프레스	10~20회 가능한 무게 (저중량 고반복)	4세트 최대 반복 세트 1분 휴식

목표 : 전반적인 근비대

운동 빈도 : 주4회 2분할 (월화/목금)

　　　　　　연속으로 '월화/수목'보다는, 회복을 위해 중간에 하루 휴식

종목 선택 : 앞으로 밀기 2가지, 위로 밀기 1가지, 당기기 2가지(위/앞)

　　　　　　루마니안(고관절 움직임), 런지(한 다리), 스쾃(무릎 움직임)

- 뒤에서 계속 -

하체

움직임	종목	무게(강도)와 횟수	세트
척추 중립	데드벅	5회 (자세 연습)	3세트 스트레이트 세트 30초 휴식
다리로 밀기	루마니안 데드리프트	5~8회 가능한 무게 (고중량 저반복)	5세트 스트레이트 세트 3분 휴식
다리로 밀기	백워드 런지	10~12회 가능한 무게 (저중량 고반복)	5세트 스트레이트 세트 2분 휴식
다리로 밀기	고블릿 스콴	15~20회 가능한 무게 (저중량 고반복)	3세트 최대 반복 세트 2분 휴식

운동 순서 : 고중량 운동을 먼저 하고, 저중량 운동은 후반에 수행

상체는 같은 부위가 연속으로 운동하지 않도록 번갈아 수행

무게와 횟수 : 고중량(벤치프레스, 턱걸이, 루마니안)과 저중량(나머지 종목)

으로 중량과 횟수를 다양하게 설정

세트 : 종목에 따라 3~5세트씩 수행

고중량 운동은 스트레이트 세트, 저중량 운동은 최대 반복 세트

고중량 운동은 3분 휴식, 저중량 하체 운동은 2분 휴식, 나머지 상

체 운동은 1분 휴식

점진적 과부하 : 점점 강해지기

매번 같은 강도로만 훈련을 하면 안 됩니다. 훈련 초반에만 눈에 띄는 변화가 있을 뿐, 일정 시점이 지나면 더 이상 몸 상태는 나아지지 않거든요. 성장하기 위해서는 훈련을 진행하면서 점진적 과부하가 이루어져야 합니다. 이번 파트에서는 점진적 과부하를 성공적으로 하기 위한 몇 가지 요령들을 소개합니다. 만약 성장에는 관심 없고 그냥 현상 유지가 목표라면, 이번 파트의 내용은 건너뛰어도 괜찮습니다.

훈련 일지 작성

점진적 과부하를 위해 가장 중요한 건 훈련일지 작성입니다. 훈련 내용을 기록으로 남겨놔야 지난번의 기록과 훈련 당일의 컨디션을 바탕으로 훈련 강도를 조금씩 조절할 수 있거든요. 지난 훈련 기록이 없으면 이번 세션에서 적절한 훈련 강도를 정하기가 어렵습니다.

마치 병원에서 지난번 진료 기록과 환자 상태의 경과를 참고해서 처방을 내리는 것과 비슷해요. 지난번보다 증상이 나아지고 있다면 투약량을 줄이고, 증상이 악화된다면 투약량을 늘리거나 다른 치료 방법을 찾아보겠죠. 하지만 지난 진료 기록이 없다면 현재 환자에게 딱 적절한 처방을 내릴 수가 없습니다.

잘 작성한 훈련일지는 훌륭한 자산이 됩니다. 마치 잘 정리된 사진 앨범처럼 말이죠. 몇 년 전의 기록과 비교하면서 그동안 얼마나 성장했는지 한눈에 알 수 있고, 앞으로의 성장 잠재력을 가늠해볼 수 있는 자료가 되기도 합니다. 지난 몇 주간의 기록 확인을 통해, 지금 진행하고 있는 루틴을 평가하고 개선해나가는 데 활용할 수도 있고요.

훈련일지에 작성해야 하는 내용은 다양합니다. 물론 운동 수행 내용이 가장 필수적이에요. 그 외에도 그 날의 컨디션, 체중이나 기타 특이사항을 적어주면 좋습니다. 내용은 디테일할수록 좋기는 하지만, 부담 없는 선에서 기록을 해야 꾸준히 기록할 수 있어요. 수첩이나 스마트폰 어플 등, 본인에게 가장 편한 방법으로 기록하면 됩니다.

우선 운동 수행 내용에는 객관적인 데이터를 정확히 적어야 합니다. 운동 종목, 무게, 횟수, 쉬는 시간, 동작 속도 등을 말이죠. 금방 잊어버릴 수 있으니, 세트 사이 쉬는 시간마다 바로바로 적는 게 좋습니다.

또한 운동 수행 내용에는 주관적인 느낌도 함께 기록하면 좋습니다. 자세가 어땠는지, 어느 정도 힘들었는지, 통증이 있었는지 등을 말이죠. 특히 주관적인 느낌을 잘 기록해두면, 다음 세션에서 훈련 강도를 정할 때 참고하기 좋습니다. 예를 들어 지난 세션에 많이 힘들었다면 이번 주에는 강도를 그대로 유지하면 돼요. 반대로 지난 세션에 너무 쉬웠다면 이번 주에는 마음 편히 강도를 높일 수 있고요.

훈련일의 컨디션도 기록해야 합니다. 사람의 몸은 매일 한결같지 않거든요. 컨디션이 좋은 날은 운동도 잘 되고, 컨디션이 나쁜 날은 운동도 잘 안됩니다. 예를 들어 수면이 부족하거나, 배가 많이 고프거나, 인간관계나 업무에서의 스트레스가 심하다면 훈련에도 악영향을 줄 수 있어요. 게다가 여성분들은 생리 주기에 따라서도 컨디션이 크게 달라집니다. 그래서 훈련일지를 작성할 때는 컨디션도 매번 함께 기록해야 합니다. 만약 훈련 당일 컨디션이 지난 세션 때보다 많이 나쁘다면 훈련 강도를 낮춰야 하고요.

체중 감량에 관심이 없더라도, 체중도 기록으로 남기면 좋습니다. 체중은 근력 운동의 난이도 측면에서 중요한 요소 중에 하나거든요. 체중이 무거울수록 고중량을 다루기는 더 쉬워지고, 맨몸 운동의 난이도는 더 어려워집니다. 따라서 체중을 적어두면 예전과 비교해서 성장했는지 여부를 판단하기 좋아요. 예를 들어 벤치프레스 중량은 1년 전과 똑같은데 체중은 5kg 줄었다면 성장한 겁니다. 또한 체중은 5kg 늘었는데 턱걸이 횟수는 그대로라면 그것도 성장한 거고요.

위에서 설명한 것들 외에도 기타 특이사항들도 기록하면 좋습니다. 시간대에 따라 컨디션이 달라지기 때문에 훈련 시각도 의미 있는 정보입니다. 또한 카페인의 섭취 여부나 훈련 직전의 식단, 훈련 장소 등, 훈련에 영향을 줄 수 있는 요소들은 최대한 기록하세요. 결국 꼼꼼하게 작성한 훈련일지에는 몸과 관련한 일상의 모든 것들이 담기게 됩니다. 이렇게 몸의 상태에 관심을 갖고 기록하는 건 훈련뿐만 아니라 일반적인 건강관리 측면에서도 좋아요.

훈련일지는 세트 간 쉬는 시간에 기록하는 걸 추천합니다. 어차피 쉬는 시간에는 딱히 할 것도 없고, 기록하는 데는 몇 초 걸리지도 않기 때문이에요. 성격상 디테일하게 훈련일지를 기록하는 게 너무 부담되면, 최소한 운동 수행 내용이라도 기록하는 습관을 들여야 합니다. 물론 다 귀찮다면서 기록을 전혀 하지 않는 분들도 많아요. 하지만 그보다 훨씬 더 힘들고 괴로운 운동도 꾸준히 하면서, 고작 훈련일지 작성하는 게 귀찮아서 못한다는 건 핑계에 불과합니다.

훈련일지 예시

4/22(금)
컨디션 : 좋음 (8시간 수면)
체중 : 71kg
운동 장소 : 집 앞 헬스장
운동 시각 : 오후 2시
점심에 김밥 먹음

운동 종목	무게/강도	횟수	휴식	비고
데드벅		5, 5, 5	30초	
백워드 런지	25kg	10, 10, 10	3분	적당함
벤치프레스	75kg	5, 5, 5	3분	약간 여유 있음
덤벨로우	25kg	15, 15, 13	2분	느리게. 힘들었음
아놀드프레스	17.5kg	10, 10, 9	2분	힘들었음

강도 높이기

점진적 과부하를 진행하려면, 지난 기록을 바탕으로 훈련 강도를 높여 나가야 합니다. 훈련 강도를 높이기 위해서는 무게나 횟수를 올리는 게 일반적이에요. 물론 이 외에도 훈련 강도를 높이기 위해 동작 속도를 조절하거나 휴식 시간을 짧게 하는 등의 다양한 방법들이 있습니다. 하지만 이런 방법들을 점진적 과부하에 이용하기는 어렵기 때문에 여기에서 소개하지는 않습니다.

우선 훈련 강도를 높이는 가장 좋은 방법은 무게를 올리는 겁니다. 근력이나 근육의 크기는 무거운 무게를 다룰 때 성장하기 때문이에요. 이때 무게를 올리는 속도는 성장 속도에 맞춰서 천천히 올려야 합니다. 성급한 마음에 너무 빠르게 증량하다가는 다칠 수 있거든요.

증량 속도는 운동 종목에 따라 달라집니다. 데드리프트나 백스쾃처럼 큰 근육들을 쓰는 종목들은 다루는 중량도 무겁고, 매주 증량 속도도 빨라요. 성장이 아주 빠른 초보자의 경우에는 일주일에 5kg씩 올리기도 합니다. 반면에 벤치프레스나 오버헤드프레스처럼 작은 근육들을 쓰는 종목들은 다루는 중량도 상대적으로 가볍고, 매주 증량 속도도 느려요. 성장이 빠른 초보자라도 일주일에 1~2kg 정도만 올려야 합니다. 따라서 바벨 운동을 할 때는 미세하게 증량을 하기 위해서 0.5kg, 1kg 같은 경량 원판이 필수 준비물이에요.

횟수를 늘리는 것도 훈련 강도를 높이는 좋은 방법입니다. 저번 주에 10회를 했다면 이번 주는 11회를 하는 식으로 말이에요. 덤벨이나 머신처럼 다음 무게와의 간격이 큰 경우에 이런 방법을 쓰면 좋습니다. 지금 사용하는 덤벨이 8kg인데 다음 무게가 10kg이라던가(25% 증가), 바벨 운동을 하는데 경량 원판이 없어서 5kg씩 무게를 늘려야 하는 경우처럼 말이죠. 이때는 무게를 늘리면 운동 강도가 갑자기 크게 뜁니다. 조금씩 강도를 높이기 위해서는 무게

보다는 횟수를 늘리는 편이 나아요. 나중에 횟수가 충분히 많아지면 무게를 한 단계 높이는 대신 횟수를 줄이고, 새로운 무게에서 다시 횟수를 늘리면 됩니다.

덤벨 운동을 예로 들어볼게요. 만약 저번 주에 아놀드프레스를 8kg으로 10회 3세트를 했다면 이번 주에는 11회 3세트를 목표로 합니다. 몇 주 뒤에 15회 3세트까지 가능해지면, 중량을 10kg으로 늘리는 대신 횟수를 줄여서 진행합니다. 8회 정도로 3세트를 한 뒤, 그 다음 주부터 다시 횟수를 늘려나갑니다. 몇 회 정도 반복수가 나와야 증량을 해야 한다는 기준은 딱히 없지만, 보통은 15~20회 정도 가능할 때 무게를 늘리는 게 적당합니다.

횟수를 늘릴 때는 매주 1회씩 늘려야 하는 건 아닙니다. 성장이 빠르다면 저번 주보다 2개 이상 더 할 수도 있어요. 저번 주에 비해 너무 쉬우면, 자세가 망가지지 않는 한에서 횟수를 더 많이 늘려도 됩니다. 반대로 성장이 느리다면 1회씩 늘리는 게 불가능할 수도 있어요. 만약에 모든 세트를 1회씩 늘리는 게 힘들 때는 한 세트씩만 횟수를 늘려도 됩니다. 예를 들어 저번 주에 10회 3세트를 힘들게 했다면, 이번 주에는 11, 10, 10회, 다음주에는 11, 11, 10회를 하는 식으로 말이죠.

강도 높이기

정체기 극복하기

점진적 과부하를 체계적으로 진행한다고 해도 무한히 성장할 수 있는 건 아닙니다. 초보자 때는 성장 속도가 빠르지만, 운동 경력이 길어질수록 성장 속도가 점점 느려지거든요. 결국 무게나 횟수가 더 이상 늘지 않거나, 오히려 줄어들기도 하는 시기가 옵니다. 유전적인 한계 때문에 더 이상의 성장이 불가능한 경우도 있지만, 대부분의 평범한 일반인의 경우에는 일시적인 정체기입니다. 정체기가 몇 주 이상 지속된다면, 정체기 극복을 위해 디로딩(Deloading)을 하거나 루틴을 변경해야 해요.

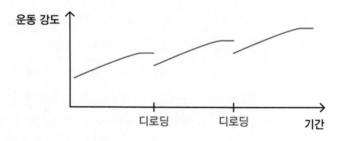

피로 회복을 위해 훈련 강도를 낮추는 것을 디로딩이라고 합니다. 정체기나 오버트레이닝의 극복을 위해 흔히 쓰이는 방법이에요. 운동량과 휴식을 적절히 조절한다고 해도, 몇 달 동안 강도 높게 훈련을 하면 중추신경에 피로가 쌓이거든요. 이런 경우에는 중량을 평소보다 20% 이상 낮춰서 낮은 강도로 훈련을 진행합니다. 운동 강도를 다시 천천히 늘리다보면 어느새 정체기를 맞았던 지점을 돌파할 수 있을 거예요.

디로딩 초반에는 운동 강도가 많이 약해지기 때문에, 일시적으로 근육의 크기나 근력이 줄어드는 느낌을 받을 수도 있습니다. 하지만 2보 전진을 위한 1보 후퇴일 뿐이에요. 장기적으로는 디로딩을 통해 부상을 예방할 수 있고 더 오랜 기간 성장할 수 있으니 조급해하지 않아도 됩니다. 가벼운 중량을 이용해서 오히려 운동 동작을 가다듬는 기회로 삼으세요.

루틴을 변경하는 것도 정체기를 극복하기 위한 좋은 방법입니다. 앞서 '일반적 적응 증후군' 파트에서 설명했듯이, 운동으로 우리 몸이 강해지는 이유는 새로운 스트레스에 대한 적응 때문이거든요. 하지만 똑같은 루틴을 너무 오랜 기간 지속하면, 그 루틴은 더 이상 새로운 스트레스가 아니기 때문에 적응 반응이 일어나지 않아요. 아무리 맛있는 음식이라도 매일 먹다보면 처음 먹을 때의 감동은 없어지는 것처럼 말이죠. 따라서 새로운 스트레스-적응 반응을 일으키기 위해서는 루틴을 바꿔주는 게 좋습니다.

루틴을 변경하는 방법은 다양합니다. 정체기에 빠진 종목을 중단하고, 대신에 비슷한 다른 종목으로 바꾸면 돼요. 아니면 종목은 똑같이 유지하되, 무게나 횟수 등을 바꿔서 변화를 줄 수도 있습니다.

종목을 바꿀 때는 해당 종목과 움직임이 비슷한 종목을 선택합니다. 벤치프레스를 예로 들면, 앞으로 미는 운동인 덤벨 벤치프레스로 바꾸면 됩니다. 바꾼 종목도 비슷한 동작이고 똑같은 부위가 자극되기는 하지만, 근신경계 입장에서는 새로운 스트레스이기 때문에 적응 반응이 일어납니다. 초보자가 처음 운동을 시작할 때 성장 속도가 빠르듯이, 새로운 종목을 시작하면 한동안 빠르게 성장이 가능해요.

종목을 바꿨다면 새로 바꾼 종목에 적절한 무게와 횟수를 우선 찾아야 합니다. 초반에는 어느 정도 여유가 있도록 훈련 강도를 정하고, 점진적 과부하에 초점을 둬서 훈련을 진행하면 돼요. 나중에 언젠가는 새로 바꾼 종목도 정체기가 올 수 있습니다. 그러면 다시 원래 하던 종목으로 돌아가던가, 아예 다른 종목으로 바꿔서 훈련을 진행하면 돼요. 덤벨 벤치프레스에서 다시 벤치프레스로 돌아가던가, 푸쉬업으로 종목을 바꾸는 식으로 말이죠. 만약 다시 벤치프레스로 돌아간다면, 가장 마지막에 벤치프레스를 했던 중량으로 바로 훈련을 다시 시작하면 몸에 무리가 될 수도 있어요. 중량을 약간 낮춰서 디로딩을 한 뒤, 여유 있는 무게로 시작해서 점진적 과부하를 진행해야 합니다.

종목은 바꾸지 않고 그대로 유지하되, 무게와 횟수에만 변화를 줄수도 있습니다. 고중량 저반복으로 운동했다면 저중량 고반복으로 바꾸면 돼요. 반대의 경우도 마찬가지입니다. 고중량 저반복에 익숙해져있던 사람에게 저중량 고반복은 새로운 스트레스거든요. 고중량을 다루는 능력에 비해 고반복을 지속하는 능력은 상대적으로 뒤처져있기 때문에 성장 여력이 크기도 하고요. 무게와 횟수를 적절히 변경한 뒤, 점진적 과부하에 집중해서 훈련을 진행하면 됩니다.

디로딩이든 루틴 변경이든, 정체기를 극복하기 위해서 필요한 것은 "변화"입니다. 하지만 새로운 자극을 주겠다면 훈련 방식을 너무 자주 바꾸는 것도 좋지는 않아요. 너무 자주 바뀌면 과거의 비교 대상이 없기 때문에, 점진적 과부하를 진행하기가 어렵기 때문이죠. 순탄하게 성장하고 있다면 현재 루틴을 일관되게 지속하는 게 제일 좋습니다. 변화는 정체기가 왔을 때 고려하세요.

5장
부상 예방 및 대처

훈련을 하다보면 대부분 크고 작은 부상을 경험합니다. 우선 부상을 당하면 훈련을 한동안 쉬어야 해서 성장에 걸림돌이 되죠. 게다가 부상으로 인한 통증 때문에 일상생활이 불편해질 수도 있어요. 부상 정도가 심각하다면, 시간이 오래 지나도 부상 전의 몸 상태로 다시 돌아가기 어려울 수도 있습니다. 따라서 부상은 애초에 발생하지 않도록 예방하는 게 가장 중요해요.

  부상의 원인은 보통 두 가지입니다. 나쁜 자세로 운동하거나, 운동량이 지나치게 많기 때문이에요. 부상은 순간적인 일회성의 사고로 생기기도 하지만, 많은 경우에는 나쁜 자세나 지나친 운동량이 오랜 기간 누적되면서 생깁니다. 다행인 건 그만큼 대부분의 부상은 예방이 가능하다는 겁니다. 이번 장에서는 부상 예방을 위한 전반적인 팁들을 소개합니다.

평소 : 몸 관리

부상 예방을 위해서는 훈련할 때 이외에도 평소의 몸 관리가 중요합니다. 자동차를 평소에 잘 관리해두지 않으면 운전할 때 사고가 날 수 있듯이, 평소에 기본적인 몸 상태를 만들어두지 않으면 훈련할 때 부상을 당할 수 있거든요. 평소 몸 관리를 위해서는 ① 움직임 기본 원칙들을 먼저 몸으로 익혀두고, ② 운동 동작에 필요한 기본적인 관절 가동범위를 만들어두고, ③ 일상생활에서 좋은 습관을 유지해야 합니다.

움직임 기본 원칙

본격적인 훈련 전에는 2장에서 설명한 움직임 기본 원칙을 꼭 마스터해야 합니다. 움직임 기본 원칙은 운동할 때뿐만 아니라 일상에서 움직일 때도 꼭 필요한 기본이거든요. 어렵지는 않으니까 대부분의 사람들은 금방 쉽게 익힐 수 있습니다.

　우선 **척추 정렬**(36p)에서는 척추 중립을 강조했습니다. 하지만 평소 척추 정렬에 문제가 있다면 척추 중립을 만드는 게 어려울 수 있어요. 거북목, 흉추 후만, 요추 전만, 척추 측만 등이 이에 해당하죠. 이런 경우에는 정렬이 틀어진 자세를 본인 스스로는 중립 자세라고 인지하게 된다는 게 문제입니다. 만약 틀어진 정도가 미미하다면 옆 사람에게 피드백을 받아서 수정할 수 있어요. 하지만 틀어진 정도가 심하다면 중립 자세를 만드는 것 자체가 불가능할 수 있습니다. 이럴 때는 척추 교정 운동을 먼저 해서 정렬을 어느 정도 바르게 만든 뒤 훈련을 시작하는 게 이상적입니다.

팔다리를 움직일 때는 척추 중립을 유지해야 합니다. 특히 고관절을 움직일 때 척추는 중립으로 잘 고정해야 하고, 이를 '고관절 분리'라고 설명했죠. 하지만 운동 초보자들은 고관절과 허리를 세트로 같이 움직이는 실수를 자주 합니다. 고관절을 굽힐 때 허리도 같이 굽히고, 고관절을 펼 때 허리도 같이 펴는 식으로 말이죠. 이는 허리 부상의 원인이 되고요.

골반 움직임(41p)에서는 고관절 분리를 잘 할 수 있도록 골반을 앞뒤로 기울이는 법을 설명했습니다. 고관절을 굽힐 때는 골반을 전방경사시켜서 허리가 굽는 것을 막고, 고관절을 펼 때는 골반을 후방경사시켜서 허리가 과하게 펴지는 것을 막는 것이죠. 만약 이 동작이 잘 안된다면, 우선 골반 움직임을 많이 연습해서 고관절 분리를 완전히 익히세요. 하체 운동은 그 이후에 해야 합니다.

척추 중립을 위해서는 엉덩이 근육(대둔근)의 역할도 중요하다고 했습니다. **고관절 외회전**(47p)에서는 대둔근에 힘을 주기 위한 방법으로 고관절을 외회전 하는 것을 설명했고요. 하지만 운동을 해본 적이 없는 분들은 그렇게 해도 대둔근에 힘이 잘 안 들어갈 수 있습니다. 이런 경우에는 브릿지나 킥백 등, 대둔근을 집중해서 자극하는 운동을 따로 해주세요. 이런 운동들은 대둔근에 힘을 주는 느낌을 찾는 데에도 도움이 되고, 대둔근의 근력이 발달하면 근육에 힘을 주기도 수월해지거든요.

횡격막 호흡과 이를 이용해 복압을 만드는 것은, 고중량 운동을 할 때 척추 중립의 유지를 위해 매우 중요합니다. 자세한 방법은 **호흡**(52p)에서 설명했어요. 하지만 호흡과 복압은 동작이 눈에 보이지 않기 때문에, 잘 하고 있는지 느낌을 찾기가 어렵습니다. 우선 누운 자세에서 횡격막 호흡을 충분히 연습해야 하고, 상복부나 가슴을 부풀리는 게 아니라 아랫배를 부풀리려고 노력해야 합니다.

횡격막 호흡이 어느 정도 잘 된다면 복압 만드는 연습으로 진도를 나가세요. 먼저 누워서 복압을 만드는 연습을 충분히 한 뒤, 일어서서 복압을 만듭니다. 정적인 자세에서 복압이 익숙해지면, 움직이는 동안 복압을 유지하는 연습으로써 데드벅이나 버드독을 해주세요.

상완골 움직임(61p)은 평소에 연습할 필요가 딱히 없습니다. 동작 자체가 쉬워서 몸치도 충분히 따라할 수 있거든요. 대부분의 동작에서는 상완골을 외회전 하고, 팔을 위로 들 때만 내회전을 한다는 것만 알아두고 있으면 됩니다. 어깨 관절 소켓에서 상완골두가 뽑혀 나오지 않도록 숄더패킹에 신경 써야 하고요.

견갑골 움직임(70p)은 가장 많은 사람들이 어려워하는 움직임입니다. 평소에 견갑골을 크게 움직이는 연습을 자주 해주는 게 좋아요. 또한 견갑골의 움직임에 집중해서, 밀거나 당기는 다양한 동작을 맨손으로 연습해둬야 합니다. 만약 익상 견갑 등, 견갑골의 움직임에 기능부전이 있다면 교정 운동을 먼저 해야 하고요.

만약 몸치이거나 체형에 문제가 있다면 아무리 노력해도 잘 안 되는 움직임이 있을 수 있습니다. 특정 움직임이 잘 안 된다면 본격적인 훈련 전에 그 부분을 먼저 집중적으로 교정해야 합니다. 스스로 자세 교정을 하는 데에는 한계가 있기에, 이 책에서는 교정운동을 따로 다루지 않습니다. 만약 교정이 필요한 부분이 있다면 전문가의 도움을 받으세요.

가동범위 관리

많은 부상들이 관절의 가동범위가 부족해서 발생합니다. 따라서 모든 운동을 하기 전에는, 그 동작을 하는 데에 필요한 관절들의 가동범위가 충분해야 합니다. 관절의 가동범위가 부족하면 해당 관절을 다칠 수도 있고, 인접한 다른 관절이 대신 다칠 수도 있거든요.

부상 원리를 이해하기 쉽게 예를 들어 설명할게요. 특정 종목을 완전 가동범위로 운동하려면 A관절이 100도 정도 움직여야 한다고 가정할게요. 만약에 A관절이 뻣뻣해서 80도밖에 움직이지 못한다면, 무리해서 A관절을 억지로 더 움직이려다가 인대나 건을 다칠 수 있습니다. 아니면 A관절은 80도만 움직이고, 부족한 20도를 어떻게든 만들어내기 위해 근처의 B관절을 대신 더 움직일 수도 있습니다. 이를 보상작용이라고 부르고, 이런 경우에는 A관절은 멀쩡한 반면에 오히려 B관절이 무리하게 움직여서 다칠 수 있어요.

따라서 뻣뻣해서 가동범위가 부족한 관절이 있다면, 평소에 스트레칭을 자주 해서 가동범위를 늘려야 합니다. 그렇다고 무조건 가동범위가 크고 유연할수록 좋은 건 아니에요. 관절의 가동성이 크다는 건, 다른 말로는 견고함이 떨어진다는 뜻이거든요. 따라서 본인이 하고자 하는 종목에 딱 필요한 만큼의 가동범위만 만들어두면 충분합니다.

가동범위 부족이 문제가 되는 흔한 케이스들을 몇 가지 소개합니다. 우선 위로 미는 운동에서는 어깨의 가동범위 부족이 주로 문제가 됩니다. 위로 미는 운동을 정상적으로 하려면, 팔을 위로 들었을 때 옆에서 본 팔의 각도가 지면과 수직이 되어야 하거든요. 하지만 어깨의 가동범위가 부족한 사람들은 팔을 수직으로 위로 들지 못하고 약간 앞으로 내밀게 됩니다. 이런 분들이 억지로 팔을 수직으로 들려고 무리하다가는 어깨나 목을 다칠 수 있어요. 가동범위가 부족한 어깨 대신에 허리를 과하게 꺾다가 허리를 다치기도 합니다. 이런 경우에는 **아놀드프레스**(137p)에서 설명했던 어깨 스트레칭을 꾸준히 해주면 도움이 됩니다.

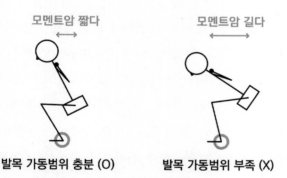

발목 가동범위 충분 (O)　　**발목 가동범위 부족 (X)**

백스쾃을 할 때는 발목의 가동범위 부족이 주로 문제가 됩니다. 깊게 앉으려면 발목을 앞으로 많이 굽혀서 무릎을 앞쪽으로 내밀어야 하거든요. 하지만 발목의 가동범위가 부족하면 앉을 때 뒤꿈치를 지면에 붙인 채 무릎을 앞쪽으로 충분히 내밀 수가 없습니다.

결국 무릎이 뒤쪽으로 빠지는 만큼 엉덩이도 뒤로 빠지고, 무게 중심을 미드풋에 맞추기 위해 상체는 앞으로 많이 숙여집니다. 이때 허리도 함께 구부러지면서 다칠 수도 있고, 허리는 잘 폈더라도 바벨과 고관절 사이의 수평 거리가 멀어지면서 허리에 부담이 커집니다. 결국 발목 관절의 뻣뻣함이, 발목에서 멀리 떨어진 허리 부상의 원인이 되는 거죠. 따라서 허리 부상을 막기 위해서는 **백스쾃**(195p)에서 소개했던 발목 스트레칭을 평소에 자주 해주면 도움이 됩니다.

데드리프트 종류의 운동을 할 때는 고관절의 가동범위 부족이 주로 문제가 됩니다. 정자세로 동작을 하려면 허리를 편 채 고관절만 굽혀야 하거든요. 하지만 고관절을 앞으로 굽히는 가동범위가 부족하면, 더 이상 움직이지 못하는 고관절 대신에 허리를 구부려서 상체를 숙이게 됩니다. 이렇게 허리를 구부리는 동작이 반복되면 허리 부상으로 이어질 수 있고요. 이런 경우에는 **루마니안 데드리프트**(216p)에서 소개했던 허벅지 뒤쪽(햄스트링)의 스트레칭을 평소에 자주 해주면 도움이 됩니다.

스트레칭 직후에는 관절의 가동범위가 일시적으로만 늘어납니다. 스트레칭 후에 시간이 어느 정도 지나면 다시 가동범위가 줄어들어요. 그래도 스트레칭을 자주 꾸준히 하다보면, 가동범위가 늘어났다가 돌아오기를 반복하면서 조금씩 가동범위가 늘어납니다. 특히 스트레칭을 할 때도 근력 운동을 하듯이 점진적 과부하를 해야 점점 가동범위가 더 늘어날 수 있어요.

반면에 유연하게 타고난 사람이라도, 평소에 관절을 별로 움직이지 않으면 가동범위가 점점 줄어듭니다. 귀를 뚫고 나서 귀걸이를 꾸준히 하면 구멍이 유지되지만, 귀걸이를 오랫동안 하지 않으면 구멍이 다시 막히듯이 말이죠. 가동범위 퇴화를 막으려면 평소의 꾸준한 관리가 중요합니다.

일상 습관

평소의 몸 관리를 위해서는 일상 습관도 매우 중요합니다. 잘못된 생활패턴이 반복되면 체형이 틀어질 수도 있고, 몸에 손상이 생기기도 하거든요. 평소의 건강한 습관 자체가 훈련을 위한 준비이기도 합니다.

우선 평소에 나쁜 자세를 피해야 합니다. 허리를 구부린 채 앉아 있거나, 작업을 할 때 허리를 구부리는 등, 허리에 나쁜 자세를 자주 반복하면 허리디스크 탈출증이 생길 수 있습니다. 허리에 통증이 있으면 일상생활이 불편할 뿐 아니라, 허리에 부하가 실리는 많은 운동 종목들도 할 수가 없어요. 또한 몸의 한쪽만 과도하게 쓰거나, 비대칭적인 자세를 자주 하면 체형이 틀어집니다. 체형이 틀어지면 운동할 때도 몸이 틀어질 수밖에 없고요.

따라서 문제없이 운동을 하려면 평소 자세를 항상 신경 써야 합니다. 허리 건강을 위해서는 허리를 구부리는 동작을 최대한 피해야 해요. 또한 몸이 틀어지지 않기 위해서는 비대칭적인 자세나 습관을 교정해야 하고요.

또한 어느 자세든 한 자세를 오랫동안 유지하는 건 피해야 합니다. 사실 좋은 자세라는 건 없어요. 세상에는 몸에 더 나쁜 자세와 덜 나쁜 자세만 있을 뿐이에요. 자세는 자주 바꿔야 합니다. 아무리 허리를 똑바로 잘 펴고 좌우 대칭을 유지하면서 앉더라도, 오랜 시간 가만히 앉아만 있으면 허리나 목 등에 통증이 생깁니다. 게다가 움직임 없이 가만히 있으면 근육과 관절도 굳기 때문에 운동할 때 가동범위가 제한될 수 있어요.

　따라서 평소에 최대한 자주 움직여주는 게 좋습니다. 직업상 오랜 시간 앉아있어야 한다면, 중간에 자주 일어나서 가볍게 스트레칭을 하세요. 그 외에도 엘리베이터 대신 계단을 이용하거나 가까운 거리는 걸어 다니는 등, 조금이라도 더 자주 움직이려고 노력해야 합니다.

훈련 직전 : 준비운동

적절한 준비운동 없이 곧바로 본 훈련을 시작하면 다칠 확률이 높아집니다. 꼭 근력 운동이 아니더라도, 어떤 스포츠를 하든지 본 운동 직전에는 준비운동이 필수에요. 준비운동을 할 때는 ① 관절을 골고루 잘 움직여주고, ② 몸 전체를 충분히 예열시키고, ③ 가동성이 부족한 관절은 스트레칭을 따로 해야 합니다.

관절에 기름칠하기

책의 초반부에 설명했듯이, 부상이 주로 생기는 부위는 관절입니다. 따라서 준비운동을 할 때도 관절에 신경을 많이 써야 하고요. 특히 일상생활에서 움직임이 적을수록 관절들은 굳기 때문에, 운동 직전에는 관절을 많이 움직여서 몸을 부드럽게 만들어야 합니다. 오래 쓰지 않던 기계의 톱니바퀴에 윤활유를 칠하듯, 관절의 움직임을 통해 관절에 기름칠을 해주세요.

관절에 기름칠하는 방법은 간단합니다. 운동할 때 쓰는 모든 관절들을 크게 돌리거나 접었다 펴세요. 발목, 무릎, 고관절, 허리, 견갑골, 어깨, 팔꿈치, 손목, 목 관절을 빠짐없이 움직이면 됩니다. 부위별로 10~20초 정도씩 움직이면 되고, 전신을 다 움직이면 시간은 5분 정도 걸릴 거예요.

관절은 스스로의 힘으로 움직여야 하고, 최대한 크게 움직여야 합니다. 다른 관절을 이용해서 수동적으로 움직이거나, 반동을 이용해서 튕기듯이 빠르게 움직이면 다칠 수도 있어요. 또한 작게만 움직이면 기름칠의 효과가 적습니다.

예를 들어 발목을 돌릴 때는 발끝을 땅에 대고 다리를 움직여서 발목을 돌리는 대신에, 발을 땅에서 들고 발끝으로 원을 그리듯이 스스로 움직이는 게 효과적이에요. 몸통을 회전할 때에는 팔을 휘두르는 반동을 이용해서 빠르게 휙휙 돌리기보다는, 스스로의 힘으로 천천히 회전하는 게 더 안전합니다. 팔을 돌릴 때는 대충 작게 돌리지 말고, 동작이 힘들 정도로 최대한 크게 돌리는 게 좋고요.

관절 기름칠은 운동 직전뿐만 아니라 평소에도 자주 해주면 좋습니다. 관절은 근육이나 다른 조직에 비해 혈관이 잘 발달하지 않아서, 가만히 있으면 영양 공급이 잘 되지 않거든요. 관절은 움직여줘야 확산을 통해 수동적으로 영양 공급이 잘 됩니다. 그래서 평소에도 관절을 자주, 크게 움직이는 게 관절 건강에 좋아요.

관절에 기름칠

워밍업

본격적으로 훈련을 하기 직전에는 워밍업을 해서 체온을 높여야 합니다. 몸을 움직여서 체온을 높이면 관절과 근육의 움직임이 부드러워지면서 부상 예방에 도움이 되거든요. 또한 뇌와 신경계, 호흡

순환계도 활성화되기 때문에 운동 수행 능력도 좋아집니다. 마치 자동차 운전 직전에 엔진을 예열해야 엔진의 고장을 방지하고 정상적인 성능을 발휘할 수 있는 것처럼 말이죠.

워밍업을 하는 방법은 다양합니다. 체온을 효율적으로 높일 수 있는 동작이면 뭐든지 괜찮습니다. 아무래도 전신을 함께 움직이면서 근육과 관절에 부담이 적은 동작이 유리하겠죠. 트레드밀(러닝머신)에서 가볍게 뛰는 것도 좋고, 줄넘기나 팔 벌려 뛰기도 적당해요. 이때 천천히 걷는 건 평균 체형의 일반인에게는 워밍업 효과가 별로 없습니다. 물론 체중이 많이 나가는 사람이라면 달리기가 발목이나 무릎 관절에 무리가 될 수 있어서, 뛰는 것보다는 빠르게 걷기가 더 낫습니다.

워밍업 시간은 짧게 5~10분 정도만 하면 됩니다. 워밍업을 너무 오래 하면 총 운동 시간이 길어지기도 하고, 본 훈련을 시작하기도 전에 지칠 수 있거든요. 본 훈련을 가장 좋은 컨디션으로 할 수 있도록, 몸이 약간 후끈할 정도로만 열을 내면 충분합니다. 만약 아침 일찍 운동을 하거나 날씨가 추우면 워밍업 시간이 좀 더 길어야 합니다. 몸이 굳어있고 체온을 올리는 데 더 오랜 시간이 걸리기 때문이죠.

또한 고중량 운동을 할 때는 본 세트를 하기 직전에 가벼운 무게의 워밍업 세트를 꼭 해야 합니다. 워밍업 세트는 가장 중요한 워밍업이에요. 곧바로 무거운 무게로 운동을 하면 몸이 준비되지 않아서 다칠 수도 있습니다. 가벼운 무게로 시작해서 점차 중량을 늘려가며, 몸이 해당 동작에 적응할 수 있도록 합니다.

워밍업 세트는 운동 중량에 따라 달라집니다. 만약 고중량 바벨 운동이라면 빈 바벨부터 시작해서, 무게를 높여가며 2~4세트 정도 워밍업 세트를 진행하세요. 다만 본 세트에 피로감을 주지는 않도록 횟수는 적게 해야 합니다. 예를 들어 본 세트가 80kg 5회라면, 워밍업 세트로는 20kg 5회, 40kg 5회, 60kg 3회, 70kg 2회를 하는 식으로 말이죠. 저중량 운동이라면 워밍업을 좀 간단하게 해도 괜찮습니다. 맨손으로 자세를 연습하거나, 본 세트보다 약간 가벼운 무게로 5회 정도 한 세트의 워밍업이면 충분해요.

가동범위 개선

관절의 가동범위가 부족해서 동작이 잘 안 되는 종목이 있다면, 훈련 직전에 주변 근육들을 풀어주는 게 좋습니다. 근육을 마사지 하거나 스트레칭을 한 직후에는 가동범위가 일시적으로 좋아져서 동작이 잘 되거든요. 이를 통해 가동범위가 부족해서 생기는 부상을 어느 정도 예방할 수 있습니다.

예를 들어 발목의 가동범위가 부족하다면 백스쾃을 하기 직전에 종아리 근육을 마사지하거나 스트레칭을 해주세요. 일시적으로 발목 가동범위가 좋아지면서 더 편하게 깊이 앉을 수 있습니다. 마찬가지로 데드리프트를 하기 전에는 허벅지 뒤쪽 근육을 풀어주고, 위로 미는 운동을 하기 전에는 등이나 가슴 근육을 풀어주면 동작이 더 잘 돼요.

하지만 앞서 **평소 : 몸 관리**(272p)에서 설명했듯이, 마사지나 스트레칭을 통해 늘어난 가동범위는 일시적입니다. 시간이 조금 지나

면 다시 가동범위가 줄어들어요. 따라서 훈련 직전의 스트레칭은 당장의 운동을 위한 임시방편일 뿐, 장기적으로는 부족한 가동범위를 평소에 개선해야 합니다. 만약 평소의 꾸준한 스트레칭을 통해 가동범위가 충분해졌다면, 훈련 직전에 따로 시간을 투자해서 스트레칭을 할 필요는 없고요.

스트레칭은 부위별로 1분 이내로, 통증이 없는 범위에서 해야 합니다. 스트레칭을 너무 오래 하면 일시적으로 근력이 약화돼서 훈련에 지장을 주거든요. 또한 통증이 생길 정도로 스트레칭을 무리하게 하면 근육이나 관절을 다칠 수도 있습니다. 훈련 직전에는 꼭 필요한 부위만 적당한 강도로 스트레칭을 해야 합니다.

훈련 중 : 1순위는 부상 예방

앞서 2~4장에서 설명한 올바른 움직임과 훈련 루틴을 지킨다면 대부분의 부상을 예방할 수 있습니다. 이번 파트에서는 부상 예방에 초점을 두고, 훈련 중에 주의해야 하는 부분들을 다시 한 번 정리합니다. 운동 중에는 ① 모든 동작을 안전하게 해야 하고, ② 종목 선택을 할 때는 부상 예방에 신경을 써야 하고, ③ 운동량은 과도하지 않도록 적절히 조절해야 합니다.

안전한 동작을 하자

재차 강조하지만, 운동할 때 가장 우선순위는 안전입니다. 운동 스타일은 사람마다 달라질 수 있지만, 안전 운동이 가장 기본이에요. 사람마다 자동차 운전 스타일은 제각각이지만, 누구에게나 가장 기본은 안전 운전인 것처럼 말이죠.

안타깝게도 현실에서는 무게나 횟수에 집착하느라고 안전은 뒷전인 경우가 많습니다. 무게나 횟수보다는 완벽한 자세에 집착하세요. 엉터리 자세로 100kg를 드는 것보다 완벽한 자세로 50kg를 드는 게 훨씬 낫습니다.

또한 근육의 자극보다는 안전한 자세가 우선입니다. 근육의 자극을 느끼겠다고 관절에 무리가 되는 변칙 동작을 찾아다니지 말고, 안전한 자세에만 집중하세요. 특히 초보자일수록 근육이 힘을 잘 쓰고 있더라도 자극은 느끼지 못하는 경우가 많습니다. 이는 근육의 감각 신경이 아직 잘 발달하지 못했기 때문이에요. 근육에 자극이 별로 느껴지지 않는다고 해서 운동이 안 되는 게 아닙니다. 근육의 자극에 집착하지 말고 올바른 자세에만 집중하세요.

　동작의 속도는 느리게 하는 게 안전합니다. 동작이 빠르면 자세가 망가져서 다치기 쉽기 때문이죠. 특히 움직임의 방향이 바뀔 때 튕기듯이 빠르게 움직이면서, 순간적으로 움직임을 제어하지 못하는 경우가 많습니다. 백스쾃에서 내려가다가 올라오는 순간이나, 벤치프레스에서 바벨이 가슴을 터치하고 올라오는 순간 등이 대표적이에요. 이를 막기 위해서는 중력에 버티면서 천천히 내려가고, 밑에서 잠깐 멈췄다가 올라오는 게 좋습니다. 일반적으로 내려갈 때 2초, 밑에서 멈춰서 1초, 올라올 때 1초의 템포로 움직이라고 표현하기도 합니다. 물론 순발력과 파워가 목적인 고급자라면 폭발적으로 빠르게 동작을 해야겠지만, 동작에 숙련되지 않은 초중급자는 안전하게 천천히 동작을 하세요.

　운동 동작은 꼭 본인의 가동범위 안에서만 움직여야 합니다. 물론 종목마다 완전 가동범위에 대한 기준이 있기는 합니다. 예를 들어 시합을 할 때 풀 스쾃은 고관절 앞쪽이 무릎 높이보다 내려가야 하고, 벤치프레스는 바벨이 가슴을 터치해야 하죠. 하지만 남들과 기록 경쟁을 할 게 아니라면 이러한 기준을 지켜야 할 필요는 전혀 없어요. 본인의 가동범위가 부족하다면, 남들의 기준은 무시하고 본인의 가동범위가 허락하는 범위까지만 움직여야 합니다. 기준을 채우려고 관절 가동범위 이상으로 억지로 움직이다가는 다칠 수 있어요. 항상 본인이 스스로 제어할 수 있는 가동범위에서만 동작을 해야 합니다.

하지만 너무 짧은 가동범위로 깔짝대며 부분 반복만 하는 것도 좋지 않습니다. 부분 반복만 하면 다양한 각도에서 관절의 움직임을 골고루 단련시킬 수 없거든요. 게다가 부분 반복을 하면 난이도가 쉬워지는 만큼 더 무거운 중량을 다루게 됩니다. 본인에게 무리한 중량을 들다가 부상으로 이어질 수도 있고요. 불편함이나 통증이 없다면, 본인의 가동범위 안에서는 최대한 크게 움직이세요. 충분히 크게 움직일 수 있는데, 힘들어서 요령 피우느라 조금만 움직이면 안 됩니다.

안전한 종목을 선택하기

부상 예방을 위해서는 종목을 선택할 때도 신중해야 합니다. 운동 종목을 편식하지 말고 골고루 선택해야 해요. 또한 본인에게 맞지 않는 종목은 피하거나, 자세를 변형해서 해야 합니다. 종목 자체가 위험한 것들은 아예 하지 말아야 하고요.

우선 4장의 훈련 루틴에서 설명했듯이, 운동 종목을 선택할 때는 움직임 별로 골고루 선택해야 합니다. 특정 움직임이나 근육에만 집착하면 안 돼요. 신체가 불균형하게 발달하면 불균형한 움직임으로 이어지고, 이런 잘못된 움직임이 반복되면 부상을 초래할 수 있기 때문이죠.

특히 서로 반대되는 움직임 중에 한 쪽만 불균형적으로 발달하지 않도록 해야 합니다. 예를 들면 가슴 근육을 키우는 게 목적이더라도, 앞으로 미는 운동을 하는 만큼 앞에서 당기는 운동도 해야 해요. 어깨 관절 주변의 근육들 간의 힘의 균형이 잘 맞아야 하는데, 균형이 깨지면 관절의 움직임 축이 한쪽으로 치우칠 수 있거든요. 이는 결국 부상으로 이어질 수 있습니다. 마치 돛단배에서 돛에 달린 줄들의 장력 균형이 맞지 않으면 돛대가 기울거나 줄이 끊어질 수 있듯이 말이죠.

누구나 꼭 해야만 하는 필수 종목 같은 건 없습니다. 하체를 키우려면 백스쾃이 필수이고, 가슴을 키우려면 벤치프레스가 필수라는 말도 있지만, 그런 종목들을 피해야 하는 사람들도 있어요. 허리디스크가 있는 사람이 백스쾃을 하거나, 손목 통증이 있는 사람이 벤치프레스를 하다가는 부상이 더 심해질 수도 있거든요. 대신 운동 효과는 비슷하지만 더 안전한 종목들로 대체해야 합니다. 백스쾃 대신에 백워드 런지를 하고, 벤치프레스 대신에 덤벨 벤치프레스를 하면 돼요. 통증이 생기는 종목이 있는데도 통증을 참고 억지로 하면 절대 안 됩니다.

특정 종목을 꼭 하고는 싶은데, 가동범위가 부족해서 정자세를 할 수 없는 경우가 있습니다. 원칙적으로는 그런 종목은 피해야 하고, 장기적으로 스트레칭을 해서 가동범위가 충분히 나오게 된 이후에야 시도를 하는 게 이상적입니다. 하지만 임시방편으로 자세를 변형하면 당장에도 그 종목을 할 수 있습니다. 외부의 도구를 이용해서 자세를 조금만 변형하면 부족한 가동범위를 보완할 수 있거든요.

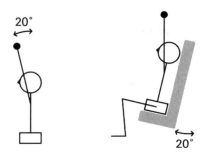

예를 들어 어깨 가동범위가 부족하면 아놀드프레스를 하면 안 됩니다. 팔을 수직 위로 들 수 없기 때문이죠. 하지만 이런 사람들도 각도 조절이 가능한 벤치를 이용하면 아놀드프레스를 할 수 있습니다. 만약 어깨 가동범위가 20° 부족하다면, 벤치 등받이를 20° 뒤로 기울이고 등받이에 기대서 앉으세요. 어깨 각도가 부족한 만큼 상체 각도가 뒤로 기울기 때문에, 팔의 각도는 지면을 기준으로 수직으로 만들 수가 있습니다. 물론 팔을 몸 앞쪽 방향으로 밀어내기 때문에 어깨 근육의 운동 효과는 조금 줄어들기는 하지만, 본인의 가동범위 안에서 안전하게 운동을 할 수가 있어요.

다른 종목들도 자세를 변형하면 부족한 가동범위를 보완할 수 있습니다. 만약 고관절을 굽히는 가동범위가 부족하면, 데드리프트에서 바벨을 잡을 때 허리가 굽을 수 있어요. 이럴 때는 원판 밑을 패드로 받치거나 바벨을 랙에 거치해서 바벨의 높이를 높이면 됩니다. 바벨이 높으면 뻣뻣한 사람도 허리를 편 채 편하게 바벨을 잡을 수 있거든요.

또한 백스쾃을 할 때 깊게 앉지 못하는 사람은 역도화를 사용하면 깊게 앉을 수 있습니다. 깊게 앉지 못하는 이유는 대부분 발목의 가동범위가 부족하기 때문이거든요. 하지만 뒷굽이 높은 역도화를 신어서 뒤꿈치를 높이면 발목을 더 앞으로 굽힐 수 있어요. 발목의 부족한 가동범위가 보완되기 때문에 깊게 앉을 수 있고요.

하지만 동작 자체가 관절에 위험한 종목들도 있습니다. '비하인드 넥 랫풀다운'이나 '비하인드 넥 프레스'처럼 목 뒤에서 밀거나 당기는 종목들이 대표적이에요. 광배근과 삼각근에 자극이 잘 온다는 이유로 즐겨하는 사람들도 있지만, 어깨 관절의 부상 위험이 높은 동작이거든요. 어깨 관절의 구조상, 팔은 몸 앞쪽에서 움직이는 게 자연스럽고 안전합니다. 특히 대부분의 일반인들은 어깨가 유연하지 않기 때문에, 이런 종목을 하다가 금방 어깨를 다칠 수 있어요.

물론 여기에 딴지를 거는 사람들도 있습니다. "나는 그 종목을 10년 넘게 했어도 멀쩡하던데?", "유명 보디빌더들도 저 종목을 하던데?"라는 식으로 말이죠. 하지만 이 말은 마치 "나는 음주운전을 해도 사고 안 나던데?"라는 말과 똑같습니다. 음주운전을 한다고 100% 무조건 사고가 나는 게 아니듯이, 위험한 종목을 한다고 부상을 꼭 당하는 건 아니에요. 모든 건 확률의 문제입니다. 술에 취하면 교통사고 확률이 높아지듯, 위험한 종목일수록 부상 확률이 높아집니다. 위험한 확률은 최대한 낮추는 게 좋아요.

또한 지금까지 다치지 않았다고 해서 앞으로도 다치지 않는다는 보장은 없습니다. 부상은 일회성의 큰 충격으로 생기는 경우도 있지만, 대부분의 경우는 나쁜 동작을 오랜 기간 반복해서 생기거든요. 오랜 기간 동안 손상이 누적되다가 어느 순간 임계점을 넘기면 그때부터 통증이 생깁니다. 운동회에서 박 터트리기를 할 때 박은

한 번에 터지지 않습니다. 박에 충격이 많이 누적되면, 마지막에 살짝만 때려도 박이 터지게 되죠. 당장은 몸에 문제가 나타나지 않더라도 위험한 종목은 하지 마세요. 나도 모르게 손상이 누적되고 있을 수도 있습니다.

적정 운동량 찾기

부상 예방을 위해서는 몸에 무리가 가지 않는 적정 운동량을 찾는 게 중요합니다. 운동량이 너무 과하면 오버트레이닝으로 부상을 당할 수 있거든요. 반대로 운동량이 너무 적으면 몸에 발전이 없고요. 하지만 세상 모든 일이 그렇듯, '적당한'에는 명확한 기준이 없습니다. 결국 이 책에서도 속 시원하게 딱 정해줄 수는 없고요.

일반적으로는 **루틴 설정하는 법**(234p)에서 설명했던 내용을 참고하면 어느 정도는 적정 운동량을 정할 수 있습니다. 그리고 부상 예방을 우선시 한다면 약간 더 보수적으로 설정하는 것도 괜찮아요. 예를 들어 최대 반복 세트로 훈련을 할 때 최대한 반복하기 보다는, 1~2개 정도는 더 할 수 있을 것 같을 때 멈추는 식으로 말이죠. 또한 훈련이 다 끝났을 때 체력적으로 살짝 여유가 있을 정도로 루틴을 설계하는 게 좋습니다.

탈진이 될 정도로 운동을 해야 뿌듯해하는 사람들도 종종 있는데, 이렇게 무리하면 장기적으로 좋지 않아요. 오버트레이닝의 확률이 높아지거든요. 특히 수많은 헬스트레이너들이 수업 때 회원을 한계까지 밀어붙이는데, 이런 트레이닝 방식은 부상의 원인이 됩니다.

하지만 많은 사람들이 빠른 성과를 얻고 싶어서 무리를 합니다.

운동량이 많을수록 더 빨리 성장할 거라고 착각을 하는 것이죠. 세트 수가 많을수록, 훈련 시간이 길수록, 훈련을 자주 할수록 더 운동 효과가 좋을 거라는 선입견이 있습니다. 실제로 많은 운동선수들도 노력과 근성을 강조하면서, 자기의 한계를 넘어서야 한다고 하고요. 하지만 회복 능력이 타고나지 않은 보통의 사람들은 그렇게 훈련하면 금방 부상이나 오버트레이닝으로 이어질 수 있습니다.

체중 유지 식사량 〈 **적정 식사량** 〈 소화 가능한 최대 식사량

적정 운동량을 정하는 건 적정 식사량을 정하는 것과도 비슷합니다. 살을 찌우려면 얼마나 먹어야 할까요? 당연하겠지만 소화 가능한 범위 안에서는 많이 먹을수록 살이 빠르게 찝니다. 하지만 소화 가능한 양보다 많이 먹으면 배탈이 나서 오히려 체중이 줄어들 수도 있습니다. 또한 지금 당장은 배탈이 나지 않더라도, 과도하게 먹다보면 장기적으로는 위장에 무리가 될 수 있고요. 건강하게(?) 살을 찌우기 위해서는 절대 무리하면 안 됩니다. 체중 유지에 필요한 양보다 조금씩만 더 먹어도 살은 충분히 찌울 수 있어요. 시간은 조금 오래 걸리겠지만요.

현상 유지 운동량 〈 **적정 운동량** 〈 회복 가능한 최대 운동량

훈련도 마찬가지입니다. 본인이 회복 가능한 한도 안에서는 운동량이 많을수록 성장 속도가 빨라요. 하지만 사람마다 회복 가능한

운동 강도가 어느 정도인지는 아무도 모릅니다. 그래서 욕심 부리면서 운동량을 늘리다가는 어느새 오버트레이닝으로 부상을 입기 쉬워요. 장기적으로 건강하게 운동하려면, 현상 유지를 위해 필요한 운동량보다 운동을 조금씩만 더 하면 충분합니다. 물론 성장 속도는 조금 더디긴 하겠지만요.

만약 빠른 성과를 내야 해서 어쩔 수 없이 운동량을 높게 유지해야 하는 상황이라면, 평소에 몸의 신호를 예민하게 관찰해야 합니다. 그래야 몸에 무리가 왔을 때 바로 운동량을 조절할 수 있거든요. 흔히 나타나는 오버트레이닝의 징후에는 몇 가지가 있어요. 만성피로, 식욕부진, 수면장애 등이 대표적입니다. 일상에 특별한 스트레스가 없는데도 이런 증상이 생긴다면 무리한 운동량 때문일 수 있어요. 이런 경우에는 회복을 위해 훈련을 1~2주 정도 훈련을 완전히 쉰 뒤, 디로딩을 해서 낮은 강도로 훈련을 다시 시작하는 걸 추천합니다.

오버트레이닝 예방

Tip : 훈련 vs 테스트

훈련과 테스트는 다릅니다. 우선 훈련은 시합 준비나 기록 향상 등, 특정 목표를 위해 준비하는 과정을 뜻합니다. 이에 반해 테스트는 성능을 알아보기 위해 한계를 시험하는 것을 뜻하고요. 예를 들어 푸쉬업 개수를 늘리기 위해 루틴을 짜고, 루틴대로 실천하는 건 훈련입니다. 반면에 체력 시험에서 높은 점수를 받기 위해 푸쉬업을 한계치까지 최대한 많이 반복하는 건 테스트에요.

문제는 많은 사람들이 훈련을 마치 테스트처럼 여기며 한계치까지 한다는 겁니다. 우리가 평소에 해야 하는 건 테스트가 아니라 훈련이에요. 테스트를 너무 자주 하면 금방 몸에 무리가 되고, 성장에 오히려 방해가 됩니다. 체력이 아주 강한 운동선수들조차 훈련 때마다 한계치까지 운동하지 않아요. 파워리프터들도 평소 훈련에서는 최대 중량을 거의 들지 않고, 마라토너들도 훈련 때 풀코스는 거의 뛰지 않습니다.

평소 훈련을 할 때는 웬만하면 한계까지 하지 마세요. 몸이 좋아지기 위해서는 한계치까지 운동을 해야 한다는 인식이 널리 퍼져있지만, 한계치보다 한두 개 적게 해도 몸은 충분히 성장합니다. 따라서 훈련 중에는 실패지점은 피하는 게 좋아요. 만약 최대 반복 세트를 하더라도, 한 개 정도는 더 할 수 있는 여유가 있을 때 세트를 중단하는 게 좋습니다.

본인의 수준 파악이나 동기 부여를 위해 가끔씩은 테스트를 해보는 것도 괜찮습니다. 턱걸이 최대 횟수나 벤치프레스 최대 중량 등을 확인해 보는 거죠. 하지만 테스트를 하더라도 정자세는 꼭 유지해야 합니다. 자세가 망가질 것 같으면 바로 멈춰야 해요. 또한 테스트 자체가 몸에는 큰 부담이 되기 때문에, 테스트 이후에는 디로딩을 해서 낮은 강도로 훈련을 진행해야 합니다.

훈련 vs 테스트

훈련 후 : 회복에 전념하기

적절한 운동량만큼이나 훈련 후의 회복도 중요합니다. 오버트레이닝은 언더리커버리(부족한 회복)와 같은 뜻이거든요. 결국 부상 예방의 핵심은 회복입니다. 회복하지 못할 정도로 운동 강도가 지나쳐도 부상이 생기고, 회복하지 못할 정도로 휴식이 짧아도 부상이 생겨요.

훈련 후에는 손상된 신체를 회복하는 데에 전념해야 합니다. 전투 후에는 피해를 신속히 복구해서 다음 전투를 대비하듯이 말이죠. 이를 위해서는 충분한 휴식과 수면, 영양 관리가 필수적이에요.

휴식 기간

훈련 세션과 세션 사이의 기간을 휴식이라고 부릅니다. 훈련으로 인해 손상을 받은 신체는 휴식하는 동안 회복을 하고요. 물론 마냥 편히 쉬는 게 아니라 출근해서 일하느라 힘들다고 항변할 수도 있겠죠. 하지만 훈련 관점에서는 훈련 세션 이외에 강도가 낮은 일상 활동은 모두 휴식입니다. 심지어 가벼운 산책이나 스트레칭도 일종의 능동적인 휴식으로 보기도 합니다.

휴식 기간을 설정하는 건 식사 간격을 정하는 것과 비슷합니다. 식사 간격은 식사량에 따라, 사람에 따라 달라지겠죠. 배터지게 먹었다면 한 끼를 건너뛰어야 할 수도 있지만, 적게 먹었다면 두세

시간 만에 또 식사를 해야 할 수도 있습니다. 또한 두 사람이 같은 양을 먹더라도 대식가는 금방 배고프지만, 소식가는 하루 종일 배가 부를 수도 있어요. 이렇듯 식사 간격은 상황에 따라 달라집니다. 어쨌든 건강을 위해서는 이전 식사가 다 소화된 뒤에 다음 식사를 하는 게 정석이에요.

훈련도 마찬가지입니다. 이전 세션에서의 손상에서 회복될 때까지 휴식하는 게 이상적이에요. 회복에 필요한 휴식 기간은 훈련 강도에 따라, 사람에 따라 달라지고요. 한계를 테스트하느라 아주 고강도로 운동했다면 일주일을 휴식해야 할 수도 있고, 아주 약한 강도로 운동했다면 바로 다음날 운동을 해도 괜찮습니다. 또한 두 사람이 똑같은 강도로 운동을 하더라도 경력자는 하루 휴식으로 회복이 될 수 있지만, 초보자는 며칠을 쉬어야 할 수도 있어요. 결국 훈련 강도와 체력 수준에 따라서 휴식 기간을 적절히 정해야 합니다.

부상의 주요 원인 중의 하나가 휴식의 부족입니다. 그리고 휴식을 줄이는 대부분의 이유는 빠른 변화를 얻고 싶은 욕심 때문이에요. 자주 운동할수록 운동 효과가 좋다고 생각하는 사람이 많거든요. 하지만 소화가 아직 다 되기도 전에 다음 식사를 한다면 언젠가는 배탈이 나겠죠? 마찬가지로 이전 훈련 세션에서 회복되기도 전에 다음 세션을 한다면, 몸에 무리가 돼서 부상으로 이어질 수 있습니다. 운동을 너무 자주 하면 독이 될 수 있어요.

부상 예방을 위해서는 휴식을 충분히 취해야 합니다. 하지만 적절한 식사 간격을 정하는 것과는 달리, 적절한 휴식 기간은 정하기가 어려워요. 적절한 식사 때가 되면 배가 고프고 배꼽시계의 알람이 울리지만, 운동하기 적절한 때를 알려주는 알람은 딱히 없기 때문이죠. 따라서 루틴대로 훈련을 진행하되, 훈련 세션을 시작하기 직전에 몸의 컨디션에 주의를 기울여야 합니다. 만약 피로감이 심하거나, 아직 이전 세션의 근육통에서 회복이 안 되었다면 하루 더 쉬는 게 좋습니다.

충분한 수면

회복을 위해서는 휴식 기간만큼이나 휴식의 질도 중요합니다. 양질의 휴식을 취하면 회복이 더 빠르거든요. 특히 가장 효과적이고 질 좋은 휴식은 수면입니다. 그래서 큰 사고를 당했을 때처럼 극한의 손상을 받으면, 우리 몸은 회복에 전념하기 위해 며칠 동안 잠만 자기도 하죠.

따라서 훈련 후 빠른 회복을 위해서는 수면에 신경을 많이 써야 합니다. 이상적인 수면 시간은 하루에 7~8시간 정도입니다. 물론 사람마다 적정 수면 시간이 다르기는 하지만, 아무리 바빠도 최소 6시간 이상은 자야 하고요. 또한 똑같은 시간을 자더라도 깊게 푹 자는 게 좋습니다. 질 좋은 수면을 위해서는 자고 일어나는 시간도 규칙적으로 유지하는 게 좋아요.

수면이 부족하면 몸의 회복도 더디고, 운동 수행 능력도 나빠집니다. 특히 훈련 세션 전날에 잠을 너무 적게 잤다면, 그날은 훈련을 건너뛰고 잠을 더 자서 컨디션을 회복하는 게 더 나을 수도 있어요. 그래도 훈련을 꼭 해야겠다면 운동 강도를 평소보다 낮춰서 진행해야 합니다. 피곤하면 집중력이 떨어지기 때문에 훈련 중 부상 위험이 더 높아지거든요.

훈련 일지를 적듯이 수면 내용도 기록으로 남겨두면 좋습니다. 스마트 워치나 밴드를 착용하면 수면 시간과 수면의 질을 알아서 측정하고 기록으로 남겨주기 때문에 편해요. 기록을 매일 체크하면서 수면 패턴을 일정하게 유지하려고 노력해야 합니다.

수면 기록은 오버트레이닝 여부를 판단하는 기준이 되기도 합니다. 오버트레이닝의 증상 중 하나가 수면 장애이기 때문이죠. 만약 별다른 이유 없이 수면 시간이나 수면의 질이 크게 떨어진다면 오버트레이닝을 의심해볼 수 있어요. 만약 훈련 강도가 높다면 디로딩을 할 필요가 있습니다.

영양 관리

훈련 세션이 끝난 뒤 신체의 손상을 재건하기 위해서는 영양소가 필요합니다. 건물을 지을 때는 건축 자재와 연료가 필요하듯이 말이죠. 건축 자재가 부족하거나, 건설 장비를 움직이는 연료가 부족하면, 인력과 장비가 아무리 많더라도 건물을 지을 수가 없습니다. 마찬가지로 영양소의 섭취가 부족하면, 휴식을 잘 취하더라도 몸이 충분히 회복할 수 없어요. 근육의 성장뿐 아니라 부상 예방을 위해서도 영양소를 골고루 섭취해야 합니다.

우선 단백질은 근육, 뼈, 피부, 머리카락 등, 몸의 구성요소로 주로 쓰이는 영양소입니다. 근육을 합성하는 데 필수적인 자재라서 운동하는 사람들이 가장 중요시 하는 영양소에요. 하지만 밥과 나물 위주의 전통적인 한국인의 식단에는 단백질이 부족한 편입니다.

따라서 육류나 생선, 계란 등의 단백질 식품을 더 섭취하려고 노력해야 합니다.

근육을 키우려는 사람에게 하루에 필요한 단백질 량은 체중 1kg당 1.5~2g 정도예요. 예를 들어 체중이 60kg이라면 하루에 단백질을 90~120g 정도를 섭취하면 적당합니다. 운동하는 날만 단백질을 챙겨먹는 사람도 종종 있는데, 운동을 쉬는 날에도 단백질은 똑같이 먹어야 해요. 운동하지 않는 날이라고 해서 밥을 굶는 게 아니듯이 말이죠.

탄수화물은 주로 에너지원으로 쓰입니다. 특히 고강도 운동을 할 때 주로 쓰이기 때문에, 탄수화물의 섭취가 부족하면 운동 수행 능력이 떨어질 수 있어요. 게다가 탄수화물은 훈련 후에 손상을 복구할 때에도 쓰입니다. 단백질이 건축 자재 역할을 한다면, 탄수화물은 건설 장비를 움직이는 연료 역할을 하거든요.

하지만 요즘은 다이어트 때문에 극단적인 저탄수화물 식단이 유행이라서 문제입니다. 과도한 탄수화물 섭취는 비만의 원인이 되지만, 반대로 너무 부족한 것도 건강에 나쁘거든요. 적정 섭취량은 활동량에 따라 달라집니다. 활동량이 많다면 탄수화물도 충분히 먹어야 해요. 과하지도 모자라지도 않도록 적당량을 섭취해야 합니다.

지방은 탄수화물과 함께 에너지원으로 주로 쓰입니다. 또한 지방은 세포막을 구성하고, 근육을 만드는 호르몬을 합성하는 데 쓰이기도 하고요. 그래서 지방도 손상된 신체를 복구하는 데에 간접적인 역할을 합니다.

하지만 '체지방'이라는 단어 때문에 지방에는 부정적인 선입견이 많습니다. 하지만 체지방이 과도한 비만 상태가 건강에 나쁘듯이, 체지방이 너무 적어도 건강에 문제가 돼요. 체지방이 과도하게 적으면 면역력이 약해지고 몸의 각종 기능이 떨어지거든요. 또한 체지방의 많고 적음과는 별개로, 필수지방산은 체내에서 합성할 수 없기 때문에 음식을 통해 꼭 섭취해야 합니다. 탄수화물과 마찬가지로 지방의 적정 섭취량은 활동량에 따라서 달라져요. 다양한 식품을 통해 양질의 지방을 적당량 섭취해야 합니다.

수분도 몸의 70%를 차지하는 중요한 구성 요소입니다. 하지만 고강도의 훈련으로 땀을 많이 흘리면 탈수 상태가 될 수 있어요. 탈수 상태가 되면 운동 수행 능력이 나빠지고, 탈수 정도가 심하면 생명에도 위협이 됩니다. 훈련 전후와 훈련 중에는 수분 섭취에 신경 써서 탈수를 방지해야 합니다. 다만 한 번에 너무 많은 양의 물을 마시면 체내 전해질 균형이 깨질 수도 있고, 운동할 때 위장이 불편할 수 있습니다. 물은 갈증이 느껴지기 전에 조금씩 자주 드세요.

비타민과 무기질은 에너지원이나 몸의 구성 요소로 쓰이지는 않지만, 몸이 제 기능을 하는 데 꼭 필요한 영양소입니다. 다양한 대사 조절에 필수적이고, 만약 부족하면 각종 결핍증이 생기거든요. 다양한 자연 식품을 통해 적정량을 섭취하는 게 이상적입니다. 만약 비타민과 무기질의 섭취가 부족할 것 같다면 영양제를 통해서라도 보충해주세요.

결국 위의 내용들을 요약하면 균형 잡힌 식사를 해야 한다는 겁니다. 이를 위해서는 3대 영양소(탄수화물, 단백질, 지방)와 수분,

비타민, 무기질을 적정량 섭취하도록 노력해야 하고요. 특히 다이어 트를 한다고 특정 영양소를 과도하게 줄이면 부상의 원인이 될 수도 있습니다. 세상에 나쁜 영양소는 없어요. 너무 적거나 과도한 양이 나쁠 뿐입니다.

이 책에서는 훈련 후 회복의 관점에서 영양의 중요성을 최대한 간단히만 설명했습니다. 영양에 대해 제대로 배우려면 책 한 권으로도 모자라요. 더 자세한 내용이 알고 싶다면 영양학 공부를 따로 해보는 것을 추천합니다.

단백질 섭취 기준

마음가짐 : 보수적인 투자하기

부상을 예방하기 위해서는 훈련에 임하는 마음가짐도 중요합니다. 훈련을 할 때 조급한 마음으로 인해 다치는 사람들이 많기 때문이죠. 이번 파트에서는 훈련 중 가져야 할 마음가짐을 주식 투자에 비유해서 설명합니다. 운동도 몸에 대한 투자이기 때문에 주식 투자와 비슷한 점이 많거든요.

　운동이든 투자든 기술적인 지식을 많이 알고 있더라도, 마음가짐이 잘못되었다면 실패할 수 있어요. 만약 인생역전을 노린다는 마음가짐으로 주식 투자를 한다면, 투자 지식이 많더라도 돈을 크게 날릴 수 있죠. 마찬가지로 짧은 시간에 급하게 몸을 만들려고 무리하게 훈련을 한다면, 운동 지식이 많더라도 금방 다칠 수 있습니다. 여러분들은 일확천금을 바라는 투기꾼이 되지 말고, 안전하게 보수적으로 투자하는 현명한 투자자가 되기를 바랍니다.

운동은 선택이 아니라 필수

최근 몇 년간 주식 투자에 대한 사람들의 관심이 많아졌습니다. 세월이 갈수록 물가는 빠르게 오르는 데 반해, 저축만 한다면 내 재산의 가치는 점점 줄어들기 때문이죠. 이 때문에 소득은 그대로인데 상대적으로 빈곤해진 사람들을 표현하는 '벼락거지'라는 단어가 등장하기도 했고요. 이런 현상을 트레드밀 위에서 가만히만 있으면 뒤로 밀려가는 것에 비유하기도 합니다. 결국 부자가 되고 싶은 욕심은 전혀 없다고 해도, 현재의 자산을 유지하기 위해서라도 이제 투자는 선택이 아니라 필수가 되었죠.

우리 몸도 마찬가지입니다. 나이가 들수록 노화로 인해 신체의 모든 기능이 낡아갑니다. 움직임은 점점 둔해지고, 근육과 뼈 등의 구조물은 약해집니다. 특히 나이가 30대를 넘어가면 1년이 다르게 몸이 예전 같지 않다는 걸 실감하게 되죠. 특히 하루 종일 앉아있는 시간이 길고 잘 움직이지 않을수록 몸이 낡아가는 속도가 더 빠르고요.

하지만 적당한 근력 운동을 하면 몸의 노화로 인한 기능 저하를 막을 수 있습니다. 신체가 다양한 동작과 저항에 노출되고 적응하면서 몸이 강해지거든요. 노화를 완전히 막지는 못하겠지만, 적당한 운동은 몸의 기능 저하 속도를 늦춰줍니다. 운동을 아예 하지 않았던 분들이라면 몇 년 전보다 오히려 몸이 더 젊고 강해지기도 하고요. 멋진 몸매를 만드는 데에는 관심이 없는 사람이더라도, '벼락약골'이 되지 않으려면 운동은 선택이 아니라 필수예요.

장기 투자를 하자

"장기 투자를 해라" 수많은 투자 고수들이 공통적으로 하는 말이죠. 당장 몇 달 뒤에 목돈을 마련하기 위해서 투자를 하기보다는, 수십 년 뒤의 노후 대비를 목표로 투자를 하라고 합니다. 장기 투자가 단기 투자에 비해 장점이 많기 때문이죠.

우선 장기 투자를 하면 마음이 편합니다. 먼 미래에는 주가가 오를 것이라는 확신을 가지고 투자를 했을 테니까요. 하지만 단기 투자를 하면 시시각각 변하는 주가에 동요하느라 스트레스를 많이 받습니다. 게다가 주가가 잠깐 떨어졌을 때 공포감 때문에 팔아버려서 손실을 보기도 하고요. 하지만 주가는 오르는 날도 있고 내리는 날도 있는 게 정상이죠. 어떤 주식도 매일같이 상승하지는 않습니다. 장기 투자를 하면 하루하루의 주가 변동에 일희일비 하지 않을 수 있고, 결과적으로도 단기 투자에 비해 성공 확률이 높다는 장점이 있습니다.

훈련도 마찬가지입니다. 컨디션이 좋아서 성장이 빠른 시기도 있고, 컨디션 저하로 오히려 이전보다 몸 상태가 퇴보하는 시기도 있습니다. 자잘한 부상으로 훈련을 아예 쉬어야 하는 때도 있고요. 매일같이 성장할 수는 없어요. 이럴 때 장기 투자 관점에서는 일희일비 하지 않고 넘어갈 수 있지만, 단기 투자 관점에서는 불안하고 조급해집니다. 쉬어야 할 때인데도 무리해서 훈련을 하다가 다치는 경우도 많고요.

하지만 대부분의 사람들이 운동을 할 때 단기 투자로 접근을 해서 문제입니다. 당장 이번 여름휴가를 대비해서 몸을 만들거나, 몇 달 뒤의 바디프로필 촬영을 준비하는 등 말이죠. 하지만 이렇게 단기 투자로써 운동을 하면 정신적, 육체적 스트레스도 심하고, 조급한 마음에 부상도 많이 당합니다. 다치지 않고 건강하게 성장하려면 최소한 5년 뒤를 목표로 잡고 훈련을 하는 게 좋습니다. 최종적으로는 수십 년 뒤의 건강한 노년을 목표로 잡고 훈련을 하는 것을 추천하고요.

남들과 비교하지 않기

대부분의 불행은 남들과 비교하는 데에서 옵니다. 주식 투자도 마찬가지죠. 예를 들어 주식으로 10%를 벌면 기분이 좋다가도, 남들이 50%, 100%를 벌었다는 얘기를 들으면 갑자기 상대적 박탈감이 듭니다. 돈을 벌어서 기쁘기보다는, 남들보다 못 벌어서 오히려 기분이 나빠지는 거죠. 그냥 기분만 나쁘고 말면 다행이지만, 남들의 수익률에 뒤처지지 않으려고 위험한 투자 방법을 찾게 됩니다. "100만원으로 10억 만들기"같은 자극적인 콘텐츠에 관심이 가고, 작전주나 테마주처럼 리스크가 큰 곳에 투자를 하게 되죠. 다들 아시다시피 그 끝은 좋지 않은 경우가 많고요.

운동을 할 때에도 비교의 늪에 빠지는 사람들이 많습니다. 운동을 1~2년 하다보면 몸의 변화가 느껴져서 뿌듯하다가도, 운동을 시작한 지 별로 안 된 친구의 몸이 더 좋아진 걸 보면 질투가 나거든요. 게다가 헬스장에서 엄청 무거운 중량을 드는 사람을 보거나, SNS 상의 수많은 멋진 몸매들을 보다보면, 새삼 내 모습이 초라해지기도 합니다.

대부분의 부상이 여기에서 시작됩니다. 괜히 지기 싫은 승부욕이 생기거든요. 옆 사람에 비해 너무 가벼운 무게를 들면 만만하게 보일까봐 신경이 쓰입니다. 나도 SNS에 고중량 운동 영상을 올려서 '좋아요'를 받고 싶기도 하고요. 결국 훈련 계획에는 없던 무거운 중량을 들게 됩니다. 무리하게 운동을 하다가 자세가 망가지면서 다치고는 하죠.

게다가 남들과 비교를 하다보면 '혹시 내 훈련 방식이 잘못된 건 아닐까?' 하는 의심에 빠집니다. 내가 남보다 부족한 원인을 훈련 루틴 탓으로 돌리고, 운동 효과가 좋다는 비법 루틴들을 찾아다니게 되죠. 이 과정에서 과도하게 운동량을 늘리거나 휴식을 줄입니다. 하지만 몸이 감당할 수 없는 한도로 훈련을 몰아붙이다보면 결국은 부상으로 이어집니다. 신체의 회복력은 사람마다 천차만별이라서, 누군가에게는 효과적인 루틴이라도 내 몸에는 무리가 될 수 있거든요. 사람마다 소화 능력이 다르기 때문에, 라면을 한 번에 10개씩 먹는 사람을 보고 함부로 따라하다가는 배탈이 나듯이 말이죠.

심지어 극단적으로는 약물의 유혹에 빠지기도 합니다. 약물을 사용하면 근육의 크기나 힘은 빠르게 성장할 수 있거든요. 하지만 그만큼 부작용이 크기 때문에 건강이 망가지는 건 시간문제입니다. 사람들이 부작용을 알면서도 약물을 사용하는 이유는 오직 한 가지, 남들과의 비교 때문이에요. 남들과 비교해서 우월감을 느끼고 싶거나, 시합에서 경쟁자를 이기기 위해서죠. 순수하게 자기만족을 위해서 약물을 하는 사람은 없습니다.

비교는 양날의 검입니다. 남들과의 비교는 운동을 지속하는 원동력이 되기도 하지만, 많은 부상의 원인이 되기도 합니다. 운동선수가 직업이 아니라면 남들과의 비교는 자제하는 게 좋습니다. 세상 모든 일이 그렇듯, 운동도 유전적으로 타고나는 게 크거든요. 아무리 노력을 하더라도 유전적으로 타고난 사람을 이길 수는 없습니다. 인간이 아무리 노력을 해도, 유전적으로 아주 약간 다를 뿐인 고릴라보다 크고 강해질 수는 없듯이 말이죠.

항상 비교 대상은 과거의 자신이어야 합니다. 1년 전, 2년 전의 과거 기록과 비교하면서 운동을 하는 게 좋아요. 굳이 남들과 비교를 하고 싶다면, 몸매나 운동 중량이 아니라 자세를 비교하는 게 좋습니다. 남들에 비해 얼마나 완벽하고 깔끔한 자세로 동작을 하는 지 말이죠.

잃지 않는 투자하기

"잃지 않는 것이 돈을 버는 것보다 훨씬 중요하다." 워런 버핏의 유명한 투자 원칙이죠. 높은 수익률을 추구하면 당장은 돈을 크게 벌 때도 있지만, 결국은 크게 손해를 보고 끝나는 경우가 많거든요. 당장 눈앞의 수익률은 낮더라도 안전하게 투자해야, 장기적으로 봤을 때 오히려 수익률이 가장 높다고 합니다.

훈련도 성장 속도가 느리더라도 안전을 추구해야 합니다. 물론 공격적으로 한계까지 운동을 하는 사람들이 당장은 성장 속도가 빠를 수 있어요. 하지만 리스크를 감수하는 만큼 자주 다칠 수밖에 없습니다. 만약 크게 다쳐서 운동을 오랫동안 쉬게 되면 그동안 운동에 투자했던 게 헛수고가 될 수도 있습니다. 부상 정도가 심하면 통증 때문에 일상생활이 불편해지기도 하고요. 게다가 장기적으로는 큰 부상을 여러 차례 겪은 뒤 아예 운동을 접는 경우도 많습니다. 주식 투자에서 크게 실패하고 나면 주식은 이제 거들떠보지도 않듯이 말이죠.

특히 운동은 주식 투자보다 더 조심해야 합니다. 돈은 잃더라도 복구할 기회가 있지만, 몸은 크게 다치면 원상복구가 안될 수 있기 때문이죠. 그래서 훈련을 할 때는 안전에 초점을 두고 보수적으로 해야 합니다. 그리고 큰 부상 없이 꾸준히 오랜 기간 운동을 한다면, 당장 성장 속도는 느리더라도 장기적으로는 성장 확률이 더 높아요.

주식 투자와 비교해서 운동의 큰 장점은 현상 유지만 해도 성공이라는 겁니다. 만약 10년 동안 주식 투자를 했는데 원금이 그대로라면 실패한 투자겠죠. 물가는 그동안 상대적으로 많이 올랐을 테니까요. 하지만 운동을 꾸준히 해서 지금의 몸 상태를 10년 뒤에도 그대로 유지한다면 엄청나게 성공한 투자입니다. 노화가 진행되는 와중에도 10년 전 젊을 때의 몸 상태를 유지한다는 건 대단한 거니까요.

우리가 훈련을 하는 이유는 성장을 하기 위해서입니다. 하지만 최선의 노력을 다 하더라도 오랜 기간 정체기에 빠지고 성장이 멈출 때도 있어요. 다양한 방법을 통해 정체기를 극복할 수도 있겠지만, 정체기를 빨리 벗어나겠다고 너무 조급해할 필요는 없습니다. 그럴 때는 잃지 않는 것만 해도 충분히 잘 하고 있는 겁니다.

부상 대처 요령

이 책에서 설명한대로 안전하게 훈련을 한다고 해도, 운이 나쁘면 부상이 생길 수도 있습니다. 안전 운전을 철저히 하더라도 교통사고가 날 수 있듯이 말이죠. 그래서 도로 주행을 하기 전에는 혹시 모를 교통사고를 대비해서 사고 대처 요령을 알아둬야 합니다. 훈련을 할 때도 마찬가지로 부상 대처 요령을 알아둬야 하고요.

부상이 생겼다면

부상이 생기면 운동 도중이나 운동 후에 몸에 통증이나 불쾌한 느낌이 듭니다. 대부분의 부상은 근육보다는 관절 주변(인대, 건)에서 생겨요. 간혹 근육을 다치는 경우도 있지만, 일반인에게 근육 부상은 발생 빈도가 낮습니다. 부위별로는 어깨와 허리 부상이 근력 운동에서 가장 흔하고, 그 외에도 손목, 팔꿈치, 무릎, 고관절 등이 다칠 수 있어요.

우선 근육통과 부상을 잘 구별해야 합니다. 보통은 운동 도중에 근육이 화끈거리는 느낌이나, 운동 후에 하루 이틀 지나서 생기는 적당한 근육통은 괜찮습니다. 하지만 관절 부위에서 시큰거리거나 찌릿한 느낌이 든다면 부상일 확률이 높습니다. 보통은 근육통이 생기는 부위(근육)와 부상이 발생하는 부위(관절)가 다르기 때문에 구별하기 쉽습니다.

하지만 허리는 근육통과 부상을 구별하기가 조금 어렵습니다. 관절과 근육이 바로 옆에 붙어있기 때문이죠. 초보자 입장에서는 운동 때문에 허리 근육이 힘든 건지, 척추 관절에서의 부상으로 인한 통증인지가 헷갈릴 수 있습니다. 근육통인지 부상인지 여부는 자극의 위치와 느낌을 기준으로 판단해야 해요. 만약 운동할 때 허리 양 옆이 뻐근하다면, 운동 때문에 허리 근육이 힘든 거라서 괜찮습니다. 하지만 허리 가운데가 찌릿하거나 삐끗한 느낌이 든다면 척추 관절을 다친 겁니다. 허리 가운데에 느껴지는 통증을 근육통으로 착각하고 대수롭지 않게 여기면 절대 안 돼요.

만약 운동 중에 부상으로 의심되는 통증이 생기면 바로 운동을 중단해야 합니다. 통증은 우리 몸에 뭔가 문제가 있을 때 보내는 신호거든요. 마치 화재경보기의 알람처럼 말이죠. 화재경보기가 울리면 불이 난 곳을 찾아서 불을 꺼야 하듯이, 통증이 생기면 해당 부위의 사용을 멈추고 통증의 원인을 찾아서 해결해야 합니다.

하지만 통증 따위에 지면 안 된다면서 운동을 강행하는 사람들이 많아서 문제입니다. 화재경보기 알람이 울릴 때 바로 대피하지 않으면 시간이 지날수록 위험해지는 것처럼, 통증을 참거나 무시하면 손상은 더 심해질 뿐이에요. '이 정도는 괜찮겠지' 하고 운동을 계속 하다가는 가볍게 지나갈 부상이 금방 심각해질 수 있습니다. 훈련 계획 상 아직 몇 세트가 남았다고 하더라도, 일단 운동을 중단하고 집으로 가세요.

가만히 휴식하기

부상의 정도에 따라 대응 방법이 달라집니다. 만약 수술이나 약물 치료가 필요할 정도로 증상이 심하다면 최대한 빨리 병원을 가야 합니다. 반면에 대부분의 가벼운 부상은 자연회복 될 수 있습니다. 근육통이 며칠 쉬면 낫는 것처럼, 가벼운 관절의 손상도 몇 주 정도 쉬면 회복되거든요.

보통은 부상 부위에 무리가 가는 활동을 하지 말고 그냥 가만히 휴식을 하면 회복이 됩니다. 예전에는 부상 직후에 냉찜질을 해서 부기를 가라앉히는 게 상식이었는데, 최근 연구에서는 오히려 냉찜질이 회복에 역효과라고도 합니다. 적절히 염증반응이 일어나서 손상 부위를 회복해야 하는데, 냉찜질이 염증반응을 막아서 회복을 지연시킬 수 있기 때문이죠. 그리고 재활에 좋다는 마사지나 스트레칭을 어설프게 따라하다가는 손상 부위가 더 악화될 수 있습니다. 피부에 상처가 났는데 그 부위를 문지르거나 주변을 스트레칭하면 상처가 아물지 못하고 다시 벌어지듯이 말이죠. 부상 직후에는 그냥 아무 것도 하지 않고 쉬는 게 제일 좋습니다.

그럼 언제까지 쉬어야 할까요? 부상 정도에 따라 천차만별이기는 하지만, 통증이나 불편함이 완전히 없어질 때까지 쉬는 게 좋습니다. 관절의 손상이 회복 되려면 오랜 시간이 걸리기 때문에 가벼운 부상이라도 2~3주 이상은 완전히 쉬어야 해요. 통증이 없어져서 다 나은 것 같고, 이제는 운동을 해도 되겠다 싶은 느낌이 들 때, 조금만 더 쉬는 게 좋습니다. 통증이나 불편함은 없어졌더라도, 아직 손상에서 완벽히 회복되지 않은 경우가 꽤 있거든요. 이럴 때 섣불리 운동을 다시 시작했다가는 금방 다칠 수가 있습니다.

쉬지 못하겠다면?

운동 중독인 사람들에게는 운동을 쉬는 게 제일 고역입니다. 며칠만 쉬어도 근육이 줄어드는 느낌이 들고 몸이 약해지는 것 같아서 불안하거든요. 몸이 근질거려서 하루빨리 훈련으로 복귀하고 싶어하죠.

하지만 아직 충분히 회복이 되지 않았는데 성급히 운동을 재개한다면, 다쳐서 약해진 부위를 금방 또 다칠 수 있어요. 몇 주만 쉬면 나을 부상인데 괜히 무리하다가 몇 년에서 길게는 평생 고생할 수도 있습니다. 부상을 입었다면 얌전히 쉬면서, 부상 원인에 대해 반성하고 되돌아보는 기간으로 삼으세요. 운동을 고작 몇 주 동안 쉰다고 해서 몇 년간 운동을 꾸준히 한 게 금방 헛수고가 되지는 않습니다.

"다른 부위의 운동은 해도 될까요?" 운동 중독인 사람들이 자주 하는 질문입니다. 어깨를 다쳤으니 어깨 근육 운동은 쉬고, 대신 등이나 가슴 운동은 해도 되냐는 식으로요. 하지만 어깨를 다쳤다면, 대부분은 어깨 근육이 아니라 어깨 관절을 다친 겁니다. 가슴 운동이나 등 운동 모두 어깨 관절을 쓰게 되고요. 만약 어깨를 다쳤으면 상체 운동은 모두 쉬어야 합니다.

그러면 어깨와 상관없는 하체 운동은 해도 괜찮을까요? 부상 정도에 따라 달라지기는 하지만, 웬만하면 하지 않는 게 좋습니다. 백스쾃이나 데드리프트 등의 운동은 바벨을 잡기 위해서 어깨 관절을 사용하거든요. 그리고 부상 부위를 전혀 사용하지 않는 운동이라고 해도, 무거운 무게로 운동을 하다보면 나도 모르게 전신에 힘을 다 같이 주게 됩니다. 이때 부상 부위에도 힘이 들어가서 무리가 될 수 있고요.

만약 부상 부위를 전혀 사용하지 않을 수 있다고 해도, 다른 부위의 운동은 부상 부위의 회복에 부정적인 영향을 끼칩니다. 몸의 입장에서는 부상이나 근육통이나 다 똑같은 신체의 손상이거든요. 어깨 관절의 부상 부위를 회복하고 있는데 하체 근육의 손상이 추가되면 회복에 집중이 분산되겠죠. 마치 A지역에 큰 산불이 나서 전국의 소방차를 동원한 상황에서, 멀리 떨어진 B지역에도 큰 산불이 난 것과 비슷합니다. 소방차가 두 곳으로 분산되면 화재를 진압하는 데에 시간이 더 오래 걸릴 수밖에 없어요. 마찬가지로 근육통이나 부상의 정도가 심할수록, 손상이 여러 부위에 생길수록, 회복에는 오랜 시간이 걸립니다.

부상을 당하면 그냥 마음 편히 쉬는 게 제일 좋습니다. 만약 운동을 꼭 해야겠다면, 부상 부위를 쓰지 않는 한도에서 가볍게 몸을 움직여주는 정도로만 운동을 하세요.

부상 원인을 파악하고 교정하기

부상이 발생했다면 부상의 근본 원인을 찾아야 합니다. 부상 원인은 그대로 둔 채 다시 훈련으로 복귀한다면 금방 다시 다칠 수 있거든요. 대부분은 잘못된 자세나 과도한 운동량이 원인입니다. 자세가 문제였다면 자세를 교정해야 하고, 운동량이 문제였다면 운동량을 줄여야 해요.

자세 문제에는 여러 가지 케이스가 있어요. 우선 단순히 정자세를 몰랐다면 가장 간단하게 해결할 수 있습니다. 제대로 된 자세를 배우면 되니까요. 만약 가동범위가 부족하다면 가동범위부터 개선해야 합니다. 아니면 부족한 가동범위를 보완할 수 있도록 자세를 변형해도 되고요. 만약 종목 자체가 나에게 맞지 않을 경우에는 그 종목은 더 이상 하지 말아야 합니다. 그 종목을 대체할 수 있는 다른 종목을 찾아야 해요.

하지만 원인 해결에는 무관심한 채 훈련에 다시 복귀하는 사람들이 많습니다. 예를 들어 벤치프레스를 할 때 손목을 다쳤다면, 그립을 잡는 자세가 문제일 수 있어요. 손목이 다 나은 후에 운동을 재개할 때에는, 그립 자세를 교정하거나 손목에 부담이 적은 다른 종목으로 바꿔야 합니다. 자세는 교정하지 않고 손목 보호대나 파스, 진통제 등에만 의존하면 안 돼요. 금방 다시 손목을 다칠 수 있거든요. 단순히 증상 완화보다는 근본 원인을 해결하는 데 집중해야 합니다.

만약 자세에는 딱히 문제가 없다면 과도한 운동량이 원인일 수 있습니다. 훈련으로 인해 몸이 감당할 수 있는 한계치 이상으로 손상을 받은 거죠. 이런 경우에는 운동량을 줄여야 합니다. 늘 한계치까지 운동을 하는 편이라면, 중량이나 횟수를 줄여서 체력적으로 약간 여유 있게 운동하는 게 좋아요. 그리고 회복이 잘 되도록, 운동 빈도를 줄여서 휴식 기간을 늘리는 것도 효과적이고요.

훈련에 복귀하기

부상에서 완전히 회복되고 부상 원인을 파악했다면 훈련으로 복귀해야 합니다. 부상 후에 다시 운동을 시작할 때에는 절차가 중요해요. 가동범위를 먼저 되찾은 뒤, 근력과 움직임 패턴을 회복해야 합니다. 그 다음에는 낮은 중량으로 훈련을 시작해야 하고요. 부상으로부터 회복해서 훈련으로 복귀하기까지의 전 과정을 재활이라고 부릅니다.

우선 부상 이후에는 관절의 가동범위부터 먼저 복구해야 합니다. 관절을 오랫동안 움직이지 않아서 가동범위가 줄었기 때문이죠. 부상당한 관절의 주변 근육들을 스트레칭 해서 가동범위를 부상 이전으로 복구해야 합니다. 좌우의 가동범위가 다른 채로 운동을 재개하면, 자세가 비대칭이 되기 때문에 또 다른 부상이 생길 수도 있거든요. 좌우의 가동범위가 어느 정도 대칭이 될 때까지는 운동을 시작하지 마세요.

가동범위를 되찾았다면 근력도 복구해야 합니다. 그동안 근육을 쓰지 않아서 근력도 약해져있기 때문이죠. 이때는 몸 전체를 고정한 채 하나의 관절만 움직이는 단일 관절 운동들을 이용하는 게 좋습니다. 만약 무릎을 다쳤다면, 스쾃이나 런지 같은 운동 보다는 무릎 관절만을 움직이는 운동을 하는 거죠. 레그익스텐션이나 레그컬 같은 머신 운동이 이럴 때는 도움이 됩니다. 가벼운 무게로 시작을 해서 좌우의 근력이 어느 정도 대칭이 될 때까지 근력 강화를 해주세요.

훈련을 시작하기 직전 단계에서는 정상적인 움직임 패턴을 회복해야 합니다. 부상을 당하면 다친 관절을 덜 쓰려고 다른 관절들을 대신 움직이게 되면서 움직임 패턴이 변형되거든요. 예를 들어 발목을 삐끗했다면, 다친 발목을 덜 쓰기 위해서 절뚝거리며 걷게 됩니다. 하지만 문제는 발목이 다 나은 뒤에도 절뚝거리는 습관은 약간 남는다는 거예요. 이런 습관이 지속되면 무릎이나 고관절 등, 다른 관절의 손상으로도 이어질 수 있어요. 발목이 다 나은 후에는 다시 정상적인 걸음걸이를 되찾도록 보행 패턴을 교정해야 합니다. 다른 부위의 부상들도 마찬가지예요. 훈련에 복귀하기 전에는 부상으로 인해 바뀐 움직임 패턴을 먼저 교정해서 정상적으로 만들어야 합니다.

가동범위를 회복하는 것부터 시작해서 근력과 움직임 패턴을 회복하는 것까지의 재활 과정은 아주 중요합니다. 하지만 많은 사람들이 별로 신경 쓰지 않는 부분이에요. 대부분의 사람들이 적절한 재활 과정 없이 훈련에 성급하게 복귀하다보니, 한 번 다쳤던 부위는 반복해서 자주 다치기도 합니다. 부상 이후에 훈련으로 복귀할 때는 위에서 설명한 과정을 적절히 다 거쳐야 해요. 이 책에서 간단하게 다루기는 했지만, 원래 재활은 복잡하고 어려운 과정입니다. 혼자 스스로 해보려고 하기 보다는 실력 있는 재활 전문가의 도움을 받는 게 좋습니다.

위의 과정들을 모두 마쳤다면 훈련으로 복귀합니다. 이때 운동 강도는 부상 전보다 아주 가볍게 낮춰서 훈련을 진행해야 합니다. 훈련을 쉬는 기간이 길어질수록 근력도 약해지거든요. 많이 약해진 몸에게 부상 직전의 운동 강도는 무리가 될 수 있습니다. 정체기가 왔을 때 디로딩을 하는 것처럼, 운동 강도를 아주 과감하게 낮춘 뒤 서서히 강도를 늘려나가야 합니다.

부상 후 복귀

작가의 말

수학이나 과학 등의 교과목에는 체계적인 교육 과정이 있습니다. 저학년에서는 기초적인 개념을 배우고, 학년이 높아질수록 이전에 배운 개념을 기본으로 해서 더 어려운 내용들을 배우죠. 또한 수영이나 골프 등의 대부분의 운동도 처음 입문할 때는 수준별로 정해진 진도가 있습니다. 수영에서는 발차기와 호흡부터 배우고, 골프에서는 그립 잡는 법부터 배우죠. 그 이후에는 기본기를 바탕으로 다양한 동작으로 진도를 나갑니다. 무언가를 새로 배울 때 이러한 커리큘럼이 있으면, 단계별로 차근차근 배울 수 있다는 장점이 있습니다.

하지만 헬스에는 커리큘럼이라는 게 딱히 없습니다. 헬스가 처음이라서 PT를 등록하면 첫날 바로 스쾃부터 배우는 경우도 많아요. 헬스 분야의 유명한 책들을 봐도, 커리큘럼은 딱히 없고 운동 종목들의 동작과 주의사항만 단순히 나열할 뿐입니다. 그 때문에 헬스에는 왜 체계적인 커리큘럼이 없을까, 하는 아쉬움이 개인적으로 늘 있었습니다. 그런 아쉬움이 계기가 되어서 오랜 기간 연구 끝에 헬스 초보 커리큘럼을 만들었어요. 3년 전부터 유튜브 채널 '채코치의 운동생활'에 관련 영상들을 업로드 했고, 부족한 내용들은 그동안 조금씩 보완해왔습니다.

이 책은 이전에 만들었던 헬스 커리큘럼을 다시 체계적으로 정리하기 위해 만들었습니다. 몸의 모든 움직임에 적용되는 6가지 움직임 기본 원칙을 먼저 설명했고, 그를 기반으로 해서 다양한 근력 운동 종목을 설명했습니다. 또한 다양한 종목들을 개별적으로 설명하기보다는, 몸의 움직임이라는 하나의 틀 안에서 엮으려고 노력했습니다. 그리고 각 동작을 단순히 암기하는 게 아니라 원리를 쉽게 이해할 수 있도록 '왜 이렇게 해야 하는지'를 최대한 간단히 설명했습니다. 독자 분들이 근력 운동의 전체적인 개념을 잡고 체계적으로 배우는 데에 이 책이 길잡이가 되기를 바랍니다.

헬스 분야의 다른 책들과 이 책의 또 하나의 차별성은 '부상 예방'에 가장 초점을 뒀다는 겁니다. 몇 주 만에 근육을 키우거나, 편하게 살빼기 같은, 대중들에게 잘 팔리는 자극적인 주제와는 거리가 있어요. 그래서 아마 이 책은 인기가 별로 없겠지만, 원래 뻔하고 재미없는 주제가 가장 중요한 법이죠. 게다가 대부분의 일반인들은 운동의 목적이 건강이기 때문에, 부상 예방을 강조하는 이런 책들이 세상에는 더 필요하다고 생각합니다.

헬스뿐 아니라 모든 분야는 안전이 최우선입니다. 이 책에서는 사람의 몸을 자동차에 자주 비유했는데, 헬스트레이너는 운전 연수 강사와 똑같아요. 초보 운전자에게 운전을 가르칠 때는 안전하게 운전하는 법을 가르쳐야지, 빠르게 코너링을 하라고 위험한 드리프트를 가르치면 안 되겠죠. 마찬가지로 헬스트레이너는 안전을 최우선으로 코칭을 해야 하고, 부상의 위험이 있는 동작이나 과도한 운동 강도는 피해야 합니다. 필자도 트레이너로서 책 전반에서 안전을 최우선으로 강조했고요.

물론 이 책의 한계도 분명합니다. 안전에 초점을 맞췄기 때문에, 무조건 결과가 최우선인 사람들에게는 성에 차지 않을 수 있거든요. 예를 들어 바디프로필을 찍을 때는 극단적인 몸 상태를 만들어야 하고, 보디빌딩이나 파워리프팅 시합에 나가면 남들과 경쟁해서 이겨야 합니다. 이런 경우에는 이 책에서 설명하는 종목이나 운동량이 부족할 수 있어요. 당장 눈앞의 좋은 결과를 얻기 위해서는 어느 정도 부상의 위험은 감수해야 하죠. 카레이싱 대회에서 좋은 기록을 위해서는 사고 위험을 감수하더라도 드리프트를 해야 하듯이 말이에요.

하지만 이렇게 특수한 경우라 할지라도 기본은 지켜야 합니다. 카레이서라고 해도 안전벨트 착용이나 운전 장치의 안전한 조작은 기본인 것처럼 말이죠. 드리프트 같은 화려한 기술을 사용하는 건 그다음의 문제입니다. 훈련을 할 때도 마찬가지로 움직임 기본 원칙과 안전한 운동 동작은 무조건 지켜야 해요. 만약 바디프로필 촬영 준비 등의 특수한 경우라면 루틴 구성만을 이 책의 내용과 다르게 변형해야 합니다. 세트 구성을 극단적으로 힘들게 하거나, 훈련 빈도를 하루에 두 번씩 하는 식으로요. 물론 장기적으로는 몸에 무리가 되기 때문에 짧은 기간에 한해서만 변형해야 합니다.

특수한 목적이 없고 건강을 위해 운동하는 일반인은 무조건 이 책의 내용들을 지켜야 합니다. 안전이 최우선이기 때문이죠. 독자분들이 큰 부상 없이 오래오래 운동을 해서, 수십 년 뒤에도 근력운동을 꾸준히 하는 건강하고 멋진 노인이 되었으면 합니다.